U0000108

罪惡感的代價

伊恩·布魯瑪 作品

紅桌文化

德國與日本對二戰的記憶

各界推薦

《罪惡感的代價》的副書名雖為「德國與日本對二戰的記憶」，但其實遠遠不止於此，他探索了本世紀發生的激變是如何無孔不入、全方位地塑造民族認同。布魯瑪的著作不僅對二戰的戰敗方有意義，他還特別指出，一個國家可以、也應該對自己的歷史負責；一個民族會有集體悔恨、愧疚、想贖罪的心情，他的觀點在這個時代中相當獨特。

——《紐約時報書評》

布魯瑪熟稔日本與德國的政治與文化，踏遍這兩個國家，日文與德文都說得很好……這些民族的態度為什麼天差地遠？很難找到比布魯瑪更適合反思這些問題的人了。

——《紐約書評》

即使令人回想起痛苦的景像，本書也使讀者著迷。他的興趣不在於辨識英雄與反派，而在於爬梳民族性格上細微的差別。

——《芝加哥論壇報》

《罪惡感的代價》以優秀清晰的文化批判論述，引導讀者認識對這個歷史謎團的種種解釋，走過一座大家都認為無法穿越的叢林。

——《波士頓環球報》

他的文化與學識涵養令人讚嘆。本書探討了爲什麼日本人與德國人的態度差異如此之大。

——《經濟學人》

突顯出歷史眞相難以捉摸的本質，讓以撫慰集體意識爲名的造神運動退位。

——克利夫蘭《誠懇家日報》

清楚描寫了兩個民族如何處理各自難以啓齒的行爲。

——《華爾街日報》

如此發人深省的探問有個強有力的主旋律：人必須對他所生活的社會負起責任。

——《出版者周刊》

引人入勝，意義重大。

——《外交事務》

布魯瑪進行了一場心理與文化之旅，在本書中深入兩個在二戰中被擊敗的軸心國，他們的民族主義、愧疚、自欺……本書取材的範圍既廣且深，搜羅德、日兩個社會中各種不同的聲音：編輯、知識分子、作家，藝術家、運動人士。布魯瑪對日本的輕鬆熟悉，使他能夠以西方評論家罕見的方式挖掘民族態度的底蘊……總而言之，這本書是深思熟慮與耐心的結晶，以謹愼、堅定的的道德立場，來探究那些痛苦的眞相。

——《科克斯書評》

UNDERTABLEPRESS
An imprint of Liu & Liu Creative Co., Ltd.
117 Dazhi Street, 5F,
10464 Taipei, Taiwan
undertablepress.com

THE WAGES OF GUILT: MEMORIES OF WAR IN GERMANY AND JAPAN

Printed in Taiwan.

罪惡感的代價：德國與日本對二戰的記憶
THE WAGES OF GUILT:
MEMORIES OF WAR IN GERMANY AND JAPAN

作者　伊恩・布魯瑪 Ian Buruma
譯者　鄭明宜、周如怡
校對　鄭明宜、陳玟如
美術設計　Lucy Wright
總編輯　劉粹倫
發行人　劉子超
出版者　紅桌文化／左守創作有限公司
臺北市中山區大直街117號5樓
undertablepress.com
印刷　約書亞創藝有限公司
經銷　高寶書版集團
臺北市內湖區洲子街88號3樓
TEL 02-2799-2788

ISBN　978-986-06804-1-6
書號　ZE0147
初版　二〇二一年十月
新台幣　550元
法律顧問　詹亢戎律師事務所
台灣印製

獻給我的父親

目次

序言

爲二〇〇九年版所寫的

從足球比賽往往可以看出一個國家的狀態，在歐洲國家尤其如此。二〇〇六年世界盃足球賽在德國開打。法國足球名將席丹在冠軍戰的一記頭槌讓人印象深刻，但更讓人難忘的是德國人在這場比賽中忘情展露的愛國情操。在這之前，德國人總是小心翼翼，不隨意對世界上其他國家面前揮舞任何象徵自己國家的東西。原因我們大家都知道。但這一回，整體氣氛非常友善，沒有人覺得他們不懷好意。雖然德國隊在二〇〇六年沒有奪得冠軍，但這一回德國人似乎是以身為德國人為榮。

這次世界盃另外值得注意的一點，是大家似乎不介意德國人獲勝。從前，假如你是荷蘭人、法國人、捷克人或波蘭人，輸給德國人就像是整個國家再一次被侵略一樣；偶爾要是踢贏了德國，便舉國歡慶，像是報復成功一樣。在二次世界大戰結束超過半個世紀之際，這種心結也終於消逝了。德國隊最好的兩名球員甚至是在波蘭出生的。

雖然歷史所造成的傷口有些仍然尚未痊癒，但眾人態度的轉變，大概是因為歷史淡出了記憶。但我認為這回事情不只是如此。我在一九九四年寫作這本《罪惡感的代價》時，大家對德國仍然十分恐懼、不信任。身為歐洲經濟火車頭的德國才剛統一，在德勒斯登、萊比錫、柏林的大街上，大家歡欣鼓舞，高喊著：「我們是一家人。」對那些記憶猶新的人來說，這實在是個好兆頭，對德國人來說，更是如此。德國籍諾貝爾文學獎得主鈞特・葛拉斯（Günter Grass）在一九八九年的名言，說對奧許維茲集中營的記憶已經讓德國永遠分裂，這種自我鞭笞在二〇〇六年聽來更是荒謬的。戰後德國一直是歐洲好公民，數十年來安分地參與歐洲各大組織及北大西洋公約組織，從不惹麻煩。要是德國的鄰居們仍然無法信任這一輩戰後才出生的德國人，就顯得心胸狹窄了。但是這些鄰近國家之所以比較信任德國，主要是因為德國人也在掙扎中，慢慢學會多信任自己一些。

在西德，小說家、歷史學家、記者、教師、政治人物、電影人早就檢討過德國近代史中的種種獸行，有時或許極端，但他們大多數都非常坦誠公開。大部分的德國小學生都很清楚自己國家醜惡的過去，說真的，他們接收的資訊之多，讓有些小孩抱怨學校一直強迫灌輸太多資訊。雖然在二十一世紀的德國，偶爾還是會有公眾人物對戰爭發表不恰當的評論，但很快就有人出面指正。

對德國人來說，世界大戰不是可以隨便拿來開玩笑的，戰爭本來就不是兒戲。不過瑞士猶太裔導演的喜劇電影《我的元首：關於阿道夫希特勒的真相》在二〇〇八年造成轟動，這或許也是正面的轉變——自嘲總比自我懲罰好多了。大體來說，德國人算是能夠勇於面對這段人類最黑暗的歷史了。

不大敢說日本人也能勇於面對過去，為什麼？二〇〇二年日本也和韓國一起主辦了世界盃足球賽。日本隊的球員個個年輕時髦，年輕一輩的日本人也和四年後的德國人一樣，大肆慶祝本國球隊意外獲勝。但是韓國以及其他日本鄰國仍然對日本充滿不信任。雖然這些揮舞著國旗的日本年輕人看起來不像是好戰分子（他們腦中甚至根本沒有歷史，這正是問題之一），但他們在政府及大眾傳媒任職的某些長輩，至今仍針對日本戰爭做出令人「不安」的發言，這還只是客氣的說法。保守派的日本總理每年仍然會前往參拜正式供奉甲級戰犯的靖國神社；我們還是會聽到辯護、否認戰爭罪行的言論。有太多位居要職的日本人顯然沒有真正面對世界大戰。

亞洲戰場的狀況血腥慘烈：南京大屠殺、馬尼拉屠城、泰緬公路上工作至死的囚犯、從新加坡到蘇門答臘的恐怖戰犯營，以及幾百萬戰死的中國人，這些都在亞洲史上留下不可磨滅的傷口。但日本和德國不一樣，他們並沒有出於意識形態，就認為某些民族沒有生存的權利，而有計畫的摧毀這些民族的男女老幼。對日本來說，承認戰爭過去應該是比德國容易才對。

但或許正是因為如此，讓日本人更難面對自己的過去。第三帝國瓦解之後，除了極少數的偏激分子，沒有幾個德國人能夠接受猶太大屠殺是合理的，更別說為此感到驕傲了。一九五零年代普遍的說法是「我們當時並不知情」，到了一九六零年代，在年輕一輩的德國人眼中，這種說法是恬不知恥。有計畫的種族滅絕行動是天大的罪過，沒有什麼好推託的。

日本人從來沒有達成像這樣的共識。右派民族主義者的立場是，日本沒有進行種族滅絕，所以根本不需要為戰爭感到愧疚。在他們看來，這場戰爭和其他戰爭並沒有什麼不一樣。沒錯，這場仗是打得血腥，但史上哪個偉大的國家沒有進行過血腥的戰役呢？更何況，太平洋戰爭對抗的是西方帝國主義者，這是一場合情合理、甚至神聖的亞洲解放戰。

然而在戰後的一九四零年代末期及一九五零年代，很少有日本人抱持這種想法。在大多數的德國人還在努力試著把戰爭拋在腦後時，日本小說家和電影人在戰後初期就開始談論軍國主義的恐怖。他們的作品在今天看來非常的誠實，但這樣的坦誠在二〇〇九年就不復見了。在年輕族群閱讀的通俗漫畫中，日本軍人及神風特攻隊的英勇事蹟被大加讚揚，而中國人和他們的西方盟友則被描繪成危險的好戰分子。二〇〇八年，日本航空自衛隊幕僚長說，日本當年是因為被中國和美國設計才參戰的。

為什麼會這樣？許多人認為這應該是和文化有關。東方人對於羞恥的事情，不是絕口不提、就是否認到底，最後不了了之。我當初在寫作本書時反駁了這種說法，今天我的立場還是沒有改變。和日本人相比，德國人的道德感並沒有特別崇高，罪惡感和羞恥心也沒有特別強烈。從前在德國，丟臉的事也是大家避之唯恐不及，不願意談的。

關鍵在於，日本人時至今日仍然糾結於早在數十年前就該被解決的歷史因素。而這些問題之所以沒有解決，是因為政治因素，與日本文化無關。這都得回溯到當年美國麥克阿瑟將軍在戰後為了方便改造日本，實施了由美國司法官在一九四六年所寫的和平憲法，對日本皇室的戰爭責任不予追究。

德國第三帝國的瓦解結束了一個歷史時代。相反的，在戰後的日本，即便是由盟軍接管，實施了更為民主的新憲法，天皇甚至也不再具有神聖的地位，但日本仍然是由幾乎和戰時一樣的官僚和政治菁英統治。由於日本沒有類似於德國的納粹黨，也沒有類似希特勒的統帥，因此日本的軍國主義被歸咎於封建文化以及武士道精神。正如同我們不該給戒了酒的人沾一滴酒，美國對日本的改造也從憲法體制上根本著手，禁止日本使用武力、擁有軍隊。從此之後，日本的安全就由美國負責。

雖然大部分的日本人都樂於免除軍事責任，原本的憲法也被刻意模糊，讓日本可以擁有自衛隊，但一些保守派人士仍然覺得被羞辱了，畢竟他們的國家主權的確是被侵犯了。因此對他們來說，大至盟軍的東京審判，小至左派教師和知識分子對日本戰爭作為的批評，都讓他們聯想到主權被侵犯。「進步的」日本人越是用過去戰爭的殘酷來警告世人不要悖離和平主義，右派政治家和支持者就越是要站出來捍衛日本所發動的戰爭。

換言之，從一開始大家對歷史的看法就已經政治化、兩極化了。為了緩和和平憲法主義者和改革者之間的衝突，引發了一九五零年代日本的政治風暴，而保守派的主流分子刻意把民眾的焦點從戰爭和政治轉移到經濟發展上。

這個做法大致上很成功。日本越來越富裕，在保守的自民黨長期一黨執政下，雖然壓抑卻也穩定。但歷史的陰影卻仍然揮之不去。自民黨內部右派的民族主義者仍然對日本在戰後受到的處置感到不滿。那些穿著卡其軍服坐在插滿國旗的卡車上、大聲放送戰時軍歌的的暴力青年們，他們大聲叫囂，所要表達的正是這樣的情緒，這和二〇〇二年世界盃足球賽球迷的心情大不相同。

過去幾十年來，沙文主義保守派的反動觀點，從中學教育到天皇的地位，一直受到和他們的教條化程度不相上下的日本左派所牽制。馬克思主義在教師聯盟和學術界中廣為接受。一九九零年代早期蘇聯崩解之後，馬克思主義在世界各地的影響力式微，日本也不能倖免；而此時毛主席以及柬埔寨共產黨主席波布（Pol Pot）種族屠殺的暴行也廣為人知。

共產主義的瓦解在美國帶來了新保守主義的興起（時間或許不長），但日本的左派就沒有這麼幸運了。日本的左派原本在一黨專制的體制下就是弱勢，本身更因為教條化而缺乏公信力。蘇聯瓦解後，日本左派不僅是勢力消退，而且完全崩潰。這讓為戰爭辯護的右派民族主義分子大為得勢，連向來以進步思想著稱的東京大學都被攻城掠地。許多委員會起而「改革」歷史課綱，將歷史課本中所有抵觸愛國情操的歷史事實全數刪除。

日本年輕人並沒有反對這些對國家的阿諛奉承。這或許是因為他們已經厭倦了生活中只有金錢與物質目標，或許是不想要再背負罪惡感，或許是出於無知，但更有可能是以上三者皆是。中國的崛起令日本不安，中國領導人長久以來更是一直利用日本的戰爭罪行進行政治敲詐，這都激起了日本人的愛國情操，讓他們寧願不去正視過去的歷史事實。

《罪惡感的代價》出版之後，我一度以為事情有了正面的進展。自民黨的一黨專制被社會主義首相村山富市領軍的自由偏左政黨聯盟所取代，這是一九五五年後頭一遭。這位紳士上任不久，就在太平洋戰爭五十週年紀念日，為日本的戰爭罪行向世人道歉。

許多日本人都很支持村山的做法。他明確地駁斥日本的戰爭行為，這必定可以讓日本更容易與各國討論日本的安全問題，同時用理性的方式修改憲法。但要讓日本揮別戰後秩序還是太早了。村山無法在政治情勢上做出任何改變。到了一九九六年自民黨又重新上台，憲法問題沒有解決，對歷史的辯論仍然充斥各種政治意識形態。事實上，根本沒有所謂的辯論可言，不過都是各種右傾的政治宣傳。

在細數了德日兩國的種種差異之後，讀者大概會以為我的書在德國會比較受歡迎。事實恰好相反。本書不但在日本銷量較佳，也受到比較多推崇。我只能猜測箇中原因。日本人喜歡別人把他們和德國人類比：有效率、乾淨、勤奮、有紀律等等。但戰後的德國致力於成為自由進步的西方社會中的模範生，並不喜歡和日本相提並論。畢竟日本早在戰前就因為武士道精神，而被推崇為所謂「東方的德國」，真是不提也罷。

不過，假如我的猜測是對的，這就表示這兩個國家處理歷史記憶的差異，更多是出於政治原因而非文化因素，德國人不願與日本相提並論的情愫更是其次。但若要說文化因素無足輕重卻也太過天真，畢竟人類並非都是從同一個模子裡刻出來的，歷史也證明了這種看法十分危險。不過假如因此就認定文化差異是絕對的，也就是理論學者所謂的「本質化」，也同樣錯誤而且危險。

我寫作這本書，部分是因為想要驗證這些立場，想要明白類似的創傷是如何影響了兩個非常不一樣的民族。在開始動筆前，我的直覺，也可以說是偏見，是不同文化對類似情境的反應會十分相似。整體來說，日本人和德國人採取了很不一樣的做法。但無論是在戰爭期間或是戰後，兩德與日本的情境本來就非常不同。時至今日，兩國之間的歧異仍然存在。

爲一九九五年版所寫的導言

敵人

在我成長的過程中，我們國家的敵人是誰向來很明確。不用說，蘇聯自然是其中之一。但對一位一九五零年代的荷蘭小學生來說，蘇聯十分遙遠，德國人才是真正的敵人。我在海牙的童年裡，漫畫裡的壞人就是他們。所謂的德國人，不只是納粹，而是所有的德國人。這是因為荷蘭在一九四〇至一九四五年間被佔領，而之後的恩怨，都被放在民族主義的框架下解釋，而不是用政治光譜詮釋：德國人佔領了我們的國家；德國人強迫我父親在他們的工廠工作；德國人在我們的海邊留下許多像石頭蟾蜍一樣的軍事碉堡，提醒我們這段被佔領的過去。裡頭潮濕陰暗，滿是尿騷味，小孩子不可以進去。據說有些小男生不聽話跑進去，結果被生鏽的德國手榴彈炸死了。

在老師告訴我們的故事裡，德國人總是那麼低劣，老師是那麼英勇。老一輩的人，似乎個個都參與了當年的抵抗運動，除了鬧街角落上的那個肉販之外，大家都是反抗分子，只有他是通敵的叛徒，沒有人要跟他買東西；還有那個賣香菸的女人，她之前交了一個德國男朋友，後來大家也不再跟她買菸了。

每年五月四日下午，我們會在禮堂集合，聽校長緬懷在戰爭期間死去的人。五月五日是解放日。五月四日傍晚會有遊行，緩慢的隊伍從沙丘走到過去處決德國人的地方。我在黑白電視上觀看遊行隊伍，唯一可以聽到的聲音，是緩慢移動的腳步聲、遠方教堂傳來的鐘聲，以及風劃過麥克風的聲音。在五月四日這天，年輕人可以敲破德國人的車窗，或是從遠處侮辱德國觀光客。

平日幽默風趣的校長，在五月四日這天會語帶哽咽。他總是穿著長皮大衣走在穿過沙丘的遊行隊伍的最前面，臉上堅毅的表情，像是他又再一次面對入侵的敵人。有一次我畫納粹標誌被他抓到，被他教訓了一番。他說這是邪惡的象徵，看到會讓人不安，以後不准我再畫了。我還是偷偷地繼續畫，心裡有一種刻意觸犯大人禁忌的快感。

漫畫裡的德國人（難不成還有別種？）大致上分為兩種：第一種肥胖、遲鈍、可笑，最典型的例子就是好萊塢電影中杰特·福若比（Gert Fröbe）所演出的角色；另一種瘦削、邪惡、戴單邊眼鏡嚴刑拷問，必定以帶著德語口音的英文說：「我們讓你開口的方法多得很。」像《北非諜影》裡頭的康拉德·維德（Conrad Veidt）。敵人讓人害怕，卻也十分可笑。有太多杰特·福若比的電影以及模仿希特勒的橋段都取笑德文，所以我們不願意認真學習德語。這個歌德和里爾克使用的語言，德文老師努力激發我們的熱忱，但他聽起來像在狡辯，因為福若比和希特勒早就澆熄了我們對德國文學的興趣。

長大一點之後，我們又聽到更多故事。歷史的場景從原本德國情人和通敵叛徒一類的街坊故事，擴大為集中營及滅絕猶太人。我母親因為出生於英國，才幸運地逃過被驅逐、幾乎註定會死亡的命運。漫畫書裡的偏見這時轉變成道德是非的評價。某種程度上這讓我們的日子好過一些。我們和那個是邪惡的化身的國家隔著國界，這讓人感到安慰。他們是壞人，那我們就一定是好人了。在一個曾經被德國佔領過的國家長大，我們學到的是，我們是站在天使這一邊的。

我們從來不去德國度假，也沒有德國朋友。我們很少聽到德文，更不可能說這種語言。這邊所謂的「我們」當然不能代表所有的人，但我在一九八九年第一次在德國四處旅行時，我的荷蘭朋友們都覺得這聽起來有趣、但似乎有些離經叛道。對他們來說，倫敦、巴黎、甚至紐約，感覺上都比柏林還近，雖然就文化、語言、飲食上來說，荷蘭和德國很明顯有許多相似之處。

或許有部分原因是因為：荷蘭人吃的苦頭沒有像波蘭人和俄國人那麼多。只要不屬於猶太族裔，荷蘭人是被分類成「北歐種族」的。雖然我的老師們不願意承認，但是在戰前，相對於俄國共產黨的布爾什維克主義，荷蘭人比較支持納粹德國的國家社會主義以及優越民族的概念。德國入侵荷蘭比較不像是戰爭，而是背叛。這恰好應驗了像荷蘭這樣的小民族最大的夢魘：總是處於被鄰國併吞的危險中。這就是為什麼在戰後荷蘭人會與德國徹底決裂。兩個民族的文化這麼相似，讓人難堪，甚至讓人備感威脅。我們必須在地理上和心理上和德國劃清界線，就是不能接受德國人。

作家克里斯多福．伊薛伍德（Christopher Isherwood）談到，若你的兄長或父親死於第一次世界大戰，那在戰後德國長大的你，會作何感想。他說，對那些當時年紀太輕而無法戰鬥或戰死的人來說，他們一直覺得自己尚未通過真正的考驗，成為男人。而無論他們之後經歷過再多次這樣的考驗，也彌補不了他們當年無法和至親一起面對殺戮的缺憾。對我們這群一九四五年後出生的第一代人來說，事情並非完全如此，但戰爭的陰影常在，讓我們其中有些人對戰爭非常在意。在我們的腦海中，我們也必須面對和戰時的人同樣的考驗。我們內心糾結的，並不是我們當年沒有穿上軍服，在槍林彈雨中或毒氣中奮力一搏。而是要是換做是我們，當年是否會加入抵抗運動，是否會因為受不了嚴刑拷問而鬆口，會不會甘冒被遣送出境的危險而私藏猶太人。我們揮之不去的陰影不是戰爭，而是佔領時期。

對任何人來說，被佔領都是讓人難堪的。不只是因為喪失了主權和政治權力，更是因為各種人性弱點會在此時一覽無遺。困難時少有人會想當英雄，只有傻瓜才會把自己加入想像中的英雄的行列。我們可以理解一般人為了保住小命，而做出了骯髒的小妥協，默默地為穿著制服的主子服務，或是在蓋世太保踹開鄰居的門時別過頭去。在我的成長過程中，大家極盡所能地忘卻這樣的恥辱，把自己和英雄並列。我讀了一大堆關於荷蘭抵抗運動鄉村游擊隊「馬基」（Maquis）和圍著絲巾的英國皇家空軍駕駛員的故事。但相較於這些英雄，我對那些因為害怕丟掉小命而背叛的人、視若無睹的人、在道德兩難中做出錯誤抉擇的人，更感興趣。有部分原因，當然是因為我怕自己像那些驚恐的人，對我而言，失敗才比較符合人性的常態。正因如此，我更想深入了解我們對前敵人的記憶，這個記憶從各方面來說都可以說是他們徹底的失敗：道德上、政治上、最後更是軍事上的潰敗。這並不是說納粹比他們的受害者更高尚（雖然這麼想讓人比較安慰），但受害者也沒有比納粹更崇高。

至於第二次世界大戰的另一個敵人，日本，對我們來說遠在天邊，難以想像。我對荷屬東印度公司沒什麼感覺，雖然我有些朋友是在那裡出生的。不過日本人也是漫畫中的壞蛋：大暴牙、帶著眼鏡的矮小黃種人，在用零式戰機攻擊勇敢的美國飛行員時，大喊：「吾皇萬歲！」在當年非常流行的一部漫畫中，領軍的美國飛行員是個名叫巴克·丹尼的帥氣金髮英雄，還有他英勇的下屬（巴克·丹尼絕對是「北歐系」）。大人說日本鬼子不能相信。他們草菅人命，沒發出警告就突襲珍珠港。他們會拔人指甲，要白種女人對他們的天皇鞠躬；我的一位中學老師曾經是修築緬甸鐵路的奴隸；我阿姨曾經待過「日本鬼子的戰俘營」；日本鬼子還強迫亞歷·堅尼斯爬進熾熱的鐵籠。[1]

一九七零、一九八零年代大部分的時候我都待在日本和其周圍國家，原因和戰爭無關。但我很好奇日本人是怎麼看待二次大戰的，他們記憶中的戰爭是什麼樣子，他們對當年戰爭的想像又是如何，過去的事件又是如何影響了他們對自己的看法。我的所見所聞經常讓我這個歐洲人非常驚訝：他們幾乎不談論當年西方戰俘所遭受到的對待，但電影《桂河大橋》卻在日本非常受歡迎。（我經常在想，日本人認同的到底是電影中的哪個角色呢？是日軍指揮官還是亞歷·堅尼斯？一個日本朋友說：「都不是。我們喜歡的是那個美國英雄，飾演美國海軍指揮官的威廉·荷頓（William Holden）。」）發生在菲律賓的巴丹死亡行軍[2]、馬尼拉大屠殺[3]、新加坡肅清大屠殺[4]，都很少被提到。但日本人在中國、滿州、菲律賓，特別是長崎和廣島所受到的苦難，以及戰後被囚禁在西伯利亞的日本士兵[5]，一般大眾都記憶鮮明。日本人用兩個日子來紀念：八月六日，廣島被投放原子彈；八月十五日，日本無條件投降。

我想要書寫日本的戰爭記憶，這讓我接觸到當代日本民族主義相關議題。我開始對各種關於天皇崇拜、歷史修正主義、浪漫主義者追尋日本獨有的特質等主題的書寫深深著迷。這些主題雖然奇怪，卻還是經常出現在各種日本報章雜誌上，這些人也經常現身於日本電視的談話性節目中。我開始留意到，在他們那些咬文嚼字的長篇大論中，經常出現同樣的幾個德國名字：史賓格勒、赫德、費希特，甚至華格納，這些都是德國浪漫主義的代表人物。日本浪漫主義者越是深入探尋日本民族的本質，他們聽起來就越像是德國形上學家。或許不管是哪裡的浪漫民族主義者都是這個樣子，但十九世紀德國對日本的影響確實是特別深刻。我越是研究日本民族主義，就越想要追溯啟發日本人這些觀念的源頭。從十九世紀末開始，日本就一直把德國視為模範。值得注意的是，德國在戰前吸引日本之處：普魯士的威權主義、浪漫愛國主義、種族主義的偽科學，在戰後的德國已經完全被拋棄，但卻在日本陰魂不散。為什麼會這樣呢？為了解答這個問題，我決定擴展我原本的想法，除了日本之外，一併書寫德國的戰爭記憶。

一九九一年的夏天，兩德統一後的那一年，我正在柏林替雜誌社寫一篇文章。我注意到地方報紙上有一則廣告，知名的德國心理學家瑪格莉特・密雪利希[6]要在猶太社區中心舉辦一場演講，題目是〈努力才能想起：對哀悼困難的心理分析〉，這哀悼和納粹時期有關。我本來以為大概沒幾個人會來聽，結果現場幾乎座無虛席。聽眾大部分都是穿得像是要去聽搖滾音樂會的年輕人，入場隊伍一路排到大街的另一頭。這也難怪，無論是電視、廣播、社區中心、學校、圖書館，戰爭都不斷地被刻意精心分析、重現。有時甚至會讓人覺得，特別是在柏林，記憶像是伸長了的舌頭，不斷去舔那顆酸痛的牙齒。

有些日本人也對這種情形百思不得其解。一位上了年紀的德國外交官一回有些難過地告訴我，有位日本同僚跟他說，德國念念不忘自己過去的罪行，還願意向過去的受害者道歉，這必定已經讓德國人失去自我認同了。另一個年紀小很多的人告訴我，他去東京聽到日本人在啤酒屋裡高唱德國軍歌，十分震驚。並非每個日本人都有戰爭失憶症，也有許多德國人寧願把戰爭拋到腦後，或是在聽到啤酒屋裡迴盪的歌聲時會特別高興。但一位日本知名心理學家是絕對不可能透過演講傷痛感受困難，而在東京市中心吸引到大批聽眾的。也從來沒有過一位日本政治人物，會像前西德總理威利·布蘭特一樣，在前波蘭華沙猶太聚居區的殉難紀念碑前為戰爭罪行下跪致歉。

即便在戰爭期間，軸心國之間的結盟也不是那麼順利。希特勒對於一個黃種人「優越民族」的態度模稜兩可，畢竟日本人可是想要把「白種人」趕出亞洲的。但這兩個民族在彼此身上看見了他們宣稱自己所擁有的優點：武士道精神、種族純潔性、自我犧牲、紀律等等。戰後，西德人極力擺脫這種自我形象。日本人就不是如此。換言之，日本人對過去夥伴情誼存有的一絲緬懷，都會讓德國人感到難堪。

日本在柏林的前大使館就是個代表性的例子。舊大使館建於一九三六年，是納粹式新古典主義的指標性建築，也是希特勒「世界首都日耳曼尼亞」都市重建計畫的一部分。在希特勒和他的御用建築師亞伯特·許貝爾（Albert Speer）偉大的計畫中，這座大使館是少數確實落成的建築物。戰後它被拋棄，成了廢墟，只剩下成堆無用的外交信件，被一群渾身黑衣、追求無政府生活的年輕人自治主義幫佔屋。但在一九八四年，日本首相中曾根康弘和德國總理科爾決定重修大使館，讓它變成一處供學者使用的德日中心。德國人擔心日本的民族主義會讓他們又開始緬懷過去，因此希望這所中心可以反映出自從軸心國時代以來，時局所經歷的轉變。中心於一九八七年正式啟用。為了慶祝，日本建議舉辦一場演講，探討神道教天皇崇拜與德國民族神話的相似性。這不是出於批評或諷刺，這主意是來自東京一所神社的神官。德國人婉拒了。

暫且不提東西德不同的觀點，以上種種跡象都顯示，德國和日本對戰爭的看法大相逕庭。為什麼會這樣？為什麼德國的集體記憶和日本這麼不一樣？是因為文化差異嗎？還是政治因素？關鍵是在戰後的歷史嗎？還是戰爭期間的歷史？難道說德國人有更多需要感到悔恨的理由嗎？還是是如同露絲·潘乃德[7]所說的，日本有所謂的亞洲「羞恥文化」，而德國則有基督教的「罪惡感文化」？

這些問題恰好可以幫助我聚焦。我關心的，是至今仍在德日兩國引起很大爭議的歷史事件，其他無關的事件則略之不提。比如說，日本皇軍和蘇聯朱可夫將軍的裝甲部隊，在蒙古的諾門罕戰役[8]對峙在軍事上非常重要，緬甸的英帕爾戰役[9]以及諾曼第登陸也是非常關鍵，但本書不談。在日本方面，我在書中強調中國戰場以及廣島原爆，因為和其他事件相比，這些事件在日本公眾社會有很高的象徵意義。同理，在德國方面，我著墨在對猶太人的戰爭，而不是大西洋海戰或是史達林格勒之戰，因為這場戰爭是西德集體記憶中最敏感的傷口。

在動筆寫作本書時，我並沒有預料到當前時事會讓我的故事背景越來越戲劇化。首先是冷戰結束，緊接著是德國統一、波灣戰爭，最後，是日本在一九九三年打破了保守的自民黨一黨專政。我決定從我在德國和日本感受到的波灣戰爭寫起。短短幾星期中，上一次世界大戰的創傷及記憶再一次被鮮明地挑起。自從一九四五年來，沒有其他事件有這樣的威力，連兩邊都沒有被要求參戰的越戰都沒有掀起這樣的波瀾。根據兩國憲法，德日都不得在軍事層面上參與戰爭。這引起了很大的辯論：在未來的國際衝突中，我們可以信任、還是不能信任這兩個國家呢？甚至，他們可以信任自己嗎？就在我寫作的同時，雖然兩國都沒有合法使用武力的權利，但德國的飛行員正在前南斯拉夫上空巡邏，而日本的自衛隊正在試圖維護柬埔寨的和平。

我們這個時代的陳腔濫調之一，是當年的兩個軸心國雖然輸掉了戰爭，卻為自己贏得了和平。很多人都怕德國和日本。歐洲人害怕讓德國主導。有些美國人已經用貿易「戰爭」來形容他們和日本的關係。不僅是其他人害怕德國和日本，許多德國人和日本人也不信任自己。假如要說兩個民族在戰後還有任何的共通點，那就是他們對自己的不信任。

東西德在一九九〇年正式統一，但同年的法蘭克福書展並沒有造成什麼轟動或慶祝。書展每年都會聚焦某個國家的文學。當年的焦點國家是日本，慶祝活動之一，是鈞特·葛拉斯和大江健三郎的公開對談。兩位作家都在戰爭期間長大，也就是說他們在求學階段都受了軍事宣傳的洗腦，兩位都是極力反對法西斯主義的文學家，雖然說大江並沒有像葛拉斯一樣評論當代政治。兩位都是道地的自由主義者。（本書中所謂的「自由主義」是指美國式的自由主義。）

活動非常精彩。葛拉斯批頭就感嘆德國的統一。他說東西德應該要因為奧許維茲集中營而無法統一的，一個統一的德國，無論是對自己或是對這個世界都非常危險。大江沉重地點頭同意，補充說日本也是個非常危險的民族。他說日本人從來就沒有真正面對自己的罪行，日本充滿種族歧視。葛拉斯說，是沒錯，但德國是有過之而無不及，看看德國人對波蘭人、土耳其人、甚至是所有外國人的歧視。大江回答，你該看看日本人是怎麼歧視韓國人和愛努人的，日本人比德國人還糟。

兩人一來一往數落德國和日本的不是好一陣子，接著是一陣沉默。兩人都在想接下來該說什麼好。沉默開始讓人感到尷尬，聽眾在座椅上不安地扭動，等待事情出現轉機。這時兩人心有靈犀地找到化解沉默的方法了。我忘記是葛拉斯還是大江先提起的，三菱和賓士戴姆勒最近剛宣佈了新的「合作關係」，記者戲稱是戴姆勒三菱軸心。葛拉斯和大江表情嚴肅，都認為這是一段危險友誼的開端。接著葛拉斯從椅子上站起來，給了大江一個熊抱。大江個子小，也不習慣這種事，還是勉為其難地接受了。

第一部

第一章 對抗西方列強之戰

波昂

戰爭爆發前幾年的一個夜裡，康拉德・艾德諾[10]在往柏林的路上，火車正駛過易北河，一路往東，艾德諾睜開一隻眼，喃喃自語道：「亞洲，亞洲。」

這故事的真實性自然是有待商榷。但這位當年在英國管轄區的基督民主黨黨主席，在一九四六年時確實曾經給一位美國友人捎信一封：「大難要臨頭了。亞洲此刻就站在易北河那兒。歐洲必須要經濟、政治健全，在西歐英法兩國的領導下，才能阻擋亞洲意識形態及武力的推進。這個西歐如今也包括了自由德國最重要的部分。」

艾德諾指的是蘇聯共產主義的擴張。不過艾德諾對「亞洲」一詞的用法值得我們深入探討。對這位來自科隆的政治人物來說，他的故鄉在德國西部的古羅馬城，野蠻人自然是在東邊，無論是羅馬人的文明或是查里曼的神聖羅馬帝國，都沒有到過那麼遠的地方。自由和民主的特質是屬於羅馬，屬於基督教，屬於文明開智的西方的；亞洲代表的是東正教、暴政、戰爭，納粹的第三帝國是亞洲式的，因此艾德諾的使命就是要帶領他的德國，也就是西德，重新回歸西方，剷除第三帝國這個亞洲毒瘤。

我在波灣戰爭爆發後的第二個星期，也就是一九九一年一月的最後一個禮拜，來到艾德諾親自選定的西德首都波昂，是時大雪紛飛。波昂很有意思，這裡經常發生因為上一次世界大戰的記憶而引發的衝突。有時這些舊傷感覺像剛發生一樣，讓人以為德國還在一片瓦礫之中。

來這裡之前的一個星期，我和世界上大部分的人一樣，盯著電視上的戰爭報導。我看的是英國電台，氣氛歡欣鼓舞。每天早晚都有退休的空軍軍官和海軍將領，穿著筆挺的雙排扣軍裝，在地圖上指出各個戰線。他們看上去非常專業，語氣間流露出驕傲的愛國情操。在這些技術性評論，以及記者詢問的表象背後，透露一絲英國正在重溫她昔日榮光的感覺，讓人振奮。過去數十年來萎靡的經濟、帝國的崩潰、走下坡的國勢，彷彿都只是惡夢一場。現在終於等到一場貨真價實的戰爭，可以分辨得出誰才是真的男子漢。

英國某知名愛國報紙專欄作家寫道，外國人或許比我們會製造汽車或電腦，但當我們的生活方式、自由、西方價值等等受到威脅時，只有英國人可以和美國人起身並肩作戰。德國人做得到嗎？當德國政府對是否該全力投入戰爭舉棋不定時，許多人開始懷疑德國是否是個可靠的西方盟友。於是，這些膽小的歐陸民族再一次把英國當作他們的的救星。危機當前（「危機」、「英勇」、「光榮」之類的字眼又流行起來），歐洲共同市場政策不過是商人之間無謂的爭吵。重要的是，英國又重返昔日榮光。

當時英國的表現令人有些動容，卻也有點可悲。在這場對伊拉克獨裁者海珊的戰爭開始不到一年前，一隊噴火戰鬥機、颶風戰鬥機、蘭開斯特轟炸機飛越倫敦上空，紀念一九四〇年不列顛空戰。這天風和日麗，機身側翼劃過白金漢宮上空，閃閃發亮。我站在倫敦北部一處山丘上觀賞這個飛行隊伍，山丘上擠滿了年輕人、老人家、小孩，人人都往眺望著空中的古董飛機。現場沒有歡呼，也沒有笑聲，只有靜默的驕傲和憂傷，幾乎是傷痛的傷感——緬懷過去總是如此吧。

波昂的氣氛就完全不一樣了。從機場到市區的公車上，我馬上就看到舊式連棟住宅窗戶上垂下的床單，上頭用紅色和黑色寫著：「不要為了石油流血！」「生命可貴！」「沒有正義之師這種事！」「我們的希望隨著每顆落下的炸彈毀滅！」上星期在波昂有一場大規模的反戰遊行，各種標語如「我們很害怕！」「不要另一場戰爭！」「布希是戰犯！」都還貼在窗上和牆上。空氣中瀰漫著歇斯底里的氣息，像是世界末日即將到來，軍事武力和生態浩劫即將毀滅這個世界。

波昂的十八世紀簡約建築，是啟蒙時代古典主義風格，沒有威廉柏林[11]的浮華誇張。中央市場廣場上覆蓋著薄薄一層泥沙和雪，中間是一尊貝多芬的青銅雕像。貝多芬冰凍的手中握著一面寫著「禁用核武」的白旗，雕像前面有幾個貼了標語的帳篷，帳篷外則是讓人張貼各種影像和文字的布告欄。標語和我之前看到的一樣，「不要為了石油流血！」等等。其中一塊牌子上寫著：「記住這些畫面。」下面是一系列照片、剪報、插畫：一次大戰壕溝中的士兵、二次大戰中被轟炸的城市、裸身逃離汽油彈的越南女孩、在黎巴嫩的以色列軍隊、美國轟炸機起飛前往巴格達。上頭寫著：「沒有正義之師這種事！」

一名身穿連帽套頭夾克、留著鬍子、看上去四十出頭的男子，正在發放宣傳小冊。我拿了一本，他開始解釋他的看法：「打這場仗完全是為了錢。當伊拉克對庫德族人施放毒氣時，我們什麼都沒做。我們現在居然要開戰，我們一定得阻止這件事。」他的語氣並非氣勢凌人，反倒像個總是被人誤解的先知，在眾人還迷惘時就看見了真相。

我接下來做的事，是造訪德國的外國人經常會有的行為，通常帶著不同程度的自以為是。我提醒他當年的納粹：「一九三八年的水晶之夜[12]發生後我們也是什麼都沒做，難道這就表示我們一九三九年不該宣戰嗎？」他說：「嗯，那時候我還沒有出生，所以我不知道我會怎麼做。但我知道以色列在一九四八年屠殺了許多巴勒斯坦人。現在我們的外交部長根歇爾（Genscher）去以色列提供金援與武器，完完全全是出於罪惡感情結。你覺得這是對的嗎？」

我沒有料到他會提到德國的「罪惡感情結」。這位男子是和平社運人士，參加綠黨，他的年紀屬於德國六八學運世代[13]。關於以色列及德國罪惡感情結的措辭，通常只會在極右派的刊物中看到，例如傑哈得·符瑞（Gerhard Frey）這位極右派邊緣人、艾德諾西方價值的敵人，在慕尼黑發行的《德國國家時報》（*Deutsche National-Zeitung*）。在這份報紙最新的一期中，對德國政治人物去以色列提供幫助和慰問奚落了一番，把波灣戰爭斥責為美國行種族滅絕的例子。報紙寫道：「在波斯灣發生的種族屠殺，是威脅全人類的典型犯罪行為。」報上的其他文章還有〈對美國印第安人的種族滅絕〉、〈以色列的恐怖戰爭〉。《德國國家時報》並不是什麼和平主義媒體，他們向德意志國防軍、納粹祕密警察致敬，得意得很。讀者可以用優惠價購買身穿軍服的德國士兵的月曆，報上還刊登閃電戰錄影帶的廣告。

不過這些廣告背後所展現出的情緒，和英國電視上那些退休空軍將領的自豪大為不同。這些廣告讀起來有些欲蓋彌彰的感覺，彷彿藉著談論以色列恐怖主義或是美國版的種族滅絕，就可以稍減、甚至否定德國的罪行。這大概是德國政治極左和極右派唯一的交集：前者如《德國國家時報》，後者如在柏林和平運動上的那位發言人，他形容對伊拉克的空襲是「自希特勒以來最嚴重的戰爭罪行」。

在德國，上一次世界大戰的陰影四處可見，但最明顯的還是在政治上的極左與極右派。長久以來，雙方都害怕美國的物質主義會拖垮全世界，而波灣戰爭似乎證實了這個恐懼是其來有自。但事實上，對美國的敵意可以追溯到更早，右派抱持這樣的觀點並不令人意外，但我們居然在左派身上也看到同樣的情結。一九九一年，抗議民眾在斯圖加特上演了一場非正式的審判，審的是美國人犯下的「生態戰爭罪」，以及在伊拉克的「種族滅絕」。知名的和平運動者阿爾費德．梅西特樹默（Alfred Mechtersheimer）告訴觀眾，紐倫堡大審是所謂「勝利者的正義」。一名社會主義政治人物批評西德已經淪為美國的奴隸。左右兩派對美國的敵意有志一同，但對以色列的態度就複雜多了。美國勾起了德國人許多不堪回首的回憶：摧毀德國城市的轟炸機[14]、諾曼第戰役、亞爾丁之役[15]、黑市、美國黑人大兵用巧克力和絲襪勾引德國女孩；而談到以色列，總是難免想起猶太大屠殺。

有人介紹我一位住在波昂的以色列人。因為他不想透露真名，我們姑且稱他為邁可。邁可稱得上是德國人罪惡感專家，雖然他並不是很情願成為這種專家。我在以色列大使館和他碰面，這是波昂郊區一幢警衛森嚴的別墅。會面的房間裡沒有窗戶，只有一張桌子，牆上貼了以色列自然景觀的海報。邁可身形狀碩、捲髮，三十出頭，是個六八學運後時代的人。他出生在俄國，但在孩提時代就來到西德。他在科隆附近長大，是學校裡唯一的猶太男孩。這段成長經驗不是特別愉快，因為他總是被當作特殊案例。老師會要他在課堂上解釋奧許維茲，他就算調皮搗蛋也不會受處罰。

這次訪談幾個月之後，我讀了彼得．史奈德的小說《爸爸》（*Vati*），是講一個納粹戰犯兒子的故事，戰犯的角色原型是約瑟夫．孟格爾（Josef Mengele），他是惡名昭彰的奧許維茲醫生，曾在數千對雙胞胎身上做殘忍的實驗。這個故事讓我想到邁可，故事中的兒子抱怨他在學校的遭遇：「他們對我的關懷，讓我非常壓抑。我的生物老師因為給我低分而道歉，但是我根本不認為自己成績不好是因為我的哪個親戚過去做了什麼壞事。要是我沒有寫功課，老師也不會說我懶惰，他們會說這是因為『家庭環境特殊』。」

按照邁可的說法，德國人確實有病，「我相信要是你測量德國人的心跳，任何德國人，不分老少，只要聽到『猶太人』，他們的腎上腺素就會馬上增加。」

他說這就是為什麼波灣戰爭會在德國掀起這麼大的恐慌。成天都有許多人哽咽的打電話到以色列大使館，有些人問說，要是不幸事件發生，他們可以怎樣幫助以色列孩子，或者是在戰爭結束後，他們可以把孩子送回以色列嗎？他說這些德國人得冷靜一下，接著他聳聳肩：「哎！當德國人真難。」臉上淺淺一笑。

邁可不僅批評這些年輕的和平主義者，他說老一輩的父執輩，所謂的「罪人」（Täter），也沒好到哪去。他說老一輩在戰後幾乎都很愛猶太人。牧師、市長、教師、修士，只要一有機會就會去以色列。現在的情況是角色互換。邁可說猶太人在戰前被認為是溫文儒雅、抱持和平主義的書呆子，而德國人則是有著普魯士紀律，「如鋼鐵般堅強」。但現在猶太人反而成了有紀律、勤奮的戰士。許多德國人因此景仰他們，其程度就像他們鄙視阿拉伯人的懶散和骯髒。而今德國人成了和平主義者。邁可說：「現在可是我們以色列人嘲笑德國軍人了。」

但這種態度在六零年代末期、特別是一九六七年，以色列和阿拉伯國家之間的六日戰爭後，開始轉變。許多德國年輕人開始反對他們父母所代表的價值，批評父母輩的過去，痛恨他們當年的沉默，鄙視他們熱愛猶太文化。這些激進學生聲稱自己站在受害者這邊，特別是巴勒斯坦人這邊。他們不想要和「罪人」扯上邊，無論是在德國、越南，還是以色列。他們要彌補父母輩的懦弱，他們會反抗，他們是理性主義者。他們要拯救世界不要毀於生態浩劫。他們會反抗美國的消費主義和以色列的軍國主義。邁可說：「他們相信成為左派，就不會成為反猶太分子。」因此當邁可看見無數的德國和平示威者時，他看到的不是無數從過去學到教訓的人，他看見的是「百分之百德國新教徒的熱血、暴力、不寬容、冷酷」。

一九九一年二月，《法蘭克福匯報》訪問了以色列作家艾默思·奧茲（Amos Oz）對波灣戰爭的看法[16]。奧茲是自由主義者，而《法蘭克福匯報》是保守派報紙，並不支持和平運動、綠黨、左派或是六八學運。編輯部支持德國參與波灣戰爭，或者至少要承諾支持盟友的戰爭動機。報紙反對共產主義、支持《北大西洋公約》，屬於自由派（比較傾向於十九世紀歐洲的自由派而非二十世紀的美國自由主義）。編輯之一費斯特（Joachim Fest）寫了一本知名的希特勒傳記，還改拍成電影，讓費斯特賺進大把鈔票。他將希特勒時期（特別是在電影中）描繪成一個偉大民族歷史中的一種集體瘋狂、一齣謀殺輕歌劇、違反常軌的行徑。

和平主義者示威的同時，費斯特也十分不安。在他看來，這些神經質的和平主義活動，代表德國又一次被囚禁在歷史的監牢中。相反的，德國此時應該要展現政治和軍事決心。費斯特經常說，德國應該要再次成為一個正常、可以負責任的強權。在這點上，他和艾德諾看法一致：德國應該是個正常的西方國家。在他看來，這個目標之所以無法達成，是因為罪惡感帶來的恐懼，奇怪的是，這種恐懼反而成了一種道德崇高的使命感：我們這些曾經犯下重大罪行的人，將會拯救這個世界。這讓德國無法執行她作為西方盟友的責任，英美法正在打仗，卻沒有德國的積極支持，身為一位愛國人士，費斯特感到十分慚愧難堪。當我提到反戰遊行時，他嘆了口氣說：「都是因為希特勒。」

艾默思·奧茲是個左派的自由主義者，和《法蘭克福匯報》不是同一派的。但在這次訪談中，他批評了歐洲左派，特別是德國左派圈裡的浪漫主義。在這些左派人士身上，他看到了十八世紀啟蒙時代政治思想家盧梭對所謂「高貴野蠻人」的崇拜，幾乎是一種對註定要受苦的人的宗教崇拜，他說：「或許，這是基督教思想極度簡化、感性化的結果，基督教告訴我們受害者遭受的苦難可以洗淨他們的罪惡。」

於是乎，猶太大屠殺「洗淨」了猶太人的罪惡，「彷彿毒氣室蓮蓬頭灑下的不是毒氣，而是道德洗潔劑」。猶太人肯定是比其他人更純潔、更好了。那德國「罪人」世代的子孫又要怎樣才能洗淨他們的罪惡呢？或許他們也暗自想要加入受害者的行列？

波灣戰爭讓德國人的道德純潔性經歷了一次殘酷的考驗。伊拉克正準備發射上頭載有德國公司販售的毒氣的飛毛腿飛彈。確實，戰爭是不可能公平合理的，但猶太人又再一次面臨德國毒氣的威脅，這可不是個光彩的兩難局面。德國和平運動人士為此分裂。詩人暨作曲家沃孚·比爾曼政治立場非常左派，過去曾為了美國在德國設置飛彈基地抗議，但這回卻大力支持這場戰爭，讓他之前的戰友大為憤慨。他在《時代週報》上寫道：「『不要為石油流血』是最新的反美口號。拜託！美國人當然十分在意石油……幸好他們很在意……沒錯，我十分樂見他們有低劣的商業利益，否則以色列就要單打獨鬥了。」[17]比爾曼的父親死於奧許維茲。

有個德文字可以概括許多德國人在波灣戰爭期間的感受：betroffen。這個字很難翻譯，字典上的解釋有：「受到打擊、被影響、震驚、不快、招架不住、困惑。」這些解釋都不是很到位，或許最接近的是法文bouleversé。無論是和平主義者、自由主義者或是社會主義者都經常提到這個字，其出現之頻繁正如同德國保守主義提到「正常國家」一樣。betroffen有罪惡感、羞恥、難堪的意味，它讓人無言以對。但它也帶有道德崇高的意思。感到betroffen，是一種「面對過去」的方式，因為內疚、懺悔而得到拯救與昇華。

西德為了「哀悼」過去而經常出現的各種指責，或是各種為了「哀悼」過去而大費周章的行徑，都是試圖洗淨自己過去的罪惡。瑪格莉特．密雪利希及其夫婿亞歷山大在六零年代合著了知名的《無能哀悼》（*The Inability to Mourn*），分析了戰後那些無法面對過去的德國人的道德麻木。挫敗讓他們麻木，他們的記憶似乎被冰封，無法努力，也無法懺悔。他們似乎完全忘記自己一度崇拜一位謀殺了數百萬人的領袖。許多德國人一度沉醉在納粹運動光鮮亮麗的自我造神運動裡，密雪利希認為，德國人在第三帝國瓦解之後否認這一切，不僅是讓自己免受懲罰或是感到罪惡，也是要逃避戰敗所帶來的強大無力感。一般來說，只有失去了什麼的人才能哀悼，而德國人究竟失去了什麼？當然，他們失去了猶太人，但德國人大概不會為此感到失落。許多德國人失去了家園、兒子、扭曲的理念，以及他們的領袖。但這些都不是密雪利希所指的無法哀悼的事，在一九四五年後，德國人無法哀悼的，是希特勒。而在這本書出版三十年後，瑪格莉特．密雪利希指出年輕一代不再有同樣的哀悼困難。她說的沒錯：德國人哀悼猶太人，而在某些極端社群中，哀悼的是希特勒。

「受打擊」有種如同敬虔運動[18]的宗教意味。敬虔運動在德國歷史悠久，始於十七世紀的菲利普．

雅各·施本爾[19]，他想要改革教會，透過強調行善及個人在靈性上的努力，將福音帶入日常生活。知名德國史學者高登·克雷格寫道：「敬虔運動的中心思想，是個人的道德改革。是從惶惶不安到大徹大悟上帝恩典的過程。」[20]敬虔運動是法國啟蒙運動提出的各種世俗理性觀念的反動，影響了十九世紀德國的中產階級、普魯士官員，以及俾斯麥身邊的人。我想那位住在波昂的以色列人邁可，在提到德國和平主義者的新教徒式熱血時，講的是同樣的精神。

在波灣戰爭期間，波昂「受打擊」了。氣氛和往常大不相同。這本來應該是嘉年華的季節，該是有許多化妝舞會、啤酒、女人、歌唱的時刻。但戰爭當前，災難近在咫尺，實在是不合時宜。於是嘉年華委員會成了危機委員會。萊茵蘭普法茲邦的地方政府給所有願意放棄嘉年華慶祝活動的組織金錢補貼。這項措施非常有效，只有在科隆街道上有非正式的慶祝，標語是「我們擁抱生命」。一群在柏林的音樂學校學生策畫了一天反戰日，他們的發言人說，這是因為「所有的學生都非常難過、『受到衝擊』，我們需要聚在一起談談我們恐懼。」他們搭了個祭壇、點了蠟燭。當地的一個廣報電台播放他們的和平歌曲，副歌唱著：「我們受到衝擊、非常震驚。」

我下榻旅館旁的廣場冷冷清清。小啤酒攤上，幾個喝醉的年輕人跳了點舞、嚷嚷了幾聲，這本來應該要是嘉年華的口號。他們的酒後高歌從窗戶傳進了我房間內，腳步踏著沉重的節奏，讓我想起無數取笑德國人的戰爭電影，諷刺他們的殘酷暴行。就算我對戰爭的記憶都是從電影中看來的，我想最好還是不要把德國人和這些電影聯想在一起，畢竟人太容易就自我感覺良好。

我打開電視，再一次對英德兩國的對比感到驚訝。德國電視上有許多辯論節目，大家圍坐在圓桌旁討論當天的議題。觀眾坐在小桌子旁、喝著飲料，聆聽現場來賓的辯論。氣氛通常比較嚴肅，有時對話也會變得激烈。這些節目之肅穆，讓人不禁發笑，但它們有許多讓人敬佩之處。許多德國人是透過這些談話節目來了解各種政治辯論的。

在波灣戰爭期間，打開電視很難不看到這些政論節目。這些節目之多，你可以在頻道之間轉來轉去，一次聽上好幾個討論。牧師是這些節目的常客，有些穿西裝，有些穿牛仔褲。找他們上節目再適合不過，因為討論的焦點是良知問題。有良知的人會上戰場嗎？一位德國戰鬥飛行員說他很難接受殺人這件事，他不確定自己的良知做不做得到。一位在美國空軍基地附近的醫院工作的年輕醫師，說每當想到治療在波灣戰爭受傷的美國飛行員時，便感到良心不安，因為這會讓他變成共犯。

在一個典型的節目中，來賓是一位曾經對抗納粹的男子、一位義務役男、年長的家庭主婦、育有兒女的職業婦女、幾位中學生。二十七歲的職業婦女安潔莉卡說，因為「我們在戰爭期間做過的事」，所以我們必須幫助以色列，但這場在波斯灣的戰爭肯定沒什麼好處。

前反抗軍男子說：「那英國跟法國呢？難道要我們留在家裡，讓他們做所有的苦差事嗎？」（沒有人提到美國人。）

安潔莉卡回答：「可是我們沒辦法違反我們的信念啊！我們的教育教導我們絕對不要再參與另一場戰爭。我們在其他國家時，會以身為德國人為恥。大家總是很怕我們，但是現在他們怪我們在戰事侵略性不足……」

安卓亞，一位十八歲的高中生說：「我們怎能忘記我們引發了兩場世界大戰？我很難對自己是德國人感到驕傲。」

可是當年長的家庭主婦談起她在二次大戰期間的苦日子：轟炸、食物缺乏、回不了家的父親們和兒子們，說我們應該反對所有的戰爭，一位年輕學生回答：「我了解戰爭的恐怖，但假如我們在該採取的行動時候沒有採取行動，一樣會發生很糟糕的事。」

觀眾群裡發出他們對這個回答難以置信的驚呼，但老反抗軍卻贊成這名學生的說法。他把海珊比作是希特勒，說應該要阻止海珊，就像當年該阻止希特勒一樣：「海珊已經殺了幾十萬人了，難道我們要讓他繼續，只因為我們的道德感阻止我們開槍嗎？」

最後，穿著花襯衫及牛仔褲的年輕士兵開口了。大家問他對於殺人的看法，他說：「按照規定，假如德國或是北大西洋公約國遭到攻擊，我就得這麼做。不過假如我不同意這場戰爭，我會拒絕。」

他遵從的是西德對戰後憲法的正統詮釋：德國義務軍人可以因為良知拒絕戰鬥，「服從軍令」再也無法成為造成傷亡的藉口。德國軍隊只能保衛德國或是盟友國土，因為德國屬於北大西洋公約組織，一般將「盟友國土」解釋為北大西洋公約組織國的國土。右派想要擴大這個範圍，但左派至今仍然反對。

不過這位軍人不是在討論法理，而是從良知的角度來討問這個道德問題。他誠實的答案，與許多和平主義者徹底反戰相比，或許更能反映今天德國年輕人的看法。六八學運世代最重要的道德目標，是要和他們的父母親徹底不同：打破他們因罪惡感而保持的緘默、散布和平的訊息，或只是單純地確保德國不會再一次受到誘惑。社會民主黨領袖奧斯卡·拉方丹（Oskar Lafontaine）在波灣戰爭期間說，要德國人參與軍事行動，就像是「給戒酒成功的酒鬼白蘭地巧克力」。我們彷彿聽見了這句話背後緊張的尖叫。

費斯特或許說得有理，有可能是因為希特勒。但波灣戰爭讓我們明白，德國的和平主義絕不僅是反美主義，或是反對艾德諾的西方價值。這確實是個左右為難的局面：至少有兩個世代的人民，都被教導要棄絕戰爭，絕對不要再送德國軍人上前線。換言之，他們被教導成希望德國變成像瑞士一樣。但他們也被教導要為以色列的命運感到負責，要成為西方國家盟友組成的大家庭中的好公民。問題是，他們真的能夠兩者兼顧嗎？假如海珊真的是希特勒再世，而德國沒有幫助猶太人呢？

這就是為什麼把海珊比作希特勒，會戳到德國人的痛處。著名德國詩人暨作家恩岑斯貝格[21]就拿這點來開刀，在《明鏡週刊》上把海珊比作希特勒[22]。這位優秀的詩人寫得一手好文章，他可以文藻華麗卻充滿挑釁，直戳他德國同胞的痛處。有些人稱讚他的文章，但有更多人暴跳如雷，特別是左派的知識分子。我聽說一位在柏林的評論家說恩岑斯貝格是個叛徒。我問，他究竟背叛了什麼？他回答，德國精神。多年來，恩岑斯貝格自己一直是個左派知識分子，他屬於在納粹當權時受教育的世代，參加過希特勒青年團，在戰爭末期被調到防空部隊。戰後，恩岑斯貝格和一幫作家，如鈞特·葛拉斯及海因里希·伯爾（Heinrich Böll）等，宛如組成了當年對抗納粹的法國反抗軍馬基，大力反對德國極權主義的遺骸。這麼多年來，追逐納粹的鬼魂幾乎一直是個全職工作。

恩岑斯貝格在《明鏡週刊》中說，海珊和希特勒一樣，不僅是個獨裁者，更是人類的敵人，一個自我毀滅傾向的怪獸，酷愛死亡。假如給他適當的資源，他便會摧毀全世界，包括他自己的人民。他和希特勒一樣蔑視自己的人民。問題是，究竟是什麼原因造就了這樣一頭怪獸？恩岑斯貝格的答案是，極度缺乏自尊的人會造就出這樣的怪獸，這一大群人生不得意的人，因為無知、貧窮、無力感，長久下來對人生懷憂喪志。恩岑斯貝格說，德國人在阿拉伯大眾身上應該可以看到自己的影子。

但德國人根本就不會想到這點。恩岑斯貝格說，因為這種洞見會「摧毀任何用種族衝突來解讀目前爭端的論證基礎。此外，這還會讓法西斯主義的遺緒曝光，沒有人想再記起這種事。德國工業界從來沒有後悔提供希特勒各種服務；現在他們搶著去幫忙這位希特勒再世，真可說是有始有終。許多德國年輕人在巴勒斯坦和以色列之間，較認同巴勒斯坦，寧願抗議布希而不是海珊，這可不僅僅是出於無知而已」。

這是戰後納粹反抗軍的聲音，承襲了地下祕密行動的精神，但似乎多了點新詮釋。他的說法對伊拉克人來說或許不盡公平，畢竟他們並沒有像當年的德國人一樣瘋狂支持希特勒；但他抓到了左派的矛盾：對過去大表哀悼之情、過度熱情地為和平點蠟燭，就自以為已經走出歷史了。

恩岑斯貝格這一代的人學會了不要輕易相信德國人。四零和五零年代舊時代的遺緒仍然清晰可見，參與希特勒青年團及防空部隊的記憶仍歷歷在目。恩岑斯貝格等人的反抗軍勢力，看見西德人追逐物質金錢，好徹底掩蓋過去，像是一層厚厚的雪，掩蓋了所有的痕跡，讓一切噤聲，於是對德國人更加不信任。恩岑斯貝格一首著名的詩作，開頭是：

在這裡，我失去了什麼
在這塊，我無知的父母生我的土地
赤裸裸地來到這個世界，卻沒有一點安慰
我在這裡，但也不算在這裡
窩居在這髒兮兮的角落
甜蜜、讓人心滿意足的墳墓

波灣戰爭一年前發生的事件，讓波灣戰爭期間各國對德國的不信任感特別強烈，鄰國眼看德國統一可不是十分開心。這可以理解，他們一度被德國佔領，很清楚德國人可以做出什麼樣的事來。但這也再一次顯示出他們對恩岑斯貝格世代、至少是文人反抗軍成員的不信任。為了抗議德國統一，鈞特·葛拉斯說統一的德國曾經製造出奧許維茲。他賦予了「奧許維茲」近乎宗教的意味，像是擋煞的護身符，彷彿是用邪惡之眼來化解邪惡。長久以來，「奧許維茲」一詞一直是對付過去歷史遺骸的武器。

就比較具體的角度來說，還有西德不信任東德的問題——這已經是老生常談了。東德軍人還是踢正步，他們的小布爾喬亞生活方式讓人聯想到三零年代，他們的政府雖然是以反法西斯主義之名建立，卻有許多納粹過去的影子，讓人非常不舒服。簡言之，東德人一直住在「亞洲」。以色列人邁可把西德人和東德人的碰頭，比作王爾德小說《格雷的畫像》中，格雷的畫像被揭開的一幕：西德人看到了自己的影子，心中很是不快。

一位知名的西德作家在我提到東德人時翻了白眼，他告訴我，他已經可以預見歷史又要重演了：「淨化、再教育，這都老套了。我不喜歡東德人，我覺得我很清楚他們是怎樣的人，不想跟他們扯上關係。」聽到這話我非常驚訝，於是到柏林拜訪文學評論家羅蘭·維根史坦（Roland Wiegenstein）時，我轉述了這番話。他的公寓很高雅，擺了黑色皮革與金屬製成的家具，牆上掛著大幅抽象畫。

維根史坦的打扮入時考究，品味很明顯屬於戰後世代，他說：「我非常能體會他的說法，我只比他大幾歲。說實話，西德人文明化的速度之快，真是個奇蹟。我們現在確確實實是西方國家的一分子了，民主已經真正落實到每個人心裡。但前東德人民仍然沒有進入現代，他們還是醜陋的德國人，很像戰後的西德人，那些我一起長大的人。他們還沒有文明化。」

西德人不喜歡醜陋東德人剪裁不合身的西裝、石洗牛仔褲、還有塑膠鞋，這不僅僅是文化優越感，背後的訊息是，或許是靠著成為現代歐洲人，西德人自己好不容易才脫離成為納粹餘黨、踢正步的命運。就在德國統一前夕，六八學運世代的小說家徐四金（Patrick Süskind）寫道，義大利的托斯卡尼感覺都比德勒斯登還近（他的朋友和西德同胞想必也有同感）。

不信任是德國政治語言的一部分。社會民主黨國會議員諾北特．岡瑟（Norbert Gansel）擅長外交事務，波灣戰爭期間他剛好滿五十歲。他也打扮入時，穿著深紫色的西裝。他為我們各倒上一杯日本清酒，說：「入口就像油一樣順。」我猜這是一語雙關，他用字遣詞很謹慎，「我個人的政治哲學，甚至是我的政治抱負，都和我所代表的選民的不信任感有關。這些人的父母及祖父母讓希特勒上台、讓猶太大屠殺發生。」他的書桌上方有一張德國北部港都基爾的照片，這是岡瑟的出生地。照片中是一九四五年的基爾，斷垣殘壁。看我盯著照片，他說：「沒錯，所有被轟炸的人都值得我們德國人同情。」

岡瑟在納粹遺緒上下了很多功夫。他的大學論文題目是納粹親衛隊，七零年代時他曾試圖讓過去納粹法庭做成的判決無效，直到八零年代才成功。問題之一，是納粹政權遺留下來的司法體系從未被整頓，是靠著時間，過去政權的延續性才逐漸瓦解。岡瑟說，五零和六零年代司法正義不彰，現在已經不可能這樣了。一個新的政治世代交替，罪人世代的孫輩對過去的疑問，不是抱著像六八學運世代那樣自命清高的態度。岡瑟說，德國人變得比較實際，比日本人實際多了。波灣戰爭改變了德國。

我們很難說讓德國煥然一新的，是波灣戰爭，還是東德人的到來，這兩件事大約同時發生，讓德國人備感壓力。社會民主黨一直有保持民族中立主義的傳統，而之前許多左派政治人物認為西方盟友刻意阻撓德國統一。在統一議題上，五零年代的社會民主黨較保守的基督教民主黨更抱持民族主義的立場。左派長久以來一直攻擊艾德諾的德國，因為這個德國繼承了納粹遺緒，還對美國輸誠；但現在德國統一了，雖然有「奧許維茲」的陰影還有許多心胸狹窄的東德人，艾德諾到底還是對的。德國需要西方盟友，但西方國家也需要德國，而這卻讓德國人，尤其是社會民主黨人深感不安。

讓德國投入西方盟邦的懷抱，如北大西洋公約組織及歐洲共同體，就是在消除眾人對德國的不信任，至少當初設想是如此。德國身為歐洲人，可以覺得自己是正常、西化、文明化的。德國，這塊過去「處在中間的土地」，中歐的巨人，不斷探尋自己的定位，為過去所折磨，而今成了西方國家的一員。這個幸運的國家在一年之內受到兩次試探：先是德國統一，接著是波灣戰爭。結果不出所料，好壞參半。其一是西德人本能地抗拒缺乏文明教養與西方價值的東德人，其二是緊張猶豫是否加入西方盟邦的戰事。

我在波昂的最後一晚仍然下著大雪。我和一位年輕的政治學家一起用餐，吃著馬鈴薯麵疙瘩、香腸，配啤酒。所謂年輕，是說他比六八學運世代年輕；他不是和平主義者，會批評政府在聯軍行動中扭扭捏捏。文化上對德國的不信任感對他似乎不起作用，他甚至熱心地向我介紹當地特產，以及幾間酒吧，「波灣戰爭吧」還有「不打波灣戰爭吧」，點唱機裡吵鬧的嘉年華音樂。他說現在的德國軍隊是真正的公民軍隊，每個人都得服兵役，因此關於良知及道德的辯論才會這麼重要，每個人都非常關心這件事。德國憲法中將德國的安全與盟友緊緊相扣，因此就幾乎不可能有軍事妄動。他說：「你看，我們德國人真的再也不想自己單獨行動了。」

時間不早了，於是我們一起走回我下榻的旅館。這是間有歷史的旅館，曾經接待過許多名人，但旅館櫃台給的簡史中似乎少了三零和四零年代的敘述。我們走過拿著和平旗幟的貝多芬，走過「警告布告欄」年輕人抗議戰爭的燭光禱告，走過寫著「不要為石油流血」還有「德國臭錢還有德國毒氣正在世界各地屠殺人民」的布條。我告訴他我打算寫一本關於德國和日本的戰爭記憶的書，他看起來有所保留，幾乎是被嚇到了，但默不作聲。就在我們互道晚安之後，他突然轉過身來說：「懇請你不要過份強調我們的相似之處。我們和日本人很不一樣，我們不會睡在公司、為公司賣命。我們不過是人，正常人。」他並沒有說「西方人」，但話語之間的意思是再清楚不過了。

東京

在東京，波灣戰爭似乎十分遙遠。沒有布條，沒有警告標誌，沒有燭光禱告或是和平示威。日本似乎比德國離戰爭這個概念更遙遠，在德國仍然可以見到廢墟和彈孔，東京沒有什麼東西會讓人聯想到上一次世界大戰，因為整個城市在一九四五年幾乎被焚燒殆盡。在一九三六年失敗的軍事政變中被佔領的旅館原本並沒有被燒毀，但在八零年代房地產熱絡的時候被拆除。當年處決日本重要戰犯的監獄，如今是一座摩天大樓和購物中心。

七零年代和八零年代早期，在火車站或神社前仍然可以看到失明或是殘障的日本退役皇軍，踩著粗糙的義肢，身穿白色和服，戴著深色眼鏡，用破爛的手風琴彈著感傷的老軍歌，希望路人施捨一點零錢。穿著時下最新的美式服裝的年輕人，從他們身邊匆匆走過，大多看都不看他們一眼，彷彿這些殘缺的人並不存在，是只有他們自己才看得見的鬼魂。老一輩的偶爾會施捨幾個銅板，那神態像是要打發掉讓人難堪的親戚一樣。這些穿著白色和服的鬼影，喚起了不堪回首的回憶。而今，這些鬼魂也永遠消失了，在東京唯一和二次大戰有關的東西，只剩空氣中迴盪的餘音，比如保齡球館大聲放送的軍歌。

六本木是東京最時髦的區域，從一九四五年以來就一直帶著淡淡的西方風情。這裡以前有個美軍基地，現在流露著奢華的氣氛：外國模特兒匆忙趕去時裝工作室；年輕男子開著保時捷逛大街；優雅的名媛在北義大利餐廳享用輕食。在這些光鮮亮麗的人群中間，有一組醜陋的灰色水泥建築，散發著奇怪的違和感，好像不該蓋在這裡一樣。這裡是防衛廳，相當於是其他國家的國防部。其實防衛廳不是一個「部門」，雖然它的指揮官地位等同內閣閣員，但僅能稱為「廳」。這些建築物是少數和上次世界大戰有關的東西，它一度是日本皇軍的資產，戰後則有美軍進駐。

日本沒有正式的陸海空三軍。一九四六年，在美國佔領下的日本通過了美國人所寫的新的憲法，其中包括第九條：「日本全體國民永遠放棄以國權發動的戰爭」，並且「為達到前項目的，不保持陸海空軍及其他戰爭力量」。自衛隊的設立是憲法的模糊地帶，但雖然日本實質上擁有相當龐大的武力，按照憲法是不能出兵的。

一九五〇年左右冷戰開始，美國人不再希望日本只做非武裝和平主義的榜樣，因此成立了警察預備隊。左派大聲抗議，但無功而返；接著美日安保條約在日本的抗議聲浪中簽署。美國尼克森總統在一九五三年出訪日本時，說憲法第九條是個錯誤，許多日本保守派也同意，但這個意見沒有被主流接受。隨著冷戰情勢升高，日本企業也開始擴張（部分是拜韓戰之賜），左派不斷失去支持者。自衛隊正式合法化，但許多日本人仍抱持懷疑態度，認為這是違憲。

防衛廳主建築的內部和外部一樣沉悶。我預約拜訪防衛廳副長官萩次郎。他的辦公室很簡樸：一張辦公桌、一張沙發、一個櫃子、幾個鐵文件櫃，有些寒酸。牆上掛著一幅月曆，圖片是太平洋海灘上的寫真少女。萩次郎身材瘦削，身穿藍色西裝。我請教他日本輿論的看法，大部分的人覺得日本在波灣戰爭中應該扮演什麼樣的角色？他說多數人反對出兵。一九九〇年十一月，政府提出一項出兵的特別法案，但後來只好撤回。他說大多數的日本人只要一談起軍隊，就會聯想到以前的日本皇軍，但是每個年齡層的反應都不太一樣。萩次郎說，對二戰有切身記憶的人，強烈反對日軍海前往外作戰；三十至五十歲之間的人態度就沒有這麼強烈；而年輕人容易受大眾媒體影響，在兩種立場之間擺盪。

他提到日本憲法第九條。在德國經常出現的信任問題，在日本也有。萩次郎說：「日本人不信任自衛隊，因為身為日本人，他們信不過自己，這就是他們為什麼需要憲法來阻檔安保行動。」日本人信不過自己，這話很耐人尋味，就在我們談話的尾聲，他又提了一次。我告訴萩次郎自己剛去過德國。他笑著說了出乎意料的話：「我很喜歡德國人，但我覺得他們人民很危險，原因說不上來，或許是因為種族、文化、歷史吧。其實我們日本人也是這樣，從一個極端走到另一個極端。我們日本人和德國人一樣，都是非常集體自律的人，把精力用在正途時，就沒什麼問題，只是一旦用錯地方，就會發生可怕的事。」說到這裡，他頓了一下，說：「我還覺得日本人跟德國人都有種族歧視。」

沒錯，很多人也是這麼想。我被灌輸的觀念是德國人民、日本人民都很危險，有某種民族劣根性，但我從沒想過會在日本防衛廳總部聽到同樣的話。儘管萩次郎認為兩個民族有像似的地方，但根據我的個人經驗，德國人都避免像萩次郎那樣把兩個民族聯想在一起。我經常聽到德國人說「典型德國人」，幾乎總是語帶貶義（相反地，日本人說「典型日本人」時，通常都有自我辯解和自豪的意味)。但許多德國人對拿自己與日本人相提並論、做比較,都很不高興(日本人就不是這樣,他們經常這麼比較)。我遇到的德國人常常強調他們和日本人不同,就像西德人強調自己和東德人的差異。我想這和《格雷的畫像》中的情節很像。對某些西德人來說,他們現在非常「開化」、非常自由、非常個人主義——非常西化,而日本人這麼有集體紀律、服從權威、把職場當戰場,和德國人才剛剛脫離(或還深陷其中)的自我形象非常相似,這讓德國人非常不舒服。

兩者的相似之處其來有自。日本在十九及二十世紀時師法德國,但這些學來的已不符合西德的自由氣氛了。日本和德國一樣,代表性的知識分子和政治人物,常常需要轉向浪漫民族主義來補償民族自卑感,即便那時的日本正全盤西化,向西方列強看齊,但還是引介了費希特的浪漫民族主義理論,好振奮日本人的自尊心。而當日本在一九二零及三零年代感覺自己受到西方列強排擠,這時史賓格勒所談的西方的衰落就給予安慰。這些因日本人的需求而改造的理論,至今仍然經常在電視、大學院校和流行期刊中被引用。在日本創造的民族神話中,猶太人主宰世界的陰謀論退到外圍,不再受重視;而在戰前從德國引進了純粹種族的思想,至今仍未在日本絕跡。

因為日本人在不知不覺間實現了納粹主義的理想,所以希特勒統治的德國相當推崇日本。納粹宣傳家烏拉赫說過,日本的天皇崇拜「獨一無二,糅合了國家形態、國家意識和宗教狂熱」[23]。當然,「狂熱」在納粹的辭典裡是褒詞。閱讀納粹談論日本的著作,我們會以為德國鼓吹者想灌輸德國人某種文化,像日本遠古諸神傳給日本人的文化。

歷史、文化和民族性是如何左右了一個民族的行為？許多日本人非常關注這個議題，幾乎是走火入魔的地步。波灣戰爭期間，日本電視上沒有什麼受到衝擊的跡象，也沒有退役將領詳細解釋戰術和戰略。媒體和學者專家用一種旁觀者的角度談這場遙遠的戰爭，將它解釋為西方和中東地區之間的文化或宗教衝突。有許多穆斯林、基督徒、猶太教之間宿怨的討論，也有針對美國人性格的詳細分析，來了解布希總統和史瓦茲柯夫將軍（General Schwarzkopf）的作風。

在私下談話中，文化異同也是經常被談到的問題。我和幾個日本朋友相約在東京某條巷子裡把酒言歡，這條巷子是戰後東京少數幾條沒變過樣的街道之一，當中一段人稱「黃金街」，過去是廉價紅燈區。我們坐在一家狹小的居酒屋裡，只能容納大概十個人。居酒屋的名字取自一部法國前衛電影，煙霧繚繞的空氣中飄著比莉．哈樂黛的歌聲；知識分子是店中的座上賓，店家也感到驕傲。多數酒客對波灣戰爭的看法是，這場戰爭完全只是為了美國的利益。我的朋友均是四十出頭，熱衷文藝事業，他們認為波灣戰爭關乎文化認同：美國人想要強迫阿拉伯人接受美國人的世界觀。

我問，那麼自由和民主呢？這些原則難道不值得捍衛嗎？我們應該坐看一個國家侵略其他人嗎？我很清楚自己這麼說並不是很有說服力，科威特算不上是個民主國家，但我只是想要拋磚引玉。得到的答案很有意思，是一種特別的反西方論調。

一個漫畫家說：「民主，並不是普世的，只是一種西方理想，西方人謊稱它有普世意義。這就是為什麼這場戰爭是錯的：西方試圖把自己的想法強加給非西方國家。美國人不但虛偽，還很傲慢。」

一位著名的電影導演使勁點頭，表示如果當初美國人不來的話日本只會更好。他指的是一八五三年美國海軍將領佩里率部侵入日本的黑船事件[24]。他說：「他們讓我們失去了原有的文化，我們現在都快不知道自己是誰了。」

我跟這個人很熟，所以知道他這麼說只是在挑釁。但是，和日本藝術家及知識分子談話時，經常出現類似的邏輯：每當談起日本和外面的世界的時候，總會扯到身分認同，最後產生一種很奇怪的自我認同。我曾在左傾的《朝日新聞》裡讀到過下面這封來信，作者是中村哲，屬於六八學運世代，在中東擔任醫生。信件內容如下：「講到世界新秩序，我們得知道，我們的亞洲同胞的價值觀和文化是和西方人不同的，我們必須反思對亞洲的態度。僅僅五十年前，夾在傳統社會和西方現代化之間的日本人，為對抗美國而開戰，吃盡苦頭。這場戰爭還沒結束，現在正是時候，讓我們重新思考在廣島和長崎犧牲的幾百萬「英靈」（原文如此）究竟有何意義了。」[25]

這種說法在語氣和觀念上，都和三零及四零年代的日本泛亞民族主義非常相似。我們不是第一次聽到這種說法：日本從十九世紀就開始激烈反抗西方對亞洲的宰制，雖然有時有些笨拙，但始終是種高貴的行誼。這種說法最早可溯及一八六零年代的「尊皇攘夷」運動[26]，這項運動卻在日本戰爭宣傳中被大書特書，林房雄在一九六四年出版的名著《大東亞戰爭肯定論》中為尊皇攘夷辯護。林房雄的反西方民族主義[27]在戰後成了右派支持者主張的原型。但林房雄曾經是共產主義者，他寫道，在理想世界裡，日本再也不會因國際政局而分化，所有日本人都會思想齊一。他說：「將會產生一種日本式思維。」這字裡行間都是懷舊。太平洋戰爭期間，日本人民被教導「一億一心」。

這個理想世界在波灣戰爭時仍是遙不可及。根據《朝日新聞》的一項民意調查，有七成的受訪者反對出兵伊拉克，但在二十幾歲的年輕人中有百分之二九．六的人支持動用武力，還有起碼相同比例的人回答「不確定」。中村哲刊登於《朝日新聞》的來信，雖然情緒稍有不同，但和投書該報的讀者都是同一種論調。典型的例子如以下這封投書：「我們日本人如今總算有權利和義務對戰爭說不，告訴全世界我們的切身經驗，訴說我們無辜的平民百姓是如何淪為慘烈轟炸的犧牲品。」

對許多日本人而言，這種說法正是憲法第九條的精神。一九四六年，當時的日本首相幣原喜重郎向麥克阿瑟將軍提出抗議。他說，要日本放棄戰爭成為道德典範，這種說法固然高尚，但在現實世界中，根本沒有國家會起而效之。麥克阿瑟回答：「就算沒有國家仿效，日本也沒什麼損失。不支持這項提案的人才是錯誤的一方。」長久以來，多數日本人承襲了這種看法，但波灣戰爭讓他們開始有些動搖。

這種想法值得尊敬，但它的立基點卻是一個關於「背叛」的民族神話。根據這個神話，日本已經成為一個愛好和平的獨特民族，但那些判了犯下日本戰爭罪的戰勝者，卻背叛了他們：在越南、阿富汗、尼加拉瓜，日本遭到了背叛；在軍備競賽和冷戰中，也遭到背叛。不只是投在廣島和長崎的那兩顆「毫無必要」、甚至可說是「種族歧視」的原子彈，所有強權在戰後的一切軍事行動，包括討伐海珊，都是對日本的背叛。對這個神話最堅信不移的，是左派的男男女女，他們緊抓著憲法第九條，就像牧師緊抓著他的禱告書。

波灣戰爭正式結束後幾個月，一位名叫松本健一的文學評論家在《東京新聞》上寫了篇文章[28]，將海珊入侵科威特比作日本偷襲珍珠港。從某種角度上來看，這和恩岑斯貝格在《明鏡週刊》裡拿海珊和希特勒作比較有異曲同工之妙。松本寫道，海珊聲稱他是為了大阿拉伯民族理想而戰，「讓人不寒而慄地想到日本軍國主義者在偷襲珍珠港前夕，還大言不慚地說『亞洲一體』」。伊拉克和日本都對西方帝國主義展開了「聖戰」。但是在松本眼裡，二者的相似性還不僅止於此：「日本和伊拉克發動戰爭的原因幾乎如出一轍」。他們指控西方列強切斷貿易和原料供應，讓戰爭勢在必行。因此對日本和伊拉克而言，戰爭其實是生存保衛戰。松本寫道：「日本尚未對其戰時暴行贖罪懺悔，我們沒有資格指責伊拉克人採取非人道手段和違反國際法。」

這篇文章到目前為止都還不錯，畢竟日本主流媒體中很少見到類似的自我反省。但這時松本話鋒一轉，指責道：「另一方面，美國大眾媒體對於最初空襲伊拉克時的反應，讓人想起日本在太平洋戰爭初期，對各種捷報欣喜若狂……」結論是：「波灣戰爭再次提醒我戰爭總是殘酷、一再重演。聽聞首相海部俊樹表達對多國聯軍的堅定支持，並試圖將自衛隊派遣中東，我十分震驚、不快。日本從文明開化落入野蠻也不過就是五十年前的事，但這個國家的保守派政客似乎並沒有從中吸取多少教訓。」

於是，我們得出了這樣的結論：所有人都一樣野蠻——戰時的日本、海珊、布希、日本保守派政客，沒有一個例外。和平主義的目標或許很崇高，質疑美國媒體的興高采烈或許也不無道理，但這種看法似乎有些以偏概全。沒有正義之師這種事：這就像是波昂廣場上的警告牌，或是那位認為轟炸巴格達是一九四五年以來最嚴重戰爭罪行的和平主義教授。短短一篇文章，硬是擠了太多歷史。

然而日本和德國有個天壤之別：以色列。日本人對猶太人沒有愧疚；沒有人會瘋狂地不斷撥打以色列駐東京大使館的電話；日本也沒有像沃乎．比爾曼一樣的人物。波灣戰爭勾起了不少德國人對猶太大屠殺的回憶，但對於大部分的日本人來說，這只是另一場戰爭，一場十分遙遠的戰爭，它就像天災一樣爆發了。或許，假如聯軍的轟炸目標不是伊拉克，而是中國乃至北韓的話，日本的戰爭罪惡感才會啟動。但就算是那些對中國和韓國抱有歉意的日本人，也不會將日本發動的戰爭和猶太大屠殺看作同一回事。

拒絕採取不同的標準評論不同的歷史事件，並不只是為了迴避罪惡感，這是和平主義的核心精神。不僅如此，對和平主義者而言，即便是區別某些戰爭是師出有名、某些不是，這種立場本身就已經是不道德的了。而就德國和日本的例子而言，和平主義恰好是一種冠冕堂皇的辦法，用來麻木歷史罪惡感所帶來的傷痛。和平主義也可以反其道而行，如果一個人沉浸在歷史罪惡感中無法自拔，這時和平主義可以把這種內疚轉化為一種美德；相較於其他國家的鴕鳥心態，這甚至是一種優越的表現。和平主義者也有可能會有所謂的「歷史短視」，他們戴著和平主義有色的眼鏡看歷史，讓歷史事件符合他們的價值觀，而忽略了歷史事件的細節，無法看到它真正的面貌。

小田實是日本反越戰運動的鼻祖，也寫了一部描寫廣島原爆的小說。他告訴我，日本必須堅持和平主義：「在所有民族中，日本必須要基於良知拒絕參戰。」小田說，日本要是成為軍事強國會十分危險，德國也一樣。他認為，德國很快又會是個單一種族的國家了。當我表示他的說法有待商榷時，他說我是西方人、是白種人，沒資格評論。

我問他對越戰的看法，他認為越戰和日本的亞洲戰爭沒什麼兩樣，事實上，正是越戰促使他反思日本對亞洲所發動的戰爭，他也不認為歐洲殖民主義和日本侵略中國和東南亞有何不同。當我指出我在這些事件中所看到的區別時，他惱怒地提起嗓門：「我沒時間討論這些歷史差異。殖民主義是錯的，沒什麼好說的。」他的臉漲得通紅，大手重重敲在桌面上。他的韓裔日籍妻子默不作聲地盯著茶杯，我知道自己被警告了。

小田生於一九三二年，他還記得當年日本大敗美國人之後，他揮舞著日之丸旗，心中滿是驕傲。他也清楚記得，就在家鄉大阪遭到慘烈地轟炸的第二天，天皇宣布「戰局未必好轉，世界大勢亦不利我」，是該投降的時候了；他至今仍充滿怨懟。小田說他當年沒有哭，他真正怨的是美國人在戰後對日本的處置，讓日本沒有機會和過去一刀兩斷。美國人保留了天皇的皇位，允許那些把日本拖入戰爭的官僚和政客繼續統治這個國家；美國人促使日本建立自衛隊，顛覆了日本自己的憲法。美國人將日本人變成美國帝國主義在亞洲的幫凶。

小田的怨恨不無道理，但他對西方的矛盾情結不僅僅是出於對政治的幻滅。這種矛盾心態已經接近於敵意，部分或許與年齡有關。畢竟他所接受的教育是仇視「盎格魯—美利堅妖魔」，而泛亞主義宣傳與富有浪漫色彩的第三世界主義[29]其實相去不遠。然而，儘管小田支持第三世界主義，他對受壓迫者的認同卻不是那麼明確，甚至他也認同壓迫者。他發起「越南和平」運動的目的之一，是要幫助美國逃兵和反戰示威者。在小田眼看來，美國大兵和當年的日本皇軍一樣，既是侵略者，也是受害者：他們是侵略者，因為他們殘害無辜百姓；他們是受害者，因為他們也是迫於服從命令。

日本對西方的態度只能用複雜來形容。表面上，日本是亞洲最西化的國家，即便是對小田實而言，北京大概也比紐約更遙遠（我敢說他對義大利托斯卡尼也比對東德的德勒斯登更熟悉）。十九世紀的日本雖然曾經出現過攘夷運動，但當年也有所謂的「脫亞論」[30]。十九世紀、二十世紀之交描繪日本征戰亞洲大陸的版畫裡，日本人身材高大、皮膚白皙、穿著歐式軍裝，而他們不堪一擊的對手則是留著辮子、身穿絲綢衣服的矮小黃種人。

矛盾情結表現的方式各式各樣，在與非常不同的人的對話中，都可以找到矛盾情結的蹤跡。右派自民黨政治人物龜井靜香和小田實可說是處處相反：雖說他們年齡相仿，身材都很結實，有著農民般的體格，但兩人的共通點恐怕也僅止於此了。龜井在國防議題上屬於鷹派，希望廢除憲法第九條，在教育中注入更多愛國主義元素，讓學生以軍人英雄為傲等等。他不相信日本的亞洲戰爭真有那麼惡貫滿盈，他希望恢復天皇在這個民族國家中神聖一家之主的地位，復甦神道教的國教地位。他認為美國人在戰後奪去了日本的自我身分認同、驕傲、還有雄風。

我拜訪了龜井位於東京、距離國會大樓不遠處的辦公室。他的談吐和小田一樣，刻意流露出粗鄙之氣。這不是為了表現熱絡，而是要強調一種不修邊幅的男子氣概。我們的談話被電話打斷了一兩次，龜井講電話時一個字都不說，他只用各種嘟噥聲表示肯定、否定或道別之意。

我問他對波灣戰爭的看法。他嗯了一聲，開口說道：「我們日本人有個詞叫『建前』，是官方真相的意思，是我們對這件事的說法。我們還有另外一個詞，叫『本音』，指的是我們真正的感受、事情真正的面貌。現在，『建前』說法，是我們不能容許伊拉克入侵科威特，『本音』是美國人在開戰前並沒有徵詢我們日本人的意見。」不滿的情緒顯而易見。龜井從相反的角度闡釋了小田的觀點：美國強迫日本作它的幫凶。

他繼續說道：「還有以色列的問題。你知道，我們日本人消息很靈通，很清楚美國的真面目。我們在電視上看過美國國務卿季辛吉，他是猶太人，我們知道猶太人在美國勢力很大。這些我們都知道。所以『本音』告訴我們，這場仗是為以色列打的。」

這種論調在日本很普遍，聽起來讓人不舒服，也容易產生誤解。重點不是猶太人，而是美國。消息不夠靈通的日本人常將美國人和猶太人的利益混為一談，而這種混淆也不只是在日本才有。「美國」這個字眼和「永恆的猶太人」一樣，代表的是沒有國、沒有家的世界主義、國際陰謀論等等。龜井討論把「美國」等同於「猶太人」這種普遍的偏執假設時，口吻是如此怪異、民粹，這有以下幾種可能的解釋：一是日本還死守著某些最糟糕的歐洲迷思，二是屠殺猶太人歷史在日本沒有影響，三是日本在某些方面十分閉塞。我覺得這三種解釋都說得通。

龜井解釋道：「在十九世紀，日本受西方帝國主義的威脅。中東的國界都是西方列強劃定的，英國負責巴勒斯坦。伊拉克現在的行為和西方列強不久前的作為沒兩樣，這是我個人的看法。沒錯，海珊肯定是不對的，但也不能因此就說西方列強是對的，其他種族就是錯的。不能這麼說。」

龜井和小田以及許多左派人士一樣，是用種族的角度詮釋問題。他用了じんしゅ這個詞，漢字就是「人種」。他甚至沒有用較常見的みんぞく，日本右派用這個字對應德語中的「民族」。他也沒有使用較為中性的こくみん，意思是「國民」。

日本政府的官方立場支持波灣戰爭，並出資九十億美元聲援聯軍的行動。日本社會黨堅決反對，態度之強硬遠勝於德國社民黨，但政治從來就不簡單明白。龜井分析了他所屬的自民黨的立場：「我們的『本音』和社會黨差不多。我們之所以支持戰爭，只是為了讓美國人高興。」

龜井不算是保守派中的主流，他是黨內的右派。作為右派，他表達的立場是比自己的政府更加反美、反西方。他可以滔滔不絕地談論日本應該在亞洲建立新同盟關係，跟美國保持距離，他說日本人感覺亞洲比西方更易親近。我告訴他，德國保守派堅持自己是西方的一部分，可以說，他們把西方同盟變成了德國民族認同的一部分。我還跟他介紹了艾德諾的亞洲觀。

龜井聽完哈哈大笑，露出了一排整齊的金牙，他承認說：「喔！美國和日本的關係確實是很複雜難解。這確實是和種族有關。美國人很友善、很坦白。但你也知道，關係要好不容易。你知道，我們

『必須』要維持友好……」

龜井的話顯示在日本很常見的一種混淆：把政治問題和文化問題混為一談，好像兩者是同一回事。事實上，日本官員之所以覺得他們必須與美國保持友好關係，和文化無關，跟種族無關，而是與兩國之間不對等的安保協定有關。當然，日本不屬於西方文化傳統，比西德更難與西方世界溝通。假如日本和西方之間存在一道邊界，要跨越這條邊界，會比跨越易北河還難。這有助於解釋另一個成見：在民主自由的西德，許多德國人努力坦誠面對自己民族的可怕過去，而日本人由於文化差異，到現在還無法面對。

跟西德人比起來，日本人真的比較不關心自己給別人造成的苦難，大多推卸責任。另外，不管法律規定是怎麼寫的，自由民主體制在日本並沒有像在西德那樣成功。這或許和文化差異有關，但我們也可以用另一個不一樣的、更政治化的角度來看這件事。匈牙利學者奧雷爾．科爾奈（Aurel Kolnai）一九三八年於倫敦出版了《對抗西方之戰》，他在定義「西方」時，沿用了希臘人的看法：「對古希臘人來說，『西方』（『歐洲』）指的是在公認的統治者下，有自由憲法和自治的社會。在這個社會中『法律才是王道』。而在『東方』（『亞洲』）的神權社會，統治權掌握在像神一般的統治者手中，他們的臣民像侍奉他們的『奴隸』。」[31]

根據這個定義，希特勒的德國和戰前的日本都屬於東方。正如科爾奈的書名所暗示的，德國是跟西方打了一仗。如今，艾德諾的德國或許已經找到了回歸西方的路。一九四九年，德國法學家起草了

《德國基本法》；一九五四年，儘管國內仍然有西方列強的駐軍，西德正式成為主權國家。德國通過了緊急狀態法，讓德國可以掌管自己的國防事務。除柏林以外，西方列強在戰後對德國的占領正式宣告結束。但在日本，從某些方面看，軍事占領至今仍尚未結束。

日本的神聖統治者被美國人勒令放棄他的神聖性。這個喜歡珍稀昆蟲、米老鼠手錶和英式早餐的天皇，或許鬆了一口氣，很快就照辦了。美國人隨後強加日本人一部憲法，讀起來就像直接從英語翻譯過來的，剝奪了日本的自衛權。當時大多數的日本人已對戰爭無比厭倦，非常不信任軍事領袖，於是欣然接受了這部憲法。之後冷戰爆發，這又促使美國人逼迫日本人違反自己的憲法，建立一支不應該存在的軍隊。至此，對日本來說，所有最糟糕的事都一次到位了：主權沒有恢復、對官僚與政客的不信任感依舊、不滿情緒日益升高。龜井等鷹派，遷怒美國閹割了日本；小田等鴿派則恨美國人削弱了《和平憲法》。雙方都很不高興被迫成為共犯，雙方都覺得自己是受害者，這是日本人較德國難以面對戰爭過去的一個原因。

假如人類真的可以從歷史中汲取教訓，我們也不該這樣要求日本。沒有了正式的主權，談論日本是否該安撫侵略者這類的問題，沒有實質意義。我在東京問一位社會黨政治人物，如果西方早點動武的話，德、日兩國與西方是否就能避免兵戎相見了。他回答說：「也許吧，我不知道。但我們拒絕任何用軍事手段解決問題的辦法。」當我問小田，一個國家是否有權幫助他國對抗侵略者時，他說：「沒有。」我追問，照這種說法，贏得戰爭的就會是軸心國了。他回答：「你的思維方式顯示，你接受的教育是從受害者角度出發的，而我受的教育則是從侵略者角度出發的。」

話是不錯，但始終堅信日本人和德國人是危險民族的是他，不是我。這裡有個很大的矛盾：麥克阿瑟將軍和他的幕僚努力使日本融入西方，但這卻讓日本無法在精神上融入西方；因為一個受脅迫、使不上力的共犯，根本不能算是真正的共犯。近年來日本往往被稱作經濟巨人、政治侏儒；但與其歸咎於日本人的傳統心態，諸如孤立主義和平主義、在外人面前害羞，不如說是二戰後美國幫助建構的特殊政治大環境所造成的。要了解日本人對亞洲戰爭記憶各種複雜的面向，我們必須了解日本在戰敗後面對的局面，這就要回溯至一九四五年了。

第二章 廢墟中的浪漫

對日本人和德國人而言，很難說什麼時候是確切的開戰時間。我想不出一個畫面，可以在大眾心中標誌出戰爭的開始。是有一張著名照片，上面是德國士兵在一九三九年移除波蘭邊境路障，但這真的是戰爭的起點嗎？還是德軍在一九三六年挺進萊茵河地區時呢？抑或者是德國併吞蘇台德地區、奧地利和捷克斯洛伐克的時候？若是論迫害猶太人的行動，應該從希特勒上台的一九三三年算起，最遲也不會晚於一九三五年，紐倫堡頒布種族法的時候；還是說那些一九三八年十一月九日夜晚猶太教堂起火的照片，才真正標誌了猶太大屠殺的最初階段？也許是為了避免這些問題，許多德國人傾向於談論「希特勒時代」，而非「戰爭」。因為提到「戰爭」時，腦海中浮現的是東線戰場上挨凍的德國士兵，以及被炸彈摧毀的德國城市。

一九三二年，日本建立附庸滿洲國，這個充滿敵意的舉動，預告了之後的大規模行動。但日本正式侵略中國，始於一九三七年北京的七七事變，而四年後偷襲珍珠港，則揭開了太平洋戰爭的序幕。附帶一提，只有自由派的日本人才會把二次大戰稱為「太平洋戰爭」。堅信日本是為了將亞洲從布爾什維克主義和白人殖民主義中解救出來而戰的日本人，將二戰稱為「大東亞戰爭」，跟「大東亞共榮圈」同一個理路，贊同這個觀點的人認為，發生在一九四一年至四五年之間的世界大戰並不包括與中國的戰爭，他們至今仍然堅稱對華戰爭是「支那事變」；另一方面，自由主義者和左派則傾向於將這些戰爭統稱為「十五年戰爭」（1931-1945）。《大東亞戰爭肯定論》一書的作者林房雄肯定不是自由主義者，他聲稱對抗西方帝國主義之戰實際上始於一八五三年，當美國海軍司令佩里率眾來到日本時，因此提出「百年戰爭」的說法。

我們很難確切說戰爭到底是什麼時候開始的，但代表戰爭結束的畫面卻十分明確。美國空軍攝影師拍下了廣島上方的蕈狀雲，畫面讓人無比震撼。八月十五日，日本天皇的演說以廣播放送，在廣播超大的雜音中，天皇用一般民眾難以理解的宮廷日語，請他抽泣的臣民「堪所難堪、忍所難忍」。無數日本小說及電影都重現了這個場景，成為戰後日本的老生常談，是國家戰敗、苦難、恥辱的縮影。

我想對德國而言，最能代表戰爭結束的畫面，莫過於蘇聯紅軍士兵在柏林國會大廈斷壁殘垣的屋頂上，揮舞著蘇聯旗幟的模樣。一個東德人告訴我，照片裡的一個蘇聯士兵手臂上戴著好幾條搶來的手錶，穿在手上就像一串手鐲。他的評論很有智慧：解放通常摻雜著不義，因為解放的一方往往跟被征服的人半斤八兩；我端詳了照片，卻沒看見手錶。他可能被蘇聯統治長達四十年，記憶出了點問題，但他的直覺應該沒有錯。

要是有留下希特勒焦屍的照片，那照片肯定會是一九四五年的一個象徵。但流傳下來的是納粹宣傳部部長戈培爾一家服毒自殺的照片：他特大號的頭顱狀似畸形的葫蘆，這個輪廓至今仍清晰地烙印在大家的腦海中。另一張著名的照片，是希特勒站在地堡出口處，用感傷的眼神（又或許只是惱怒）

看了他被摧毀的帝都最後一眼。這張照片有一種浪漫、甚至戲劇性的效果：邪惡的天才也難逃一死。

希特勒的失敗和天皇的玉音放送，是一體兩面，其中有一種詭異的連結。無論這兩個象徵實質上有什麼不同，都永遠與毀滅脫不了關係：毀滅的城市、毀滅的人民、毀滅的理想。一九四五年最震撼人心的影像是描繪廣島、柏林、東京的默片：一片焦土，滿地彈坑；柏林的斷垣殘壁上有十九世紀的浮雕；東京到處是燒焦的木頭及積水的彈坑。

一九四五年夏天，就在廣島和長崎被投下原子彈前的一個月，英國政府派遣詩人史蒂芬．史賓德（Stephen Spender）前往德國探查知識界的情況；他所見只是一片廢墟。他在科隆寫道：「城市的廢墟呼應了居民內在的殘破。他們活著並沒有療癒城市的傷口，反而像啃食屍體的寄生蟲，挖掘埋在廢墟下的食物，在大教堂附近的黑市做買賣——只有毀滅性的商業行為，沒有生產……這座城市毀了，過去和現在都一併被摧毀了，像是在責難還住在這裡的人。德國廢墟的石堆宣說著虛無主義。」[32]

沃夫岡．許濤德（Wolfgang Staudte）於一九四六年拍攝的《凶手就在我們之中》是戰後德國早期的一部電影長片。片中，我們見到怒氣沖沖梅爾斯醫師匆匆走過柏林殘破的街道，他喝醉了。他眼神飄忽，不久前才發生過的可怕景象，仍然在他的心頭揮之不去。斷垣殘壁間跑出許多老鼠，在他腳邊流竄。他喃喃自語：「老鼠，到處都是老鼠。」

德國人把這稱為「崩壞」（Zusammenbruch）或是「零時」（Stunde Null），意思是一切都到了盡頭，得重新來過；日本人稱這為「戰敗」或是「終戰」，講「終戰」就沒有那麼強調失敗的打擊。同理，美國的軍事佔領被稱為「美國駐軍」。所有德國人和日本人曾經被教導要相信的事物，像是「領袖原則」、「高等民族」、「生存空間」或「天皇崇拜」到「武士道精神」、「世界一家」（日本人的家），這些都崩壞了。小說家野坂昭如寫道，大阪焦土上唯一閃閃發亮的，是美國大兵扔下的銀色口香糖包裝紙。

史賓德訪問了當時的科隆市長康拉德．艾德諾。艾德諾告訴他德國人精神空虛，「我們必須提供他們各種想像。」這可不是簡單的事，特別是當時的德語已經充滿了各種大屠殺的術語，要怎麼樣從劊子手的語言中擷取詩意呢？要如何淨化一位著名德國語言學家口中的「第三帝國語言」[33]呢？正如知名的猶太比較文學學者與作家喬治．史坦納在一九五八年所說的：「這個語言已經失去了生命力，只是溝通的工具罷了。」

日本人並沒有這個問題。相較之下，日語本身算是平安躲過了戰火的摧殘，雖然戰時一代的人在聽到某些特定詞彙時仍然會皺著眉頭。哲學家吉本隆明在六零年代早期曾寫道：「在戰敗後沒多久，聽到諸如國家或民族這樣的字眼時，就像是碰觸到最近的傷口一樣。」[34]話雖如此，日語中的「國家」和「民族」所引發的情緒，並不能和德語中的「特殊處置」（Sonderbehandlung）或「特別行動隊」（Einsatzgruppe）相提並論。日本帝國主義的術語確實帶有種族主義色彩又誇大其詞，卻沒有散發死亡集中營的腐臭味。

不過，日本文化中確實有個問題和德國的困境類似。德國的問題是納粹主義。有些人相信希特勒主義，這個德國特有且奇怪的歷史發展，所謂的「特殊道路」（Sonderweg），可以追溯至路德的新教改革，或至少追溯到赫德或華格納。但無論是華格納或是赫德的作品，都從未被列為禁書，更遑論路德的著述了。德國向來有追溯過去的傳統，在蘇聯佔領區，威瑪共和時期的左派文化被大力復興；在西方佔領區，作家靠著歌德來逃避橫行的老鼠和廢墟，他們常提到歌德的大名，來證明德國確實是屬於歐洲文明中人文主義和啟蒙思想的分支。

但據日本佔領當局所知，日本文化中並沒過像歌德一般的人物，多年的沙文主義宣傳更嚴重扭曲了日本傳統文化。尤有甚者，美國人（以及許多日本左派）對任何與「封建主義」有關的事物都非常猜疑，而在他們看來，日本前現代大部分時期都是屬於封建時期。封建主義是民主的敵人，因此美國審查人員在努力教導日本人民主的同時，也禁止劍道片和以日本武士為題材的戲劇，一度還禁演了九十八部歌舞伎作品。他們審查中世紀詩集，挑出任何帶有極端民族主義的情愫。甚至連長期在神道教自然崇拜中被奉為聖物的富士山，都被禁止出現在文藝作品中。過去，對大自然的崇拜經常演變為對日本國家政權的崇拜，因此在一九四六年上映的一部電影長片中，農民在富士山山坡上耕作的一幕被剪掉了。彷彿德國——不管是否有「特殊道路」的存在——只需要肅清納粹主義，而日本的整個文化傳統都必須要被改造。

然而從戰敗和廢墟中孕育出了一種新的文學（和電影），德國稱之為叫「廢墟文學」，而在斷壁殘垣間成熟長大的日本作家，稱自己為「焦土世代」[35]。一九四零年代晚期至一九五零年代的許多文學作品都蒙上了虛無和絕望的陰影，曾經從軍的日本小說家描述人在極端環境中的行為，人吃人是個常見的主題。大岡昇平在小說《野火》中，憶起了戰爭末期他在菲律賓戰場的歲月。那時，饑腸轆轆的日軍被困在呂宋島的深山中，只能以敵人（原住民是「黑豬」，美軍是「白豬」）和同袍為食。此外還有一些故事講述士兵返鄉後發現妻子已經有了新歡、良家婦女淪為娼妓、體面的男人在黑市行乞。一直要等到佔領結束，才有可能談論佔領期間的恥辱和怨恨，這樣的主題才有可能廣為流傳。在德國，帶來最多經濟效益的例子之一，是恩斯特·馮·所羅門（Ernst von Salomon）在一九五一年出版的《問卷》。所羅門不能算是什麼好東西，曾於一九二二年參與暗殺德國猶太裔外交部長瓦爾特·拉特瑙（Walther Rathenau）。在《問卷》裡（書名指的是德國人被迫填寫問卷，交代他們是否當過納粹），所羅門筆下的美國人粗俗、愚蠢[36]，其野蠻程度更是不亞於過去的德國人。小說主角說：「愚蠢，是世上最容易理解的。讓我難過的，不是我們戰敗了，而是這些勝利者讓我們的戰敗變得毫無意義。」

在日本也有很多類似的文字，甚至可能比德國還要泛濫，因為佔領時期的審查人員非常積極地壓制封建思想和反美情緒。一九五零年代日本出現了幾部電影，批判戰爭罪審判的不公、美國轟炸所帶來的慘狀。一個全新的文學類型由此誕生，專門描寫廣島和長崎原爆的後續影響。電影觀眾可說是抱著一種對色情的好奇，來一睹美軍基地內的黑暗面：犯罪、賣淫、強暴無辜日本婦女。蕈狀雲和天皇的玉音放送可說是象徵戰敗的老生常談，而戰後有關佔領的電影中的標準套路，則是美國大兵（往往是黑人）在純淨的水稻田（象徵單純的日本鄉間）強暴日本少女（總是天真無邪的少女）。

對多數德國人及日本人而言，戰後的頭幾年完全只能用悲慘形容。然而讓人驚訝的是，這個時期大部分的文學作品，或者更確切地說，是之後許多關於這個時期的文學作品，卻透露出一股深刻的浪漫主義，甚至是懷舊氣息。在戰後不久的歲月中長大的人，他們的個人記憶也有同樣的色彩。比方說，日本劇作家唐十郎回憶起當年在東京隅田川附近的彈坑裡玩耍的情景時說道：「四面望去一望無際，天空是這麼明亮，讓所有的東西看起來都鮮明地不自然。在廢墟裡玩耍真棒，這場景就像在夢裡一樣。」

戰爭結束時，散文家暨小說家坂口安吾已經年過四十。他因為恰好超齡幾歲而沒有被徵召入伍。戰後，他以描寫轟炸及其後續影響的散文而著稱。有人說他的作品充滿虛無主義，但我並不這麼覺得。不管怎麼說，他確實是完美表達了一個滿目瘡痍的戰敗國的心情，只不過他的筆調像是個灰心的浪漫主義者——假如真的有這種奇異的組合的話。在他著名的散文《墮落論》中，坂口將東京所遭受的連續轟炸描繪為一幕壯麗的奇景，一場致命的煙火秀。[37]他陶醉於「放棄掙扎、聽天由命時的詭譎之美」，喜歡看著少女們在一片焦土上走動，在災難時刻露出微笑。

然而，戰後初期卻是一段道德完全淪喪的歲月。微笑的少女臉龐，「廢墟中的愛」不再：「那些沒有像櫻花一樣為天皇殞落的年輕人，如今成了黑市商人。」但在他看來，比起戰爭的浪漫，道德淪喪才更真實可貴。因為前者只不過是政治宣傳刻意製造的假象，比如犧牲奉獻之美、天皇崇拜、軍事氣概、天神的後裔等等。必須要粉碎這些神話，才能讓日本人重拾人性：「哦，日本人啊！哦，日本！我要你們全都沉淪。日本和日本人必須要墮落！只要天皇體制還在，只要這種老舊的制度仍然存在於民族認同中，我們就會受操縱，我們也無法在這個國家過著像個人的日子。」

對坂口還有當年其他作家來說，廢墟提供了希望。好不容易，日本人終於可以脫去包著傳統和理想的「虛假和服」，剩下的僅是最基本的人類需求；終於，他們可以感受到真正的愛、真正的痛苦；終於，他們可以坦誠，因為廢墟裡是容不下任何虛偽的。

這是知識分子常有的道德堅持：貧窮是美德，一貧如洗代表純潔。在戰後初期的日子裡，社會主義的願景一度短暫復甦，這樣的道德堅持也被大力推崇。一些左派人士，包括一些共產主義者，是少數在戰爭中沒有受到日本帝國主義思想汙染的人。一九四零年代時有好些年，美國佔領當局一度鼓勵這些人積極參與政治。左派政黨相繼成立或重新活動，工會也被組織起來。也許，饑寒交迫的民族大家一起同心協力，可以從戰爭的廢墟中建立一個真正民主的（當然是社會主義式的）日本。

作家沃孚迪崔希．施努爾回憶在一九六三年時，德國也曾有過類似願景，他認為正是這類的願景讓德國人的道德水準得以昇華：「當年，在滿目瘡痍的德國，有一種真實而迫切的渴望。在戰爭中倖存下來的人聽見了死難者無聲的哀求。和平的清風仍然拂過這些被燒毀的屋子。人們心中仍有信念，他們仍然可以預見一個中立、統一的德國。民族主義者之間的歧見尚未把新歐洲的理想摧毀殆盡。我們還有自由，我們反對軍國主義、想要繼續活下去。」[38]

這和史蒂芬．史賓德當年在德國所感受到氛圍有些出入。但沃孚迪崔希．施努爾的論調，正是當年左派人士的懷舊情愫。小說家海因里希・伯爾大約比坂口安吾年輕十歲。他和大岡昇平同樣是返鄉軍人，也和施努爾一樣，在德國的瓦礫堆中看到了讓人類真正獲得救贖的機會。他在文學社團四七社[39]中非常活躍，該社成員包括漢斯・馬格努斯・恩岑斯貝格以及鈞特・葛拉斯。這個非正式組織成員的共通點，是他們都同情左派，偏愛海明威式言簡意賅的報導文學風格，對浪漫的逃避主義感到反感。伯爾在一九五二年寫下《我屬於廢墟文學》這篇文章，認為自己是站在以下這些人同一邊的：「黑市商人、還有他們的受害者、難民，以及所有失去棲身之所的人，當然最重要的，是我們這個世代，這個身在奇怪卻又讓人難忘的處境的世代：返回故土的這個世代」。[40]

伯爾和坂口一樣，在一無所有的人身上看到了某種神聖性。他對歸國軍人也有一種浪漫的想法，甚至以荷馬作為廢墟文學的典範：「荷馬的地位在整個西方文明世界都是眾所公認的：荷馬是歐洲史詩文學的鼻祖，但他的作品描寫的卻是特洛伊戰爭、特洛伊的滅亡、尤里西斯的返鄉之路。荷馬的文學是描寫戰爭、廢墟和返鄉的文學——我們也不應覺得這個描述有什麼不妥。」

這麼說或許有幾分保留顏面的意味，畢竟，把尤里西斯和希特勒的士兵相提並論似乎不太恰當，但這是一位亟欲成為「西方文明世界」一分子的德國作家的寫照。當然，後見之明告訴我們，戰後頭幾年並非真正絕望的時刻；對伯爾和與他想法類似的人來說，真正的絕望還在後頭。伯爾準確地指出德國的「崩潰」是什麼時候結束的，而這也標示著中產階級虛偽和道德健忘症的開始——這個時間點就是一九四八年六月二十日，貨幣改革開始實行的日子。就在這一天，在英美佔領區，美國所指派的經濟管理局局長路德維希·艾哈德（Ludwig Erhard）創造了德國馬克。自此，德國馬克成了西德民族驕傲的新象徵，也把蘇聯佔領區的東德人排除在外。艾哈德的信念是「全民皆富」（Wohlstand für Alle）。對許多期盼一個嶄新的世界，期盼道德終將戰勝自私和貪婪的人來說，他們浪漫的期待被徹底破碎了。

伯爾在一九六〇年寫道：「消費者，我們是個消費者民族。領帶和妥協，襯衫和不妥協，什麼東西都有人買。唯一重要的是，所有的東西，管它是襯衫還是妥協主義，都是有價錢的。」[41]

正因為德國人「無能哀悼」[42]，也因為德國人想要逃避中東歐各處堆積如山的屍體，更因為第三帝國正如密雪利希夫婦所說的一樣，「有如幻夢一場」，這讓德國人在心理上，覺得比較容易認同美國人、戰勝者和西方。假如伯爾和密雪利希夫婦所言屬實，那麼從德國的崩潰開始，德國人就有強烈的逃避現實傾向。大家瘋狂地投入重建工作、為金錢瘋狂，過去的一切就可以刻意被拋諸腦後了。

冷戰的來臨更強化了這股某種程度上是為了擺脫過去的拜金追求，也必然強化了對西方的認同感。於是乎，西德發現自己現在是和西方盟友並肩作戰，共同對抗「亞洲」敵人蘇聯帝國。和西方成為同盟的好處是，不會被一直追問和過去有關的問題，正如在外籍兵團，大家都不會談論過去。誠然，在一些人眼裡，冷戰不過是證實了他們早就知道的事：德國人一直都站在正確的一邊，要是我們的美國朋友能早點明白就好了。而對於那些盼望一個和平主義、社會主義的德國的人，冷戰則讓他們的夢想徹底幻滅。

密雪利希夫婦在《無能哀悼》中對自己民族所進行的心理分析或許有些一概而論——我們真的能為整個民族作心理分析嗎？刻意忘記一點過去，對西方有些認同，投入精力到經濟復甦上，或許也不是什麼壞事。我們都知道，三十年前德國遭到羞辱和壓榨後發生了什麼事。「全民皆富」或許是西德人最好的做法，這可以消除戰敗播下的仇恨（以及日後的極端主義）種子，讓西德加入西方同盟也不無裨益。然而伯爾等人看著一個民族變得腦滿腸肥（「鬆鬆垮垮」這個詞出現頻率很高，意指惰性和頹廢）、忘記自己過去血腥的歷史，進而心生厭惡，這是可以理解的，這絕是有失大雅的場面。

許濤德的電影《凶手就在我們之中》的反派，是個名叫布魯克納的工廠老闆，很顧家，過去是陸軍軍官。一九四二年聖誕節當天，他下令槍殺一百多名波蘭男女及孩童。他的手下有一位梅爾斯醫師，是位憤世嫉俗的老兵，總是試圖驅趕柏林的那些老鼠。當年梅爾斯曾試著阻止這場屠殺，而今他打算拿這件事質問挺著啤酒肚的布魯克納，然後一槍斃了他。梅爾斯在工廠裡找到布魯克納，正在和工人一起歡慶聖誕節；他才剛結束他的節慶演說，慶祝「一個我們都熱愛的德國，一個永不會消亡的德國，一個正義終將勝利的德國」。梅爾斯醫師記起了一九四二年那個聖誕節，布魯克納帶領屬下一起歌唱《平安夜》，而許多波蘭家庭卻在雪地中被殺害。梅爾斯醫師尾隨布魯克納來到他的住處，提醒他當年下令殺害的那些人。

布魯克納辯解道，原本的泰然自若這時轉變為驚恐：「那時在打仗，情況不一樣……現在是和平年代了……聖誕節……和平的聖誕節……」

梅爾斯打算朝布魯克納開槍，就在要扣下板機那一刻，布魯克納的女友蘇珊娜大叫：「你沒有權利審判別人！」

梅爾斯回答：「但我們為了上百萬無辜的死難者提出指控。」

布魯克納嚷道：「你到底想怎樣？我是無辜的！我是無辜的！我是無辜的！」（他的聲音不斷迴盪著，受害者的臉龐也忽隱忽現）

這部影片是在大家都還聽都沒聽過艾哈德的貨幣改革前拍攝的，卻準確地預知了未來。放眾多「布魯克納們」一馬，是德國重振經濟必須付出的代價。而這些人確實對德國的經濟重建至關重要。他們在任何體制內都可以擔任官僚，這些體積雖小、卻十分靈活的魚兒，在西德把票投給了基督保守派，在東德則成了共產黨。許濤德和許多德國人一樣，顯然對這個現象感到很不安，但他也沒有簡單的解決方案。或許這樣算是比較好的辦法：腦滿腸肥的民主人士造成的禍端，至少比一心報復的老納粹來得輕微（那些盡忠職守、監視自己鄰居的共產黨則另當別論）。有些評論家，如沃孚迪崔希・施努爾，則認為許濤德的電影太輕描淡寫了。施努爾在一九四六年寫道，影片應該以戰爭審判法庭收場，公告世人該如何處置我們之中的劊子手。

在現實生活中，施努爾的願望也沒能實現。很少有「布魯克納」會因為自己的罪行受到懲罰，特別是那些曾充任希特勒的醫生、律師、科學家和官僚的人。起初佔領軍在德國實行「去納粹化」，但到了一九四零年代末冷戰開始時，這些行動就緩了下來，畢竟這時候有其他更重要的事要做了。這讓至少一整個世代的德國作家和藝術家得出以下結論：這個忘卻過去、富有、資本主義的聯邦德國，在許多層面上明著暗著，依然是延續了希特勒帝國。這正好讓東德的宣傳人員拿來大書特書，他們三不五時就會公布在西德過著好日子的前納粹分子名單，這些名單往往非常準確。

一九七七年的一部著名電影明白點出了這種延續性。這部半虛構、半紀錄片的電影，是由一群德國作家及電影人（伯爾也是其中之一）創作的，影片名稱是《德國之秋》（*Deutschland im Herbst*）。影片的靈感是來自德國官方對於漢斯－馬丁・史萊爾（Hans-Martin Schleyer）被紅軍派[43]恐怖分子謀殺一事的反應。史萊爾是戴姆勒－賓士公司的董事（巧合的是，他過去是納粹黨衛隊軍官）。全國（起碼是在德國知識界）都近乎歇斯底里，許多人認為西德民主體制的終結近在咫尺。大家都認為，這下子當權者就會露出納粹的真面目了[44]。電影中反覆出現的場景，是史萊爾在斯圖加特的葬禮，和一九四四年隆美爾將軍（Gen. Rommel）的葬禮接替剪接出現；隆美爾葬禮上的納粹布條，與史萊爾靈堂外飄揚的賓士旗幟交替出現。

萊納・維爾納・法斯賓達（Rainer Werner Fassbinder）也參與了這部電影的製作。一年後，他又拍攝了《瑪莉布朗的婚姻》。電影中，戰後最初幾年被描繪成某種蒙上一層悲慘陰影的恬淡鄉村生活，廢墟中依然閃爍著人性溫暖的光芒。瑪莉已經打定主意，要等在東線戰場上失蹤的丈夫赫曼歸來。附帶一提，赫曼是這個故事中唯一有榮譽感、還上得了檯面的人物。一九四八年後，背景噪音裡是各個西德城市重建時電鑽的聲音，聽起來就像是機槍掃射，而瑪莉靠著利用、打壓身邊每個人，一步步往上爬，越來越富裕。電影一開始的鏡頭是一幅希特勒元首的畫像，結束時則是一系列戰後歷任總理畫像的黑白照片，彷彿他們是在希特勒的陰影下繼續他們的政治生涯。

一九九〇年，隨著德國統一，似乎又讓人再次聯想到與過去的連續性，甚至連語言也獲得復興。於是一切似乎又重新開始，在新一波的貨幣改革中，過去共產黨治下的東德人可以用一塊東德幣換到一塊德國馬克。而知識分子和過去一樣，又開始談到錯失了真正改革的機會、拜金主義，以及忘卻過去的歷史。一九八九年冬天，柏林圍牆正式打通，東德作家史蒂芬·海姆（Stefan Heym）對拜金主義嗤之以鼻。東德人想要體驗生平第一遭西方富裕的滋味，雖然剛開始時只能看著別人的成功來想像；而海姆身為一位被國家支持的作家，則是一直都享受著優渥的生活。他大聲質疑，東德人在經過了四十年的社會主義教育後，難道真的什麼也沒學到嗎？海姆不是唯一一位鄙視東德人的知識分子，鈞特·葛拉斯把統一稱為「併吞」（Anschluss），把西德企業家比作一九三九年在波蘭上空俯衝的斯圖卡轟炸機（Stuka）。海姆說，用不了多久，「一個民族」的口號就要變成「一個帝國、一個民族、一個領袖」了。根據那些畢生投入於反法西斯主義、相信西德就是納粹德國繼承者的人的說法，兩德統一就像是重新回到一九三三年一樣。諷刺的是，許多西德人也認為這些東德新同胞讓人尷尬地想到那不堪回首的過去。

無論如何，這都解釋了為何前東西德的反法西斯主義者，都認為兩德統一是一項挫敗。鈞特·葛拉斯反對統一的理由是「奧許維茲」，東德劇作家海納·穆勒（Heiner Müller）在無數次訪問中都提到，資本主義所造成的社會淘汰、科技以及工業進步的內在邏輯，都直接導致了奧許維茲和廣島原爆。象徵記憶的事物變成了政治辯論的工具，這或許是很難避免的，「奧許維茲」這個詞在歷史上最頻繁出現的時刻，大概就是在德國統一期間。就某方面而言，它永遠是德國人毋忘過去的象徵，但就某方面來說，它也代表了憤怒：過去人將自身的理想投射在東德身上，認為它是生於一九四五年的廢墟之上，一個更完美、反法西斯、反資本主義的理想國度。而今這個美夢已經被戳破，再不復存在了。

在日本，扮演路德維希・艾哈德這個角色的是池田勇人，他從一九四九年起開始擔任財政大臣，也是一九六〇到一九六四年間的首相。在德國有艾哈德的「全民致富」口號，在日本則是池田的「國民所得倍增計畫」，該方案許諾用十年時間，讓日本人的所得成為兩倍。一九六零年代，日本的年均經濟成長率有百分之十一；當時，池田因採納底特律銀行家約瑟夫・道奇（Joseph Dodge）的意見，已經成功修正了與麥克阿瑟將軍的部隊一同到來的新政派的通膨政策所帶來的經濟後果，他也成功地剝奪了日本工會最近才取得的新權力。他還參與起草了與美國及其他五十個國家的和平條約，即是於一九五一年在舊金山簽署的《舊金山和約》。這些國家並不包括在戰爭中慘遭日本蹂躪的中國，也沒有北韓或蘇聯。因為這些國家又成了日本的新敵人，這場新的戰爭造就了日本的經濟奇蹟，下一場在亞洲的戰爭也讓日本經濟大放異彩：越戰。

一九六〇年，數十萬人在東京等城市示威，反對政府通過新的《美日安保協定》。這個新協定事實上削弱了美軍在日本的勢力，但這依然被看成美國干涉日本內政：大家認為美國和日本保守派精英串通一氣，顛覆和平憲法。這是個合理的質疑，池田的前任首相岸信介強迫日本國會通過這部法案。民眾群情激憤，原本預計訪問日本的美國總統艾森豪，雖然另有「愛國」的群眾自告奮勇要護送總統進城，仍然被迫延後行程。

最重要的是，池田的致富承諾是後來所謂的「逆轉」的最後一個階段，目的是讓日本遠離以下歷史進程：一個充滿左派理想和平主義、中立的日本，再也不會捲入戰火的日本，抵制任何形式的帝國主義的日本──簡言之，徹底告別血腥過去的日本。「國民所得倍增計畫」是一項經過深思熟慮的策略，為的是把公眾注意力從憲法問題上轉移。正因如此，左派人士把戰後初期看成是一段錯失機遇和遭到背叛的歲月，日本人不僅完全沒有建立起一個同心協力的和平烏托邦，反而成了一個以拜金主義、保守主義和選擇性歷史失憶為動力的國家。和德國人相比，他們有一種更強烈的似曾相識之感。他們的首相岸信介雖然從來沒當過建築師，但他的戰時生涯與亞伯特·許貝爾除了這點之外，也相去不遠。岸信介一九三零年代是商工省的副大臣，戰爭期間擔任軍需省次官，曾作為甲級戰犯被捕，於一九四八年獲釋。他在仕途上的東山再起其實沒什麼特別的，在日本只有少數幾位戰時官僚遭到清算，多數內閣都安然無恙。反之，那些歡迎美國解放者的日本共產黨人則在一九四九年後，也就是「失去」中國的那一年，遭到整肅。

一九五二年六月，一位西德外交官從東京歸國後，向波昂的經濟部長寄了以下這封信：「所有本來在一九四五年到一九四六年間因為政治或其他因素被剝奪公職的人，現在都已回到工作崗位，享有完全的自由。換句話說，所有類似於在德國以『去納粹化』之名採取的行動，現在在日本都已經被擱置了。我十分肯定，不出一年，我們就會看到日本政壇徹底洗牌。許多我們的老朋友，靠著他們自身過人的嚴謹紀律，必然會重新回到領導者的地位。」[45]

而在這些德國的老朋友捲土重來前，最積極鼓吹將過去掌權人士逐出政經勢力的，是日本的共產主義者及大多數的左派人士；與他們政治立場相左的人很快就會被指責為戰犯。共產主義者堅決反對他們所謂的「天皇體制」，但在他們身上也找不太到對民主體制的支持，而一連串的暴力罷工也讓他們在日本公眾形象不佳。一九四九年和一九五〇年發生了「清共」，重返政壇的政客本身卻不比共產主義者支持民主體制。美國因此被視為支持右派復甦、鎮壓左派的推手，這讓許多本來有可能與美國友好的對象轉為反美。廣島原爆向來被視為是美國犯下的戰爭罪行，這也就是為什麼在所有流傳到後世幾代人的歷史象徵中，廣島原爆會是最強而有力的原因之一了。

在所有造成許多災難的政權崩潰後，這些政權的延續性一直是個問題。這是因為我們無法與過去徹底一刀兩斷，「重新歸零」只是一種幻覺。舊政權的政治宣傳、宗教等因素所帶來的文化習氣和偏見是很難改變的，尤其是當改革是由外國佔領軍所主導時更是難上加難，這些佔領軍經常是在不清楚情勢的狀況下摸索行事。改變政治體制比較容易，接著就只能希望各種習慣和偏見會隨之改變了。然而在德國要做到這點比在日本容易，這是因為德國有整整十二年都是由同一個罪惡的政權所掌控，而這個政權是起於一群政治流氓的社會運動，鏟除這個政權是重新開始重要的一步。然而日本的法西斯政權和過去之間並沒有明確的界線。事實上，日本從來就不是一個真正的法西斯國家，它既沒有法西斯或國家社會主義執政黨派，也沒有希特勒式的元首。最接近希特勒角色的是天皇，但無論天皇實質的角色是什麼，都算不上是法西斯獨裁者。許多戰前（指對中國戰爭和太平洋戰爭之前）的主政者在戰時仍然大權在握，戰後依然如此。這些人都是作風謹慎的集權主義官僚和保守主義政客，沒有人像戈林（Göring）或戈培爾那樣張狂暴戾。我們或許可以說真正統治日本的是軍隊，果真如此，那又是哪支軍隊？是軍隊中哪個人物呢？日本軍隊的指揮層級非常不明確。因此，德國在戰後罷黜了納粹領導層，而在日本，下台的不過是海陸軍將領。

戰前戰後，日本也沒有出現文化斷層，沒有流亡作家和藝術家返回故鄉挑戰那些留下來的人的良知。日本文藝界沒有托馬斯．曼（Thomas Mann）或阿弗雷德．德布林（Alfred Döblin），在日本，所有人都留了下來，沒有人出亡。許多前左派人士在一九三零年代透過正式儀式放棄他們的政治立場，這個儀式稱為「轉向」，意思是「改變信仰」甚至是「變節」。但戰爭一結束他們就紛紛重回馬克思主義的懷抱。有些作家，比如永井荷風，私底下厭惡戰時日本的狀態，在日記裡嘲諷軍國主義的粗鄙拙劣，但這種「內心移民」差不多算是所有日本作家（少數共產黨人除外）所能做出最大程度的抗議了。

在有關日本廢墟間眾生相的諸多照片中，有一張照片讓人印象深刻。它攝於一九四五年的東京，攝影師是木村伊兵衛。照片前面有一男兩女，正朝著靖國神社的主門（日語叫「鳥居」）的方向鞠躬。

在鞠躬的人和鳥居中間有塊木牌，上面寫著「盟軍人員和車輛一律禁止入內」。佔領當局試圖壓制這個神社的活動。靖國神社供奉著為天皇戰死的男男女女（主要是男性），而在這幾百萬並非自願送命的軍人靈位中，包括那些曾在南京和馬尼拉大肆屠殺平民、折磨戰俘、殺害俘虜勞工的劊子手。在軍國主義化的天皇崇拜中，靖國神社是最神聖的廟宇。

在神社大殿前方有兩座巨大的青銅長明燈，上面刻著日本戰爭英雄的形象以及著名戰役的場景。按照美國佔領當局的一貫政策，神社看守被勒令遮掩長明燈，與此同時，人民主要的崇拜對象天皇卻依然在位，美國當局小心翼翼地保護他免受歷史詰責。神道教僧侶聽命將浮雕以水泥覆蓋，但他們在一九五七年除去水泥時也沒有被追究。天皇本人在一九四八年，也就是岸信介獲釋出獄那年，恢復了他每年參拜神社的慣例。而在這張照片中，那一男兩女在一九四五年的寒冬中所膜拜的象徵，正是帶給他們及上百萬人巨大痛苦的源頭。

不過日本確實還是和從前不太一樣了；問題是，幾乎所有的改變都是出於美國人的命令。這自然是戰勝者的特權，而許多改變也都對日本有益，但是整個日本的系統與體制遵從美國的結果，是這個國家永遠無法成熟獨立。日本對美國十分執著，我相信這份執著比德國的反美主義更強烈，而後者已經是十分強烈了；德國當年是被數個列強所佔領，其中兩個是歐洲國家，但日本基本上完全是為美國人所佔領。西德參與北約及歐洲共同體，東德則是蘇聯的一部分；日本唯一正式的盟友是美國，但許多日本人並不認同美日《安保條約》。日本在放棄國家主權後，其國家安全變得完全依賴美國，因此美日之間的關係至今仍然剪不斷、理還亂，在政治上美國依舊控制著日本。

如今日本人已經很少提到戰爭，就算有，他們指的通常也是對抗美國的戰爭。許多對進軍中國持強烈保留態度的日本人，在一九四一年聽到日本攻擊美國時，心中卻為日本感到驕傲。他們對南京大屠殺心懷愧疚，但這並不代表他們對珍珠港事件也有同樣的罪惡感。今天的德國人被不斷地提醒要牢記納粹和屠殺猶太人的歷史，而日本年輕一輩只有在自由派學校老師及記者的堅持下，才會想到廣島和長崎原爆，或許偶爾還有南京。大家鮮少提及日本在東南亞的戰爭。但老一輩的日本人卻對日本有史以來第一次遭到外國軍事佔領記憶猶新，對他們而言，這是一次非同尋常的佔領。日軍在亞洲帶來的基本上只有死亡、強暴和破壞，但這支佔領軍帶來則是格倫·米勒的音樂、口香糖和民主課程。這番柔性佔領為日後留下了感激、衝突、羞恥感。

我們可以從小說中一窺當時的氣氛情緒。我認為野坂昭如的中篇小說《美國羊栖菜》，是日本曇花一現的廢墟文學中的傑作[46]。戰爭結束時，野坂還是少年，小說的主人翁、在廣告業工作的俊夫也是。俊夫記憶中的一九四五年，是陽光下發亮的口香糖包裝紙，是大屁股被褲子勒得緊緊的美國大兵，是上頭有豎著像魚竿一樣筆直天線的吉普車，是免費的食物和DDT噴霧，是幫外國軍人找女人拿到的小費，是在各種場合說「San-Q」（謝謝），是降落傘空投下來成箱的茶葉——日本人誤以為這是羊栖菜，咬下口後才驚訝地發現美國的飲食習慣是如此不同。對於俊夫那一代的日本人來說，美國的全面勝利不僅是場軍事災難，更是另一個種族帶來的恥辱。

「『Gibu me shigaretto，chocoreto，san-Q（給我香煙、巧克力，謝謝）。任何曾經向大兵乞討的人，都不可能和美國人灑脫自如的交談。我非常了解。瞧瞧那些臉生得像是猴子一樣的傢伙，再看看那些鼻子挺、眼睛又大又深的美國人。現在大家突然開始說日本人的臉別有情調、皮膚好──他們是認真的嗎？我在啤酒屋常常看到隔壁桌坐著個海軍，或是一些衣著寒酸的外國人，但他們的臉才是真正文明人的臉，我忍不住盯著他們立體的輪廓瞧。和旁邊周遭的日本人比起來，他真是耀眼奪目。看看那滿是肌肉的手臂、寬闊的胸膛。坐在他旁邊，你難道不會自慚形穢嗎？』」

俊夫的妻子和許多現代日本女性一樣，對外國人就沒有那麼神經兮兮的。她在夏威夷度假時認識了一對美國夫婦，邀請他們來東京。丈夫叫希金斯，身材魁梧、性情直爽。他們發現這不是他第一次來日本，他從前是佔領日本的美國駐軍，甚至能說上幾個日文字。俊夫覺得他得幫希金斯找個女人。

「『我為什麼會想要為這個老頭兒獻殷勤呢？只要在他旁邊，我就不由自主地覺得，我得為他獻上我所有的一切，讓他開心。為什麼會這樣？他的國家殺死了我的父親，但我卻一點也不恨他。恰恰相反，我覺得和他有種老友相逢的感覺。我幹嘛要買酒跟女人給他？是為了要忘記我十四歲時見到那些人高馬大的佔領軍大兵的恐懼感嗎？還是為了報答他們在我們飢餓難耐時送給我們的食物？』」

俊夫聽說有著全日本最大陰莖的男子，要來演出一場特別的色情秀。這肯定得讓希金斯瞧瞧，美國客人一定可以大開眼界。於是兩人來到巢鴨的一個旅館房間，離從前絞死日本重要戰犯的地方不遠。這位「日本第一」年紀和俊夫差不多，名叫阿吉。他的女伴大約二十五歲，大概也很性感貌美。

然而事情並不順利。無論他的女伴多麼努力，「日本第一」還是無法表演。「俊夫下意識地緊張起來，好像不舉的人是他一樣。『你他媽的搞什麼啊？你不是「日本第一」嗎？快點來讓這個美國佬瞧瞧。你那玩意兒可是日本的驕傲啊。讓他甘拜下風，嚇個屁滾尿流！』這是種陽具愛國主義：他那玩意兒得挺起來，否則就是丟了整個民族的臉。」

但無論怎麼做都無濟於事。俊夫對出現這種情況的原因心知肚明：「『這個叫阿吉的傢伙大概三十五歲，如果是的話，希金斯很可能就是他突然不舉的原因。如果阿吉和我在佔領期間的經歷差不多，雖然東京和大阪神戶之間狀況有些不一樣，但他肯定有過類似的經歷。只要他記得自己說過用濃濃的日本口音說過『給我口香糖』，記得被大兵們碩大的體格嚇到，也難怪他會『縮』起來了。」

電影導演大島渚和野坂以及「日本第一」的年紀差不多。他還記得日本人在戰後有多麼渴望各種娛樂活動[47]，他們想看到任何來自日本以外的東西。在日本以外的其他地方，人們有錢，食物多得吃不完，住大房子，而不是棲身於廢墟間。他們想看看美國是什麼樣子，就算是在一塊又髒又破的螢幕上模糊的影像也好。但這些電影真的可以告訴日本人什麼是民主嗎？大島並不這麼認為。相反地，他認為日本學到的是「進步」和「發展」帶來的好處。日本想要變得和美國一樣有錢，不對，要比美國還要更有錢：「日本在戰後迅速進步發展，我們或許應該說我們遵循的路線，正是幾十年前我們在美國西部片裡看到的聯合太平洋鐵路。」

第二部

第三章 奧許維茲

波蘭導演安德烈·華依達（Andrzej Wajda）在某篇德國流行雜誌的訪談中說：「德國除了有歌德，也有種族屠殺；有貝多芬，也有毒氣室；有康德，也有納粹軍靴。德國，一直都會意味著奧許維茲。凡此種種，難以磨滅，都是德國的遺產。」

許多德國知識分子會點頭同意這樣的說法。奧許維茲是拒絕離去的過往幽魂，也是民族精神裡的黑暗污點。這不只是個德國的問題：它是德國自身的一部分。西德歷史學家克里斯提安·梅爾（Christian Meier）寫道：「這段過去，就在我們的骨子裡。對於一個民族而言，要納入一段歷史，需要將這段歷史以身分認同的角度來看待。」[1]他總結，我們所「內化」的歷史，正是奧許維茲。

這些論點都基於有所謂「民族精神」存在，也就是相信國家社群是一個大型有機體，有歷史淌流其中。我認為這個浪漫的假設多是取自神話，而非基於史實；多半是用各種紀念碑、紀念館以及轉變成聖地的歷史地點來表達的宗教概念，而非嚴謹治學。奧許維茲正是這樣一個地方，是猶太人、波蘭人，甚至可能是德國人認同上神聖的象徵符號。問題是，德國人應該要認同什麼或認同誰。

如同大量的朝聖者、遊客、尋找身分認同的人或僅只是出於好奇的人，我也造訪了奧許維茲博物館與伯克瑙滅絕營的遺址。參觀奧許維茲的敘述幾乎都提到爛天氣：寒霜刺骨、無盡的淒風苦雨、烈日炎炎。然而，我造訪當天卻是個和煦的春日，舒適宜人，景物看起來不特別美麗，但也不特別讓人發毛。

我試圖想像待在伯克瑙的那些木造營房裡會是什麼樣的感覺：上百人被塞進僅能容納四十個人的簡陋軍廄裡。我發現自己不可能想像那是什麼狀況，就像是無法想像極度飢餓或指甲被拔掉是什麼感覺。我知道那些折磨與苦難，但無法想像，因為空氣聞起來太過乾淨、外頭綠草如茵太清新、那些塞在窄牆間的木頭臥鋪看起來太過整齊，想當年，六人得共用一個僅能容納兩人的臥鋪。現在這裡沒有蝨子、沒有泥濘、沒有哭嚎、沒有詛咒，而最重要的是，沒有恐懼。（或許這就是為什麼奧許維茲的敘述必備爛天氣的陳腔濫調：至少壞天氣是可以想像的事。）

覺得造訪歷史遺跡可以更接近過去，通常只是錯覺，會離過去更遠大概還比較正確。對我而言，華沙猶太隔離區的舊址比奧許維茲還更能喚起一些情懷，正因為那兒什麼都不剩。過去已經被抹殺的一乾二淨，現在那邊只有嶄新單調的住宅區與一大片骯髒草地。滿是塵垢的角落裡，有個石板上的銅雕作品（理應會讓人想起耶路撒冷西牆的石板，在這裡卻有全然不同的意義，因為希特勒曾經想用石板在柏林建造勝利紀念碑），那是雕塑家納坦・拉帕波特（Natan Rapoport）為了紀念一九四三年猶太人起義而建造的紀念碑。紀念碑上有卐字塗鴉，有人試圖擦掉，但沒擦乾淨。一個滿嘴酒氣的男人在賣猶太隔離區的舊地圖，他用一台小型卡式收音機播放以色列民謠，樂聲沙沙作響。在這片荒蕪廢墟中，遺址沒有妨礙想像力的發揮：這裡就是事情發生的地方，大家可以想像事情發生過，即使無法想像當時情況如何。

然而，在奧許維茲就是另一回事了。遊客在掛有知名標語「勞動帶來自由」（Arbeit Macht Frei）的鐵門前拍觀光照。在這裡，過往時光凍結成化石般的紀念品，或者用阿多諾的話來說，是「博物館式的」。我試圖尋找蛛絲馬跡，看看這裡發生過什麼事。在伯克瑙滅絕營的黑暗營房中，支撐著粗糙天花板的木梁吸引了我的目光。木梁上多半寫著德文俗諺，就是你會在巴伐利亞農舍的牆壁上或傳統啤酒杯上看到的那種，字型通常是誇張華麗的哥德體，如「清潔近乎聖潔」（Cleanliness is next to godliness）之類的。我不知道寫格言給這些唯一差事是死亡的人看，是否荒唐可笑。或許不是吧，或許帶有民族色彩的感性是暴力與死亡文化中的一部分：納粹黨衛軍軍官在殺害奴隸時熱衷聆樂，他們聽華爾滋、探戈、輕歌劇；德國路標上常有傳統木雕裝飾，主題大多是童話故事裡的角色或森林裡的小矮人，然而在通往德國集中營路上的路標木雕，描繪的卻是黨衛軍痛打蓄鬍的猶太人。

喬治・史坦納（George Steiner）在一篇評論鈞特・葛拉斯的文章中，這樣寫道：「大家逐漸了解德式樂趣的粗鄙：肥到快炸開的香腸、繪有花飾的夜壺、啤酒加熱機、穿著緊身短皮褲的胖男人這些東西——多麼適合醞釀出納粹主義中虐待狂式的感性。」[2]

史蒂芬·史賓德在一九四五年時更細緻地寫道：「這些『德語俗諺』展現了德國人各方面的特質，包括嚴肅、虔誠、善念、自我陶醉。德國人會想用聖經、詩歌、經典中擷取出來的隻字片語來標記周遭所有事物，同時想把思想簡化成大家都能接受的老生常談。最糟糕的是，這就像魔鬼援引聖經經文只求達到目的。」[3]

那麼，發生在奧許維茲的罪行能算是德國「認同」的一部分嗎？滅種屠殺是否是德國文化重大缺陷下的產物，而在感性的俗諺、殘酷的童話故事與緊身短皮褲中可以找到理解它的關鍵？這種說法所冒的風險，是把德國人暴行的形式與導致這些行為的原因混為一談。當然，一般來說濫情與兇殘會一起出現。畢竟，感性取代了同情。陳腐說教與酒醉瘋言肯定會讓德國人的罪行更添醜惡怪誕，但它們真的能拿來解釋這些罪行嗎？

我在伯克瑙營房裡讀這些諺語時，發現了一些奇怪的事：它們看起來似乎是最近才塗上去的，嶄新程度簡直像營房才剛被清空一樣。這是為了觀光客而寫上去的嗎？像是布亨瓦德（Buchenwald）集中營為了添加點真實性而重建的營房？（我的嚮導踩在嘎嘎作響的木地板上，向我保證「貨真價實」）後來我才知道是怎麼回事：原來在我造訪前數個月，有部好萊塢電影在此取景。片中演員威廉·達佛（Willem Dafoe）在訪問中提到自己已漸漸習慣這個地方：「……這裡變成你工作的地方，變成了電影場景。」

在奧許維茲、伯克瑙，矯揉造作永遠伺機設下陷阱，藉由注入狂熱的宗教氛圍，讓平庸顯得偉大。矯揉造作的情緒總是裝模作樣的。當言語難以形容苦難的恐怖，造訪這些苦難發生的地點，真的會讓人心煩意亂，不是因為更能想像受害者的心情，而是因為這樣的造訪會激起某些不可靠的情緒：內心忍不住滿溢道德光輝，覺得與受難者感同身受，產生「若非上帝恩典，我也難逃死劫」此類的想法。然而，這麼想也太隨便冒昧了。恐怖事件發生的地點有令人著迷的特質，讓人很容易會陷入某種被虐狂式的愉悅狀態。想像力，轉變成想受驚嚇的病態慾望。尤其被教育成自己是受害者的人來說，在所有的矯情做作當中，這或許是最難抵抗的形式——和平倡議者小田實如是說。

然而，想像力是與過往時光產生共鳴的不二法門。只有在想像之中，不是統計數字、不是文件、也不是照片，人物才能栩栩如生，故事才能浮現，而不只是淹沒在歷史的洪流中。當然，事實與想像力而生的呈現之間必然存在的鴻溝，可能導致做作。但是，談論到奧許維茲時，德國藝術家與知識分子所表現出對於做作的恐懼，到底是因為道德上的吹毛求疵，還是因為點出了一種恐懼：怕自己認同侵略者，與培養出侵略者的文化產生共鳴？

當然，做作可以是種刻意的手段，就像是漢斯容格·史貝柏格（Hans-Jürgen Syberberg）在電影中所呈現的。史貝柏格相信「我們的神話中已漸消失的傳統，其殘存的雛體與生殖細胞，就在這些做作、陳腔濫調、瑣碎事物與其通俗性之中……」[4]他認為希特勒深諳此道，且知道如何啟動神話做作的潛在力量。他的電影《希特勒：一部德國電影》可說是對這種做作的譫妄謳歌。史貝柏格認為，否認德國的非理性主義與矯情的神話就是剝奪了德國人的身分認同，「要打倒希特勒，靠的不是奧許維茲集中營的統計數字，也不是對納粹經濟體的社會學式分析，而是華格納與莫札特的音樂。」

史貝柏格雖然胡說八道，但他倒是洞察了一件事（他甚至親身示範）：在我們心中，仍然難以將奧許維茲的平庸恐怖與納粹風格的做作魔力切割開來。他耽溺於這種風格，並且用這種方式來表現奧許維茲的遺緒，彷彿只要解構神話、淨化血跡斑斑的歷史，就可以拯救德國文化。他試圖重新定義德國認同，用的是三島由紀夫在日本所用的方法。不過，就像三島作品中充滿自殺傾向的幻想，史貝柏格的電影也令人忐忑不安，讓人覺得他太容易就認同那些一度使德國人變成危險民族的理想。

然而，史貝柏格在德國是隻孤鳥。他痛心疾首地呼告，以求拯救德國認同能擺脫美國化的物質主義者與無根的猶太人的貪婪魔掌，但是他的疾呼奔走只受極右翼報紙《國家報》（*National-Zeitung*）青睞。他的文選和轟炸機與坦克車的圖文書一起受到推薦——對於這麼一個浪漫的唯美主義者來說，是很格格不入的。自由派知識圈對他則是避之唯恐不及，因為對於在侵略者中長大的人來說，內心的衝動不在於尋求認同，反而是透過沉默、老生常談、否認、抽象思考、學術研究、忙碌、儀式化的贖罪姿態，來保持距離。

彼得·魏斯（Peter Weiss）是西德法官與檢察官團中的成員，他們為了即將在法蘭克福舉行的奧許維茲審判，在一九六四年時造訪奧許維茲集中營[5]搜集資料，目的是要確認證人的說詞是否屬實。於是，有人忙著拿出捲尺測量鐵路斜坡道的精確寬度、從坡道到婦女營水槽的準確距離。其中有位證人宣稱她聽過囚犯在懲戒牢房裡尖叫。待在這些「站立式牢房」（高度：兩公尺，面積：五十乘以五十公分；通風口：五乘以八公分）裡的犯人必死無疑，不是慢慢地活活餓死就是窒息而死，然後會有人用鐵耙把屍體從牢房裡勾出來；有些受難者甚至吃掉自己的手指頭。

為了檢驗證人說詞的可信度，某位法官指示助手扭著身子爬進站立式牢房，然後發出點聲音。法官透過狹窄的氣窗叫他唱點什麼，穿著整齊西裝的年輕助手於是照辦。他的聲音清晰可聞：他唱了舒伯特的〈野玫瑰〉。

這群法官只是盡其職責，在工作中拉出距離感。他們去奧許維茲不是為了懺悔贖罪；不是把「奧許維茲」當作修辭學上的隱喻；不是去當觀光客；也不是因為同情受難者而去。他們造訪，是為了清查證據；確認從囚犯居住的牢房是否真的看不到火化場；某棵燒焦的樹是否能證明屍體曾被放在旁邊的坑中燒毀（或者依照議訂規則，應該說「據稱」被燒毀）。他們在那裡一公分、一公分地衡量過往。

二十七年之後，我就在一模一樣的地點徘徊。這裡以前是主要營區，現在則是奧許維茲博物館的一部分。當年，這裡堅固的磚造建築愚弄了紅十字會，讓他們以為實際狀況沒有那麼糟糕。博物館分成許多區，展示了各個國家在納粹佔領下的照片與紀錄，有波蘭區、匈牙利區、蘇聯區、荷蘭區等。

波蘭區的展示是當中最悲慘的，不過對我而言卻不是最痛切的。荷蘭猶太人被聚集在一起驅逐出境的照片讓我最感傷，原因不是這些照片看起來有特別毛骨悚然的地方。荷蘭區的展示沒有太可怕，沒有像是「黨衛軍軍官看著華沙猶太隔離區陷入火海而裡頭的人被燒死，對著鏡頭咧嘴而笑」這類的照片。深深打擊到我的，倒不如說是那些景物、街道、屋舍、火車站的日常與平凡熟悉感：被趕在一塊兒送上火車的人看起來很熟悉，我就在那樣的街道上長大。共鳴感再度耍了點花招，讓想像力發揮——這些穿著體面、受過良好教育的荷蘭中產階級猶太人竟遭受如此對待，斯可忍孰不可忍！

我不知道德國人看到這些照片時會做何感想。對於那些被告知要「內化」奧許維茲、無法那麼輕易就與被害者產生共鳴的人、甚至自己的父執輩可能就是猶太區裡那些皮笑肉不笑的黨衛軍軍官的人，想像力會讓他們掉進怎樣的陷阱裡。我有位德國舊識，年紀與我相仿，是後六八學運分子。他告訴我，他在一九七四年造訪奧許維茲的那一天，是他生命中最糟的一天。他說，那次的經驗，連同他所受的基督教教育，讓他就此拒絕服兵役。

我在波蘭區瀏覽照片，一張接著一張，心中揣想在這些如今被改成有乾淨白牆的博物館室裡，究竟發生過什麼事。就在此時，我巧遇一群年約五六十歲的德國觀光客，戰時他們應該正值青春期。導覽小姐是一個三十多歲的波蘭人。照片雖然不言而喻，但這位導覽小姐仍然用流利的德文低聲解釋大家眼中所見：哈哈大笑的士兵看著年長的猶太拉比雙膝跪地爬行、希姆勒（Himmler）透過窺視孔檢查毒氣室的成效、被來福槍托驅趕通過猶太隔離區的孩童、骨瘦如柴的屍體堆積成山。這群觀光客沉默地拖著腳步，觀看一張又一張滿是暴行的照片，看起來頗受打擊。突然，其中一名女性遊客變得激動不安。她年約六十，戴著綠色的帽子，身上穿著米色的兩件式羊毛衫與深棕色鞋子。她走向導覽小姐，抓住導覽小姐的手臂，用德文說：「妳一定要明白，我們一點都不知道有這些事情……」導覽小姐看著她，低聲但輕蔑地說：「很遺憾，我不相信你，我就是不相信你。」

這名女性遊客繼續說：「但妳一定一定要相信我們真的不知道……」

或許這位女士真的毫不知情，她還急著要波蘭籍的導覽小姐明白這一點，而她人在此地某種程度證明了她願意面對過往，在在展現了一絲正直。只是，與其說出太多德國人說過的那些話，她還不如保持沉默。

奧許維茲是個博物館，但不僅於此。在波蘭共產黨政權底下，負責管理這裡的機構叫做「反抗行動與烈士紀念碑保存委員會」。反抗行動的定義很清楚：愛國的共產主義者英勇對抗法西斯主義。凡是挺身對抗法西斯主義的人就是公認的烈士。一九四七年七月二日，波蘭政府發布命令將奧許維茲訂為博物館：「在這個以前是納粹集中營的地方，一座屬於波蘭民族與其他民族的烈士紀念碑將永遠豎立於此。」

在共產世界中，到處可見反抗法西斯行動的紀念碑。位於前東德威瑪附近的布亨瓦德紀念碑是當中數一數二浮誇的：打破法西斯奴役枷鎖的英雄石像，邁向充滿和平與兄弟團結一心的光輝未來；位於華沙的拉帕波特紀念碑比較收斂，但也展現了肌肉與鎖鏈的類似主題：領導華沙猶太區起義的摩德察・阿涅勒維奇（Mordechai Anielewicz）的銅雕像，打赤膊、捲起袖管、像拿榔頭一樣高舉手榴彈，完全就是典型的無產階級英雄。紀念碑背面則是呈現了完全不同的形象：包括手持舊約的猶太拉比在內的猶太烈士，緩步前行邁向死亡。底座上的銘文，用希伯來文寫著：「獻給猶太人，他們的英雄與烈士」。

奧許維茲沒什麼英雄事蹟，在那裡，重點是烈士捨身成仁。當年，許多人在十一號區的牢房受虐至死，而今這裡成為了殉難烈士的聖殿。花圈與蠟燭用來緬懷多半是共產黨人的先烈，直到後共產主義政府開始改變博物館的焦點。殉難意味著信仰，包括對理想、對民族、對上帝的信仰。烈士殉難很可怕，但它被賦予了深刻的意義。普立摩．列維（Primo Levi）的夢魘——在一個拒絕聆聽的沉默世界中活下去——已經夠可怕了，無數的人死於謀殺卻不具任何意義，這種事根本讓人無法忍受。於是，透過稱呼他們為殉難烈士、豎立十字架、參加宗教儀式而創造出意義，變得很具誘惑力。

儀式有時非常特定，有時又十分抽象。我在主營區的火化場內部待了一會兒，像前面其他人一樣察看了最原始的火化爐。更有效率的火化爐後來設在伯克瑙的死亡營，由托普夫父子公司（J.A. Topf & Sons）所設計。一九四二年時，該公司向德國政府申請專利，項目是「因應大規模需求，可以無間斷運作的火葬爐。」一九五三年，在重新申請後，專利終究是下來了。

我和幾個美國遊客一起枯站著，大家不太說話，只有一對夫妻低聲交談，彷彿我們身在教堂裡。一陣特殊的騷動打破寂靜，聽起來像是「嗚咻——嗚咻——」的喊叫聲，從外頭往我們的方向過來。喧鬧聲越來越大，然後中斷。一個高大的男人一腳踏進火化場，揮舞著飾有羽毛的權杖。他有張東方臉孔，說不定是蒙古人。尾隨在後的那群人，多半很年輕，其中有幾個德國人與日本人。一名穿著丹寧吊帶褲的日本女性手拿鈴鼓輕柔地演奏。他們展開標語，上頭寫著：「為和平而走」。分發出來的小冊子上，有貫穿全歐洲的行腳路線圖，並且提及了我們應該要為之贖罪的暴行，各式各樣，包括美洲原住民的滅絕、越戰、廣島（原爆）。這群人的首領是那個揮舞著羽毛權杖的高大男人，他是美洲原住民，我想他的名字應該是「紅鷹」。當大家全部聚集在火化場裡面後，紅鷹舉起權杖，開始用深沉嗓音吟唱某種禱文。鈴鼓聲縈繞耳際，羽飾飄揚，他們闔眼祈禱。

有一座大型的木頭十字架就在主營區的牆外側，位置離這個火化場不遠。一九八九年時，加爾默羅會的修女（Carmelite）在一棟後來被改建成修道院的單調紅磚建築旁邊，立了這個十字架。這棟屋子始建於一九一四年，原先叫做「劇院」，上演各式戲劇給駐紮在隔壁營區的奧匈帝國士兵觀賞。納粹則是拿它來儲存氫化物毒氣桶。一位虔誠的天主教徒告訴我，加爾默羅修會打算為所有的受難者祈福，不管是不是猶太人。然而，此舉觸怒了紐約一位名叫亞伯拉罕．魏斯（Avraham Weiss）的猶太拉比，於是他率領六個追隨者前來抗議。他們穿著條紋祈禱披肩，試圖衝進修道院。波蘭工作人員往這些抗議者身上潑冷水，並扯掉他們的猶太小帽。這幅景象隨即迅速地傳遍全世界。奧許維茲，這個「世界肛門」[6]成為醜惡的戰場，大家在此爭相奪取烈士的象徵。

魏斯拉比是「忠信社群」（Gush Emunim）的支持者，該組織相信他們有權以宗教名義宣稱以色列的土地權，並且定居。對魏斯而言，歷史是象徵性的、神話的，是持續追尋民族認同的過程中所不可或缺的指南針。他的史觀是排外的。在他眼中，加爾默羅修會是入侵者，闖入了一個象徵猶太人受苦受難而具有獨特重要性的地點。在基督教的十字架之下，不只縱容甚至鼓勵了那麼多苦難的發生，因此，立這種十字架簡直就是公然侮辱猶太人大屠殺的記憶。

然而，這並不是民族認同或猶太認同與加爾默羅會修女所宣稱的普世價值之間的鬥爭。布魯塞爾大主教說奧許維茲就在「波蘭基督徒的土地上」；對於樞機主教、同時也是波蘭大主教的約瑟夫·葛蘭普（Jozef Cardinal Glemp）而言，波蘭人本質上就是基督徒。在魏斯拉比挑釁修女之後，葛蘭普說「在許多國家掌握大眾媒體」的猶太人冒犯了「波蘭人的情感，以及我們辛苦贏得的波蘭主權」。

德國人在奧許維茲倒是沒有認同的宗教符碼，這種事專屬於能夠宣稱受害者是自己人的人。不過，德國人可以透過其他方式在聖殿祈禱：他們可以幫忙付管理費。奧許維茲博物館有點分崩離析：曾經屬於猶太孩童的鞋堆霉跡斑斑、火化爐也生鏽了。於是，德國電視節目《全景》（*Panorama*）向觀眾募款，希望能保存這座集中營以當作給未來世代的警告，總共募到了十一萬德國馬克。跟其他電視上的募款成果相比，這筆金額看來或許不大，但這是少數僅以回憶為目的而進行的募款案例。不過，該電視節目製作人也收到一些匿名信，像是以下這封：「我也贊成要保存奧許維茲，而且我希望它能再度啟用，如此一來，像你這樣的人就可以『勞動帶來自由』[7]，同時那些尋求政治庇護的人也有了好去處。我自願捐贈五十公斤的（氰化物）毒氣。」

戰爭結束後的頭二十年間，德國人一點也不熱衷於保存納粹的犯罪地點。然而，現在有很多德國人將保存以前的集中營視為神聖的使命，特別是在西德。一些主要的營區現在變成了「紀念地點」（Gedenkstätte），就跟奧許維茲一樣，集博物館、聖殿與觀光景點於一身。

福斯滕貝格（Fürstenberg）是個殘破的小鎮，位在柏林北方的布蘭登堡邦，景色秀麗。當你開車進入這個城鎮時，會看到兩個指示牌，其中一個寫著：「福斯滕貝格歡迎您的來訪」，另一個是前往拉文斯布呂克集中營舊址（Ravensbrück）的指標，那裡是該鎮的主要景點。這個集中營在一九三九年到一九四五年間關押了十三萬人，大多數是婦女與孩童，其中一半的人沒能活著離開。

我的導覽書上仍有這麼一段純正東德風格的文字：「國家警戒與紀念地點拉文斯布呂克是歷史遺跡，紀念我們死去的姐妹們，她們為了國家的自由獨立與全人類的福祉而捨命，是反抗法西斯的英雄，永垂不朽。」

一九九二年時，蘇聯軍隊仍駐紮於此，因此營區的大部分區域都禁止進入。大門外，前蘇聯的部隊士兵向觀光客兜售他們以前的制服和破爛。軍官與眷屬佔據了黨衛軍以前的房子，二等兵則住在舊營區的營房裡。

在大門通往營區大約八百公尺處的鵝卵石路上，是席薇亞三溫暖與健身中心。三溫暖對面是蓋到一半的現代建築，它本該是福斯滕貝格第一座全新的超市。但是「拉文斯布呂克德國集中營協會」的主席葛楚·穆勒對此提出抗議，她說：「這個充滿紀念意義的地方絕對不能被褻瀆。」她用了德文字眼「entweihen」，意思是剝奪了某地或某物的神聖性質。緊接而來的是更多的抗議活動，幾乎都來自西德地區，導致政府不得不中止興建超市的計畫。布蘭登堡邦政府立即採取行動，另擇地點蓋新的超市，以避免發生更多阻礙。這回選擇的地點位在城鎮另一側的大型墓園與火葬場附近，看來合宜，不再有爭議。後來，墓園的警衛告訴某個德國雜誌記者，這個看來合宜的地點是當年黨衛軍焚毀囚犯屍體的地方，因為那時拉文斯布呂克集中營還沒有自己的火化爐。

社會學家阿多諾（Theodor Adorno）寫過這樣一段話：「以奧許維茲為名寫詩是殘忍野蠻的。」這句話有很多種詮釋方式。我認為他的意思是：沉浸在「私密而自我陶醉的沉思」之中的詩人，永遠找不到字眼來表達在奧許維茲所發生的機械化、毫無靈魂、工業化的殘忍暴行。此外，詩誕生自愉悅與美，因此不適合拿來表達大規模屠殺。

針對阿多諾的這句話，有太多可以反駁的了，總之，後來他自己更正了說法。不過，看來似乎所有的德國藝術家都把這句話認真放在心上，無論是電影導演、劇作家、小說家、詩人，鮮少例外。幾乎沒有任何小說、戲劇或電影直接處理猶太人大屠殺這個主題。在東德是因為政治因素，所以沒有；然而在沒有政治因素的西德，這類作品依然付之闕如。我指的不是紀錄片、歷史書籍、展覽或證人證詞，這些倒是樣樣不缺，至少在前西德境內如此。我指的是因想像力而生的作品。

唯一幾個例外揭露了沉默（或說好聽點是隱晦）的主流想法，因而顯得耐人尋味。關於死亡營最著名的詩是保羅·策蘭（Paul Celan）在一九四五年發表的〈死亡賦格〉。這首詩輕快的音律依舞曲寫成，正好呼應詩中死亡營指揮官的殘忍遊戲：命令一批猶太人自掘墓穴，一批人奏樂。「把你的鐵鍬挖向更深處，其他人繼續給我伴奏跳舞。」

〈死亡賦格〉成了經典之作，收錄在西德的學校課本上。每一個受過教育的德國人都知道最有名的那一句：「死神是德國來的專家」。但這首詩在德國受到的評價很模稜兩可：或許有點太抒情、聽起來有點太愉悅？它是不是沒有表達出恐怖，反而讓恐怖看來甜美？策蘭自己也覺得矛盾，於是在一九六零年代晚期要求編輯把這首詩從詩選中移除。即使如此，對我而言，這首詩仍是對於猶太人大屠殺最動人的陳述。它作為一首詩所具備的美，並沒有麻痺它所傳達的恐怖。相反地，這首詩讓我們益發感受到恐怖。

策蘭不只是因為作品而被排除在戰後德國文學圈的主流之外，他甚至不是德國人。他出生於羅馬尼亞，雙親是猶太人。他母親教他德文，而這語言屬於後來置她於死地的那群人。策蘭說，德語必須穿越「帶有殺意的千縷黑暗」[8]。他到德國旅行、拜訪朋友、領取獎項，但語言與歷史是他跟這幫最具毀滅性的傢伙之間唯一的連結。一九七〇年時，策蘭在巴黎自殺身亡。

彼得・魏斯根據奧許維茲審判的證言寫了一齣戲，題為〈調查〉[9]。這個類似散文詩的作品，用了非常多的紀實資料。雖然它鉅細彌遺地描述發生過的暴行，出發點卻是馬克思主義者的觀點。猶太人所遭受的特定苦難，消融成階級鬥爭的概論描述。作品中完全沒提到「猶太人」與「猶太的」（更甭提「吉普賽人」了）這些字眼。如同彼得・德梅茲（Peter Demetz）在他的書《烈焰之後》中所言，魏斯把「奧許維茲簡化成一個沒有猶太人的地方」。

和策蘭一樣，魏斯是猶太人，與德國的關係也不深。魏斯一生中大多數時間都住在國外，有時候會用瑞典文寫作。身為猶太人，他並未與奧許維茲的受難者產生共鳴，至少從他的作品看來如此。表面上看來，他也沒將奧許維茲視為專屬於德國人的罪行。對此，他的觀點太馬克思主義了：從結構、經濟、階級利益的角度出發，而非民族或文化。不過，他對戰後德國的「認同」很感興趣。魏斯認為，「德意志邦聯共和國」承接了第三帝國的結構與哲學。他期許自己的劇作在西德能成為大眾運動的先鋒。他認為，只有透過日復一日的大眾「精神勞動」[10]，德國人才能將自己從「精神錯亂」中解放出來。這麼說來，魏斯的確相信有民族精神這種東西。

以猶太人滅亡為主題的劇作，最有名的當屬羅爾夫．霍赫胡特（Rolf Hochhuth）一九六三年所寫的《代理人》（*Der Stellvertreter*）。他不是猶太人，是德國新教徒。在這部充滿缺陷的作品中，猶太人僅是無足輕重的棋子，被用來譴責梵蒂岡是大屠殺的共犯。作品主題沒那麼偏重歷史、文化或民族面，而是側重神學的討論：神職人員內心的天人交戰。以奧許維茲為場景的部分看起來很蠢，門格勒博士在當中扮成穿著黑絲斗篷的惡魔梅菲斯特。然而，它仍是少數敢以想像奧許維茲為主題的作品，即便在德國被打入冷宮。霍赫胡特少數的文學支持者、同時也是評論家的馬塞爾．萊赫－朗尼奇（Marcel Reich-Ranicki）[11]寫道，這部劇作讓德國作家陷入難堪的靜默，因為他們清楚得很自己無法處理這個主題。

然而，德梅茲所言不假，「德國人的生活與語言文字，無一不受奧許維茲留下的東西所影響」。[12]至少在西德是如此。戰後有很多德國小說提到猶太人大屠殺，只是多半拐彎抹角或充滿隱喻。像是海因里希·伯爾與齊格飛·藍茨（Siegfried Lenz）這些五零、六零年代的作家，甚至不願直呼納粹其名。伯爾稱他們為「食牛者」，而受難者為「羔羊」，藍茨在他的小說《德語課》中（*Deutschstunde*, 1968）則是寫了「穿皮外套的男人」或僅是「柏林當局」。一九六四年時，屬於戰後早期世代的導演兼作家亞歷山大·克魯格（Alexander Kluge）論及描述猶太人大屠殺的困難，他說：「你很難真的去描述大屠殺，但盤點清查是有可能、甚至是絕對必要的。我嘗試築起圍籬，並希望讀者的想像力能在這些圍籬中穿梭自如。」[13]

的確，比起平鋪直敘，好的隱喻更能激發想像。停靠在奧許維茲車站鐵路旁軌上的火車突然鳴笛，所造成的威脅感遠比參觀博物館還來的大。然而，德國小說不願直接面對奧許維茲，在聖殿、博物館、教室之外的地方完全抗拒討論「最終解決方案」，在在顯示了對於瀆聖的恐懼。「世界肛門」就像是上帝的臉，不能被褻瀆；企圖描繪無法想像、不可言喻的形象，好像就會減損其神聖本質。讓證人在法庭上、博物館、錄影帶裡說話沒關係（克勞德·朗茲曼〔Claude Lanzmann〕的紀錄片《浩劫》〔*Shoah*〕在德國電視上播過好幾次），但是藝術家發揮想像力就不行。

一九九二年的冬天，電影《希特勒青年團團員索羅門》（*Hitlerjunge Salomon*）在德國上映，這部在其他地方名為《歐洲歐洲》（*Europa, Europa*）的電影，在美國廣獲迴響。電影情節是依據某位倖存者的真實故事改編。

索羅門·佩雷爾（Salomon Perel）在德國出生，雙親是波蘭猶太人。他與家人逃亡到波蘭後，自己偽裝成「德意志裔人」（Volksdeutsche）而在戰爭中活了下來。納粹軍官收養了他，把他送到納粹菁英學校受教育。片中有些部分耽溺於納粹的矯揉造作：荒謬的制服、瘋狂的演說、與金髮納粹少女在森林裡的性愛場景，以及希特勒青年團團員歌頌著「德國刀劍上濺著猶太人的血」。不過，這些多半是事實。

學校放假的時候，索羅門曾試圖去偷看一眼失散的雙親，他搭乘輕軌電車穿越洛茨（Lodz）的猶太隔離區，以為他們可能還在那裡。輕軌電車的窗戶被漆成白色，如此一來德國乘客就不會看到垂死的猶太人。然而，索羅門成功地從縫隙中窺視到窗外景象，觀眾的視線自然也是。我們所看到的不是陳腔濫調也不是矯揉造作，而是人間地獄。影片最後，現在住在以色列的索羅門．佩雷爾本尊現身，用希伯來語唱了一首歌。（這個就是做作了。）

《希特勒青年團團員索羅門》在德國未受好評，導演沃克．施隆多夫（Volker Schlöndorff）將此視為沉默杯葛的證明。德國拒絕讓這部片作為代表，參加奧斯卡競賽，該片的波蘭籍導演阿格涅斯卡．霍蘭（Agnieszka Holland）因此非常憤慨。她說，這部片是德國製作，而拒絕讓該片參賽根本就是德國人又再度試圖否認過去。德國《明鏡週刊》則認為可能是因為這部電影「打破了德國人的禁忌」，讓人覺得尷尬。索羅門的角色並不符合一個好猶太人應當擁猶的形象，雖然這樣的形象在大多數的戰後德國小說裡是標準配備。

這部片到底為什麼無法代表德國參賽，真實原因並不清楚。德國評選委員會宣稱既然導演是波蘭籍，那麼技術上來說這就不是德國的電影。左翼報紙《法蘭克福評論報》（*Frankfurter Rundschau*）稱這種說詞是「形式主義」，讓人不禁聯想起「種族純粹的形式主義」。

或許是因為委員會太過官僚，也或許這個主題著實讓人尷尬，但令人驚訝的是，當我與看過這部片的德國人聊天時，我經常聽到他們表達出對做作的害怕。每逢德國榮耀遭受攻擊時，向來反應迅速的《法蘭克福匯報》只寫了篇文章說《希特勒青年團團員索羅門》根本是部爛片。影評寫道這是廉價的通俗劇，只是齣「天真外國人」的鬧劇，而且煽情的配樂與俗麗的場景一點都不符合主題。然而，什麼才符合主題呢？這分明是拿美學上的苛求當藉口，迴避自己根本無能描寫主題的事實。

然而，在害怕壞品味或瀆聖的背後，還藏有更深刻的問題。把存在於過去的人想像成血肉之軀，而非穿著絲斗篷的做作惡魔，是把他們人性化。人性化未必表示寬恕或同情，但這的確抹去了他們和我們之間的抽象界線。也就是說，在某些情況底下，我們可能就是他們。對於自然而然就能與受難者產生共鳴的藝術家（或觀眾）而言，這不是什麼太大的問題。一個猶太作家對於奧許維茲黨衛軍軍官的想像，並不會有玷污了什麼的危險；然而，同樣情況對於被要求將奧許維茲內化成德國罪行的非猶太裔德國人而言，問題可就大了。包括西德的鈞特．葛拉斯與東德的克麗斯塔．沃芙（Christa Wolf）在內的很多德國作家，都曾試圖將偏遠城鎮裡的納粹小官人性化，這些小官通常離大屠殺中心很遙遠。不過，發現自己與劊子手有共通點又是另外一回事了。要能成功做到這點，還是得先從受害者的觀點想像過去。

喬治・史坦納曾讚譽阿布萊希・勾斯（Albrecht Goes）的小說《燔祭》（*Das Brandopfer*, 1954）是「高級文學中，少數關注過去所充斥的恐怖的作品」。勾斯自己在序言裡寫下相當出色的聲明：「作為說故事的人……只要我一息尚存，一想到（海德里希與艾希曼那幫人簽發的）死亡令上使用的正是我思考、說話、寫作、做夢所用的語言，我就一直發抖。即使如此，我小聲地說了故事，但並非沒有力量。當然，我的力量是借來的——特別是從以色列。我的力量來自於讓『以色列之子』（又稱「錫安之子」）得以倖存於世的緊密連結，而此連結將永遠持續下去。」[14]

書裡的故事是這樣的：一個猶太孕婦在被捕前夕，被迫把她肚裡孩子的嬰兒車留給非猶太人的店主太太。選擇這樣的主題的確很不尋常（德語「燔祭」這個字，是「猶太滅絕」〔Shoah〕的德文字面翻譯）。對於與作者同世代的德國人來說，書裡的親猶主義倒是不陌生。故事中的女主角，或者應該說是受害者，不單單只是一個德國的猶太女人，她還是「先知之子」。看來，為了述說猶太人大屠殺的故事，勾斯還是得採用受難者的神話認同。

沃夫岡・柯本（Wolfgang Koeppen）的小說《雅各・林特納的地洞筆記》（*Jacob Littners Aufzeichnungen aus einem Erdloch*）或許更加出類拔萃。這本書在一九四八年時以雅各・林特納之名出版。一九九二年時，又以柯本的本名再版。柯本在五零年代也寫了三本知名小說，主題是關於戰後德國的納粹創傷。

事實上，雅各・林特納不只是文學裡的角色，他是在戰爭中倖存的慕尼黑猶太裔郵商。他賄賂了一個波蘭反猶分子好讓他「住」（如果可以這樣講的話）在屋子底下一個又黑又臭的洞裡，因而躲過了茲巴拉日猶太區的肅清行動。在搬往紐約的前夕，他把自己的故事告訴慕尼黑的某位出版商。[15]這位出版商寫了概要筆記，後來成為柯本小說的基礎。林特納付錢給柯本寫作，並從紐約寄送食物包裹給柯本。這是一個非猶太裔德國人真的採用猶太身分，來述說猶太人大屠殺的故事。

在過往那些年頭裡，或許也沒有其他辦法了吧。然而，即便用了猶太名字，作者還是無法抗拒用抽象且帶宗教意味的口氣作結。整本書所使用的語言認真嚴肅，描述恐怖的細節也很具體，但書的結尾卻像是這樣：「憎恨是很糟糕的字眼……我不恨任何人。我甚至不恨犯罪者。我遭受他們的迫害，但我不應該越權成為審判他們的人。然而，我拒絕且無法成為審判者也意味著：我無法原諒他們、無法為他們的罪行開釋。在我看來，他們的所作所為超出了人類能給的裁決。唯有上帝才能審判非人之罪……」

戰爭結束三年之後，要求暫停人類所能做的裁決可由不得德國人，只有受害者才有權那樣要求。然而，在納粹世代的德國人身上，遁逃進宗教式的抽象言詞實在太常見了，甚至他們的子輩也是。他們沒有像愛國的猶太復國主義者一樣，為新的認同添加神秘感。相反地，他們逃避承接專屬於德國的罪行、避開將奧許維茲「內化」的必要性或者根本就逃避作為德國人。

然後，影集《大屠殺》（*Holocaust*）出現了。是這部好萊塢通俗肥皂劇，而非德國藝術家，打破虛擬的禁忌來描寫奧許維茲。這部製作精巧的通俗影集在一九七九年一月時，首次在德國播映，用前所未見的方式深深穿透了德國人對於奧許維茲的想像。當時有兩千萬人看過，這數字大約是那時西德一半的人口；其中五成八的人希望它能重播；電視台收到一萬兩千封信、電報、明信片；首播之後，有五千兩百人打電話到電視台；有百分之七十二點五的觀眾持正面態度，百分之七．三的人持負面態度。海因茲．宏恩（Heinz Hoene）在《明鏡週刊》中的文章說明了一切：「一部平庸的美國電視影集，基於商業因素多過於道德因素而製作，為了娛樂更甚於為了啟蒙，卻完成了大量的書籍、戲劇、電影、電視節目、文件、所有的集中營審判在終戰超過三十年來未能完成的事：讓德國人了解那些針對猶太人的罪行是他們德國人犯下的罪，因此深深打動了無數人。」16

《大屠殺》從未在東德境內播映，不過住在邊境附近的人收看的到西德的電視台。即使官方禁止，他們還是照看不誤。一九九二年時，我問一位來自前東德的學校老師是否看過這部影集？她說有。我又問那在學校可以討論嗎？答案是不行，不然的話老師跟學生都得承認自己犯法了。我說，所以大家都假裝自己沒看過這部影集？這位歷史老師回答是，她說：「不過，猶太人問題對於孩子們來說反正是不存在的。現在我們必須教他們這些東西，然而他們甚至不明白為什麼猶太人很特別、希特勒為什麼要滅絕他們。你瞧，我們這裡對聖經實在不太熟，無論是舊約還是新約都一樣。」

在西德，有些知識分子對《大屠殺》這部影集感到震驚與憤怒，那是對於做作常有的恐懼，以及懷疑「好萊塢價值」（通常也是「美國」的同義詞）。《法蘭克福評論報》擔憂它把過去的恐怖給商業化了，也就是說把奧許維茲當成「消費對象」。比《大屠殺》更複雜的肥皂劇《家鄉》（*Heimat*）的導演艾德加・海茲（Edgar Reitz）抱怨，「美國人用《大屠殺》這部影集，偷走了我們的歷史」[17]，因為這種風格的影集，讓德國人「無法掌握自己過去歷史的話語權，無法從審判的世界裡掙脫出來」。然而，事實上才不是這樣，德國藝術家自己根本就未能描述奧許維茲。

電台收到一些充滿恨意、通常是匿名的信，把《大屠殺》說成是猶太人的連篇謊言，而整件事是猶太人藉由抹黑德國人好拿來賺錢的詭計。已故的巴伐利亞邦首長法蘭茨・約瑟夫・史特勞斯（Franz Josef Strauss）就持這樣的看法，或起碼他有這樣說過。有些左翼知識分子也這麼想，不過是從不同的角度，因為對他們而言好萊塢的消費主義是萬惡淵藪。德國有個學派對於奧許維茲的解釋，是基於對消費主義與大概可以稱做「現代性」的東西，如後啟蒙理性、大量生產、資本主義等等的蔑視。東德劇作家海諾・穆勒（Heiner Müller）在某次訪談中這樣說：「奧許維茲是啟蒙時代的最終階段。尤有甚者，奧許維茲是資本主義的祭壇。理性作為唯一具有約束力的準則，把人的價值降低到最低的物質層次。」[18]形式與實質又再度被混為一談了：即使《大屠殺》這部影集的拍攝手法可以被稱作是工業化甚至理性的，拍這部片的緣由肯定不是如此。

像慕勒、史貝柏格、阿多諾這類的知識分子，理所當然懾於大眾文化的力量。不過，《大屠殺》在德國別具影響力，倒是不難解釋。法庭、教堂、博物館裡的奧許維茲是抽象的、是隱喻、是一大堆無法想像的統計數字、是無數的無名死者。《安妮的日記》（*The Diary of Anne Frank*）問世，就像是一個原本沒有名字的死者從萬人塚裡起死回生，從此有了面貌。約瑟夫・魏斯博士一家人儘管只是美國肥皂劇裡的角色，卻有著每個德國人都認得出的面容：可靠有教養的中產階級。他們可能就是你的鄰居；事實上，如果你是某個年齡層的人的話，他們以前就是你的鄰居。

《大屠殺》證明了光是隱喻與引述無法使歷史具有生命力，得要創造出魏斯一家人，過去才能重現。肥皂劇的形式藉由激化情緒與強加共鳴感，因而擁有強大的影響力，正好與布萊希特式的疏離手法相反。我們會覺得自己彷彿與鍾愛的肥皂劇角色有私交，就像我們覺得與流行脫口秀的主持人關係密切一樣。不過，大多數的戰後德國藝術與文學所迴避的，也正是這種共鳴感：無法真的說服自己與猶太受難者產生共鳴；而與加害者產生共鳴——也就是你的父執祖輩或你自己——實在太痛苦了。

如果《大屠殺》裡的主角不是有教養的中產階級德國人，而是比方說窮苦的羅馬尼亞吉普賽人，那麼德國觀眾與多半是其他國家的觀眾，會怎麼看待這部影集呢？這是個有趣的問題。我很懷疑還會有同等的影響力，畢竟共鳴與認同有其侷限性。

某位西德女性寫信給當地電視台，她寫道：「在看完《大屠殺》之後，我深深厭惡那些第三帝國的野獸。我現年二十九歲，是三個孩子的媽媽。我一想到有那麼多的媽媽與小孩被送進毒氣室，就哭了。（即使到今天，猶太人還是沒被放過。我們德國人有責任要時時刻刻維繫以色列的和平。）我要向受納粹迫害的人鞠躬，作為德國人我覺得很丟臉。」[19]

從《大屠殺》播放後公布的很多書信來看，這是相當典型的反應。戰後出生的那一輩，為數不少覺得當德國人很羞恥。這像是證實了歷史學家克里斯提安．梅爾的論點：歷史在「我們的骨子裡」、我們背負了父執輩所造的孽、歷史就在我們的血液之中。德國人的確應該要為奧許維茲負責，但德國年輕一輩所感受到的羞恥，是適當、甚至是有幫助的反應嗎？戰爭時期度過童年時光的小說家馬丁．瓦瑟（Martin Walser），與梅爾一樣相信奧許維茲如同歌德的語言，把德國人凝聚在一起。他說，法國人或美國人在看奧許維茲的照片時，「無須思考：我們人類哪！他們可以想成：那些德國人！那我們呢，我們可以想成：那些納粹嗎？我想我做不到……」[20]

以上是深受民族認同困擾的人所說的話。身為德國猶太人的阿多諾，卻拒絕把奧許維茲視為德國人的罪行。他希望能拯救德國精緻文化，就算他想拯救的文化遺產上面，沾滿了納粹染血的手印。對他而言，此事關乎現代病理學，是病態的「權威人格」與工業化巨輪裡像齒輪一樣的黨衛軍軍官，泯滅人性所致。除了以上這些對立的觀點，難道就沒有其他的可能性了嗎？我相信是有的。

奧許維茲當然是德國的罪行。「死神是德國來的專家」。不過，是不同的德國。堅持要用「認同之眼」——借用克里斯提安．梅爾的話——看待歷史，就是抗拒改變。那麼，有沒有可能從侵略者的觀點內化奧許維茲，同時不受困於虛偽罪惡或妄自尊大的矯揉造作？把奧許維茲假設成是由德國認同裡某些致命的缺陷所導致，一如有一縷德國集體精神創造出歌德與布拉姆斯，就是讓某種神經質的自戀永存不朽：最好的狀況是無法停止擔心德國人是危險的民族，而更壞的狀況則是剛愎自傲於自己民族所具備的才能，能同時創造出崇高的音樂與罄竹難書的罪行。

第四章

廣島

位於柏林的前日本使館與前義大利使館，皆建於一九三零年代，採用浮誇的古典法西斯建築風格，屬於希特勒夢想中的城市「日耳曼尼亞」。兩幢建築間有一條短短的窄街，以前叫做斯比伯爵街，以德國海軍上將斯比伯爵為名，他在一九一四年與英國海軍的福克蘭群島海戰中陣亡。戰後，柏林很多街道與廣場都改名了，像是以前的阿道夫．希特勒廣場、赫爾曼．戈林街，這條街也不例外，它現在叫做廣島街。

據說，義大利人對這個街名很不滿，但這麼改不是因為日本人，其實是某個左翼的柏林議員選了這個名字，以表達對和平主義的支持。然而，即使與日本人無關，這個街名依然精準地捕捉了瀰漫於戰後日本的「精神」（Geist）。對大多數日本人而言，廣島是太平洋戰爭中至高無上的象徵，日本人民遭受的苦難全部濃縮在這個近乎神聖的字眼裡。廣島不只是國族殉難的象徵，它還代表了絕對的邪惡，通常會被拿來跟奧許維茲相提並論。在廣島，就有一個「廣島／奧許維茲委員會」。與廣島相關的小說中，至少有一本把日本人與猶太人當作是白人種族主義下的主要受害者。在一九八零年代，日本甚至有蓋奧許維茲紀念碑的計畫，地點就在廣島附近的小城鎮。

依照廣島大學教授雜賀忠義的說法，發生於一九四五年八月六日的原爆浩劫是人類在「二十世紀所犯下最嚴重的罪行」。廣島和平公園內有座原爆慰靈碑，繞著刻有受難者姓名的石棺而建。慰靈碑上著名的題字正是雜賀忠義所作，寫著：「願亡者安息；願我們不再重蹈覆轍。」

碑文的措辭刻意模糊，然而為了避免遊客把「我們」一詞當作專指戰時的日本政府，一九八零年代初，園方又立了一塊用英文與日文寫的告示牌，用以澄清：「召喚世界各地的人為原爆受難者的靈魂祈福，願亡者安息，誓不重蹈覆轍。強忍過往的悲慟，克服憎恨，熱切期盼實踐世界和平，這就是『廣島之心』。」

在日文中，「廣島」通常以片假名表示。日文裡的片假名通常拿來轉譯外國名字，因此用片假名寫「廣島」，看起來更國際化也更具普世性。這地方有種宗教中心的氣氛：有殉難者，但沒有任何一位神明；有祈禱，也有描述人類墮落的現成神話。廣島和平文化基金會發行的小冊子《廣島和平文摘》裡寫道：「廣島不再只是日本的城市，它是舉世公認的世界和平聖地。」

廣島火車站大廳裡，總是擠滿了穿制服的小學生、童軍、退休老人、外國遊客、官員、鄉下人，他們跟著導遊的旗幟走。每年有無數的遊客來此朝聖，他們全都會去參觀和平公園。該地在遭原子炸彈夷平前，本來是興盛繁榮的商業區，現在則是「廣島儀式」的中心所在地。

跟奧許維茲比起來，在廣島更難揣想到底發生過什麼事，因為所有的恐怖被壓縮在單一事件裡，沒留下什麼看得到的蛛絲馬跡。當然，徹底現代化的市容是爆炸發生過的證據：在一九四五年八月六日以前，這些光鮮亮麗的商店街、公園、棒球場、高樓旅館、用水泥重建的老城堡，都不存在。可以說就像犯罪現場被徹底地抹去，或者應該說被埋在嶄新的城市之下，像是現代版的特洛伊城或是以前的華沙猶太區。

外國遊客很難忽略原子彈遺留下的東西，尤其是老被假設為外國人與美國人的白人遊客。不只是因為你不可能沒看到為數眾多的紀念碑、牌匾、紀念館，更重要的是你很難在和平公園裡走動而不意識到自己的身分。雖然沒有日本人會粗魯到對著你說：「這就是你們幹的好事，你們犯下大規模的謀殺罪。」但是當老師鼓勵學童前來問你對和平的想法時，你會覺得有必要表示贖罪的意思或至少得說點道歉的話。很多日本人怪罪白人扔下原子彈，因此，你被要求以白人之名表達對和平的支持。

和平公園裡有神龕、紀念碑、紀念石、紀念鐘、紀念噴泉與神社，用以紀念亡者與為和平祈禱，是名副其實的朝聖地。公園裡的商店販賣鑰匙圈、鋼珠筆、T恤、杯墊、明信片、書籍、杯子、佛珠、筷子等物品，上頭全部都有祈求和平的字句。大多數的紀念品上印有原爆圓頂館的圖片。原爆圓頂館建築物的前身是廣島縣產業獎勵館，被原子彈轟炸後只剩下外牆。原爆圓頂館就在和平公園盡頭的對岸，終日提醒世人這裡發生過的罪愆。典禮儀式在那裡舉辦，象徵亡靈的紙燈籠漂浮在水面，一大群灰白色的和平鴿在樹林間拍翅振翼。導遊解釋道：「這些樹木是由海內外人士與各個機關團體種植的，目的是要紀念受害者的靈魂與祈求和平。」慰靈碑附近有一塊告示牌，上頭寫著：「如果有接觸鴿子的話，請漱口洗手，以防止傳染病。」

慰靈碑後面是由日本青年商會所捐贈的「和平之火」，象徵了雙手向天空展開。宗教團體與日本各行各業的代表手持火炬，點燃了火焰。「和平之火」旁邊是一座由男人、女人與小孩所組成的「祈福雕像」。只要站到雕像底座前的石頭上，音樂盒就會開始播放〈亡靈別哭〉那首歌的旋律。

遊客在慰靈碑的舉止，一如他們在沒有特殊祭典儀式的神社裡會表現出的樣子：祈禱、投擲錢幣到石棺後方的和平池裡、拍照留念。身穿海軍藍與黑色制服的學童魚貫前行，或笑鬧或無精打采打呵欠。老師叫他們把銘文抄在筆記本上。整體氣氛一點也不莊嚴，雖然這在日本的宗教地點見怪不怪。在孩童們的笑鬧聲中，唯一聽起來嚴肅的聲音是附近和平鐘的鐘聲。和平鐘在水泥圓頂裡，我的旅遊書上寫著：「圓頂代表了宇宙。」

看到這些笑鬧的學童，我想起幾年前造訪過的另一個紀念地點。那是位在塞班島上的浴血之地，當時日本遊客的輕鬆態度也讓我備感驚訝。塞班島位在太平洋上，就在更小的天寧島旁邊。當年襲擊廣島的艾諾拉蓋號轟炸機就是從天寧島裝載原子彈起飛的。塞班島曾經是相當繁榮興盛的日本殖民地。一九四四年時，美國海軍登陸該島，戰況極為慘烈，數天之內造成了至少兩萬五千名日本人與近四千名美國人死亡。但最慘的是上百名平民跳崖的大規模自殺，絕大多數是婦女與孩童。日本狙擊兵從背後射殺那些不願意自殺的人。這個淒慘的事發地點有塊告示牌，上頭用日文與英文寫著「自殺崖」。然而，大多數是女孩的年輕日本遊客，在這裡咯咯發笑、互相拍照。

在日本，唯有跟階層有關的事情，大家才會表現出幾乎令人窒息的莊重。在造訪廣島的隔日，我在福岡閒逛了半小時，那裡是九州最大的城市。我在火車站前看到倡導交通安全的典禮。穿著制服的年輕女孩用一模一樣的姿勢站著，她們戴白手套的雙手交疊，站得筆直，身上掛的彩帶寫著「一九九二年福岡交通安全小姐」；穿黑西裝的老男人無精打采地宣導遵守交通規則的重要性；銅管樂隊則是像英挺的普魯士士兵，排成直列立正站好；有頭有臉的人物，身上戴著所屬部會的彩帶與名牌，在講者後方排成一列，就像是閱兵典禮上那些將軍一樣——這個場合不是戰爭時要殺人無數，而是和平時倡導交通安全：沒有笑容，也沒有竊竊私語，每個人都知道自己的職責，而秩序掌管一切。

與其說廣島是繁榮卻單調的現代日本城市，還不如說是朝聖地更為恰當。既懷有倡導和平的普世抱負，又是獨一無二的日本人受難地點，兩者間的緊張關係讓廣島變得耐人尋味。公園外某個角落裡，有座紀念碑紀念在原爆中犧牲的韓國人，這些人大半在戰時被迫為日本人工作。日本南韓僑民協會在七零年代建造了這個立在大石龜之上的紀念碑。在韓國，石龜是墳墓的記號。石龜上蓋滿了花環、鮮花與紙鶴，紙鶴上寫著好幾個韓國組織的名稱，旁邊的告示牌用英文與韓文寫著兩萬名韓國人的故事，敘述他們「神聖的生命」是如何「突然從我們身邊消逝」；沒有人為他們舉行葬禮或紀念儀式，因此「他們的靈魂徘徊多年，無法升天。」和平公園裡的祀奉屬於日本人，沒韓國人的份，甚至當地韓僑打算把紀念碑移到公園裡也失敗了，因為廣島市政府說只能有一個慰靈碑，而顯然這個慰靈碑不把韓國人算在內。

一九四六年初，廣島縣縣長邀請各界人士集思廣益，重建這個可說是已經消失的城市。在原爆中倖存的小說家大田洋子提議種植大量的樹，她說：「我希望夢想與現實能夠和諧交織在一起，以豐富市民的生活。」有人期盼豐富的文化生活；有位方丈則是希望城市裡能佈滿佛教寺廟；然而吳市代理市長的提議最引人關注，他希望「廣袤的燒毀區域能原封不動地保留下來當作紀念，以求永久的世界和平」。吳市是廣島外側的港口，戰爭時期是軍艦的製造地。

這樣的想法終究沒有實現，有些人為此感到可惜。八零年代開始，來自大阪的前高中老師宇野正美寫了一系列的暢銷書，內容是日本人有必要向猶太人學習，特別是猶太人支配世界的方法。這一系列的書很暢銷，其中一本的書名是《美元變成廢紙的那一天》，當中有個章節討論廣島。宇野認為，廣島應該以廢墟之姿保留下來[21]，就像猶太人故意把奧許維茲原封不動地保存下來一樣。猶太人藉由提醒世人他們遭逢的苦難，因而完整保有了民族認同與恢復了民族氣概。相反地，日本人被美國人所騙，相信應該立刻重建廣島，以至於日本人受苦受難的痕跡都被抹去了，結果導致戰後的日本人缺乏認同。此外，美國不斷宣傳日本的戰爭罪行，也削弱了日本人的民族氣概。

這種說法很極端，很少日本人會這麼激進，但他們可能會覺得這些文字挑釁的有意思。撇開書中的反猶言論與把廣島當作廢墟保存下來的想法不說，其他部分倒是日本民族主義者常有的想法。右翼分子認為，強加在日本身上的戰爭罪是美國人的政治宣傳，大大削弱了日本人的認同。不過，右翼民族主義者比較沒那麼在乎廣島，他們更偏執地想把「大東亞戰爭」變得正當。

左派對於日本人遭受的苦難，則另有一番詮釋，其中廣島扮演了重要角色。比方說，他們普遍認為無數的日本平民不是邪惡的軍隊實驗下的受害者，就是冷戰中的馬前卒，甚至兩者皆是；美國發射原子彈是為了嚇阻蘇聯，好讓蘇聯不會侵略日本。以上說法至少還有討論的餘地。然而，認為原子彈是種族主義者拿來做實驗的想法，就說不通了，因為原子彈的發明原先是要拿來對付納粹德國。不過，很多日本人卻相信這種說法。在聯合國工作過的河內朗針對這個主題寫過一本偏激的書[22]，他認為原子彈是白人種族主義者計畫實行種族屠殺的工具。宇野正美的想法差不多也是如此，他聲稱這些種族主義者就是猶太人。當然，這些想法很極端。不過從日本期刊與書店暢銷排行榜來看，主流想法恐怕也八九不離十。

然而，不會幻想著為「十五年戰爭」辯護的左派分子與自由主義者，還有另一種見解。他們認為，原爆算是對日本軍國主義的某種天譴。日本人在這場獨一無二的災難中所學到的教訓，以及在地獄之火中洗滌淨化了罪愆，可以說讓他們從此有權力、甚至有神聖的職責，得以批判其他人，尤其是在美國人有違背「廣島精神」之虞的時候。這正是所謂「和平教育」的中心思想。倡導和平教育的多半是左派的日本教師聯盟，保守派政府則是對此持懷疑態度。和平教育通常意味著和平主義、反美帝、對共黨國家特別是中國，抱持強烈的同理心。

原爆週年紀念日那一天，倖存者手持表示哀悼的黑旗與標語在神社祈禱，上面寫著「和平始於廣島」這句口號。一九八七年八月六日，廣島市長致詞時提到：「權力依舊主導著這個世界，我們必須改變這件事，讓世界充滿『廣島精神』。這意味著，當美國在日本盟友的物資或財務幫助下，發動韓戰、越戰、波斯灣戰爭，都是背叛了原爆受難者、是把刀直接插入了『廣島之心』。」

在日本，左翼和平主義者與通常是右翼的浪漫民族主義者起碼有個共同點：都憎恨美國人剝奪了他們的集體記憶。浪漫的民族主義者認為，戰後的美國佔領刻意摧毀了日本人的神聖傳統，像是天皇崇拜，使得日本人的認同就此消失。浪漫的和平主義者則是認為，美國試圖抹殺廣島這段歷史記憶，是為了要掩飾自己的罪行，與重新點燃日本的軍國主義魂以便支持冷戰。

黑澤明拍過一部相當濫情的電影《八月狂想曲》，主題是長崎原爆後的精神創傷。這部電影是首輓歌，哀悼的不只是爆炸本身，還有記憶是如何成為歷史，而歷史又如何迅速地被遺忘。在某篇刊載於柏林報紙的對談中，馬奎斯（Gabriel García Márquez）問黑澤明：「這種歷史性的健忘，對於日本的未來與日本人的認同有何影響？」黑澤明表示日本人不喜歡公開談論原爆，「尤其是政治人物，或許是出自於對美國人的懼怕，所以仍然保持沉默」。他說，除非美國人向日本人道歉，「不然這齣戲永遠不會落幕」。[23]

的確，佔領時期的美國當局不願意日本人在原爆攻擊上著墨太多，不想讓日本人覺得自己是受害者。戰後頭幾年，關於原爆只有科學研究可以發表。即使到了一九四九年，由廣島市發起的影片製作計畫「不再有下一個廣島」還是被取消了[24]，理由是佔領當局反對片中「原爆造成的毀滅與人類苦難」的場景。一九五〇年時，丸木位里與丸木俊的畫作，原名是〈原爆圖〉，被迫更改為〈一九四五年八月六日〉。這是佔領結束前一年所發生的事。

然而，黑澤明錯了。二戰中的事件，很少像廣島原爆有這麼多的描述、分析、哀悼、重現、再創作、描繪、展覽，連長崎也沒有。不只是因為廣島原爆發生時間比長崎早，也因為長崎比廣島有更多的軍事標的，畢竟位在長崎的三菱重工廠生產了大量的軍事武器。除此之外，還有一個比較少被提到的原因：長崎的爆炸地點是賤民與基督徒居住的區域；不同於廣島遭受全面性的破壞，長崎大部分區域倖免於難。因此，最好不要詳實討論長崎的原爆，否則可能會造成尷尬。幾乎在戰爭一結束時就出現了以廣島為主題的小說，即便當下無法出版。日本原爆文學在一九八三年時終於得以集結成冊出版[25]，總共十五冊。

佔領一結束，許多以原爆為主題的書與電影充斥著反美論調。佔領時期的審查制度是原因之一，畢竟總算能討論那些曾被禁止的事情了。另一個原因是這些導演與小說家的政治背景：有些人一直是狂熱的民族主義者，對西方國家尤其是美國充滿不信任；有些人在戰前是馬克思主義者，被軍權當局強迫公開宣佈放棄理念、誓言效忠日本帝國。戰後，這些人重新拾起原本的理念，未必有多大的變化：貪婪、物質主義、個人主義、帝國主義、種族主義的美國，仍然是敵人。

所以有像《廣島》這樣的電影出現[26]。這部片由關川秀雄在一九五三年時拍攝，最後一幕是美國遊客買了受難者的遺骨當紀念品。一九六九年時發行的漫畫〈黑河之中〉，更是充滿怨念。故事大概是這樣：一個在原爆中倖存的年輕美女，因為輻射污染而病入膏肓，於是在所剩無幾的日子裡，她想要報復那些「白豬」，所以選擇做「潘潘女」。「潘潘女」是專門與美國大兵性交易的妓女，且因為混在

「噁心的臭外國人之中」，層級也是最低的。她打算給那些還在日本設立軍事基地的「好戰分子」一點教訓，讓他們感染梅毒。某日，一個好心的警察把她帶離街頭，她對他大喊：「為什麼那些戰犯沒有被審判？」她跟天真無邪的小兒子說：「你要永遠記得原爆是怎麼折磨你媽的！」這個故事發表在有大量讀者的漫畫雜誌《Punch》上。

即使對美國有諸多指責與謾罵，廣島神話與對和平主義的歌頌崇拜，多半還是以殉難者的無辜形象與世界末日的景象為基礎，而非美國人的邪惡：嬉鬧的孩童、唱著歌的年輕女孩、正在打掃的家庭主婦、勤奮工作的好人，一夕之間這些生活日常全化為灰燼。把廣島拿來跟奧許維茲相提並論，正是基於這樣的概念。換句話說，廣島原爆和猶太人大屠殺一樣，都不是戰爭的一部分，甚至不能說與戰爭有關，而是「在世界末日才會發生的事情……」[27]，這是小說家大田洋子之言，她把作為原爆倖存者的親身經歷寫在《屍之街》中。她寫道：「擊潰我們的是一股蠻橫殘暴的力量，不是戰爭，而是宇宙的最後景象。」話說回來，大田洋子也在歡慶「珍珠港事件」的那些日本人之列，她說自己當時「感受到無比光輝」。

在小田實的小說《廣島》中，可以找到左派觀點中廣島神話所具備的類宗教元素[28]。在第一六八頁的地方，正當一個年輕甜美的日本女子在醫院病房裡，獻花給生病的馬來亞學生時，原爆發生了。獻花是美麗與純潔的舉動，然而隨之而來的是「不屬於這個世間的呼嘯，像是天要塌下來似的」。某個嫻熟歐洲歷史的日本士兵想到了史詩《伊里亞德》中眾神的怒號。

在小田實的書中，每一個美國白人都滔滔不絕說著種族歧視的鬼話。比方說，書中寫道：「威爾說：『所有的學者都是猶太人』，這些話似乎煽動了肯恩對猶太人的厭惡感，因為他脫口而出一長串難聽的咒罵。世界上最糟的民族是小日本，然後就是猶太人了。」這些文字會讓讀者下定論，覺得廣島原爆是種族主義者的所作所為。不過，在小田實的筆下，日本人也沒有好到哪裡去，歧視韓國人與其他亞洲人。整個故事中唯一高貴睿智的角色是部落裡的美洲原住民，他們的傳統不允許動武。他們的長老坐在沙漠中，看見了世界末日即將到來。書裡這樣寫著：「喬治問：『這真的是世界末日了嗎？』榮恩堅定地回答：『一切都結束了，老弟。整個世界看起來不就跟太陽一樣火紅、比火球還熾亮無數倍嗎？大家會被活活燒死，然後變成焦屍。』」

這個意象來自於佛教的〈地獄變相圖〉，裡頭充滿被火焚身的血腥形象。作家原民喜與大田洋子一樣，都是原爆的倖存者。他寫過一個題為〈夏之花〉的故事，當中描寫了末日降臨前的天之異象[29]，景象凶險，足以媲美好萊塢史詩或蕾妮．希芬胥妲（Leni Riefenstahl）的作品：「天色逐漸暗沉，群山卻愈顯翠綠地發亮；瀨戶內海群島像浮雕一樣出挑。平靜湛藍的大海，看起來隨時都會被最強的暴風雨掀起陣陣狂暴。」這個場景簡直就是華格納版本的世界末日，以「中世紀〈地獄變相圖〉中可怕陰鬱的幽微綠光」收尾。一九五一年時，原民喜臥軌自殺，原因可能是對韓戰感到失望。

畫家丸木位里與丸木俊在一九五零年代繪製了現代版的〈地獄變相圖〉，標題是〈原爆：廣島〉（不是〈一九四五年八月六日〉那幅作品）。我去廣島現代藝術美術館看了這幅畫。這幅繪製在四個板片上的作品，就像是日式屏風，有日本傳統元素，但也有基督教中人類墮落的意象：佈滿駭人傷疤或燒成黑炭的死屍，在閃電之中從畫面頂端一一墜落，而閃電象徵了神的震怒；瘋狗呲牙裂嘴，啣著死屍；燒焦的屍體綑綁在一起；烏鴉啄食屍體的斷肢殘臂；沒有面容的焦黑人形，成群結隊往前行進，彷彿他們正要前往煉獄洗滌身上的罪愆。

掛這幅畫的白牆上，有個牌子寫著：「廣島與現代藝術：『廣島之心』，人類的普世主題」。我端詳了其他展品，發現它們明顯受到藝術家安森·契夫（Anselm Kiefer）的影響。不過，契夫試圖在戰後的文化殘骸中篩檢出德國歷史與「文化」（Kultur），但他的崇拜者顯然只全神貫注在「廣島精神」上。比方說，荒木高子的陶瓷書，就像契夫那些巨大的鉛書作品，標題是〈原爆聖經〉，當中燒焦的經文，寫的是希伯來語。另外，還有上野泰郎的絲版畫〈6-8-1945〉（這個作品倒是與契夫的作品毫無相似之處），畫家用紅顏料與金色斑點，描繪處於死亡痛苦中的人類。

這些作品共同的問題是，除了原爆之外，欠缺更廣闊的世界觀。目錄撰稿人、同時也是藝術教授的桑原住雄注意到這件事，並且引用了畫家香月泰男的話，說廣島呈現全然的孤立狀態。香月泰男的驚悚畫作以西伯利亞的日本戰俘為主題，沒有在廣島美術館中展出。他那些以戰爭為主題的作品，在深度上是日本藝術家中唯一能與契夫相提並論的。他自己本身就是西伯利亞的日本戰俘，然而，他的作品沒有耽溺於自憐自艾。他幾近抽象的黑暗畫風，展現了超越特定事件的殘酷與磨難。比方說，用手印呈現出酷刑牢房牆壁上的斑斑血跡。他在被送往西伯利亞戰俘營的路上，看到過一具浸在血水中的日本士兵屍體。這名士兵因為犯下了殘酷暴行，被群情激憤的中國暴民以私刑處死。香月泰男拿這個「紅屍體」與原爆犧牲者的「黑屍體」相比較。

他說：「在過去的二十年中，大家一而再再而三的述說黑屍體／原爆犧牲者的故事。廣島與奧許維茲變成了二次世界大戰的象徵，這些無辜者的死亡象徵了戰爭的殘酷。黑屍體／原爆犧牲者讓日本人覺得自己是戰爭中的主要受害者，且異口同聲地疾呼廣島事件不能重演！他們講的好像只有投擲原子彈而沒有過戰爭這回事。如果要仔細思考戰爭真正的本質，找尋反戰運動的真正根基，那麼應該要去看的是『紅屍體』背後的故事，而不是『黑屍體』。」

此言不虛，雖然我不認為宗教上的隱喻與廣島彷若地獄般的景象，可以被簡化成只是日本人的自憐自艾，畢竟原爆真的像是地獄一般。佛教〈地獄變相圖〉對日本人所起的作用，很多基督徒應該會覺得似曾相識，尤其是敬虔主義者：對於邪惡事物的沉思冥想，可以帶來救贖；也就是說，直視地獄就能超越。那些成功做到的人，就能提高自身的道德層次，也因此得以超然地宣揚世界和平。無論是東方還是西方的宗教，只要關注普世理想，多半會有這樣的想法。

當然，直視不是你自己創造出來的地獄比較容易。日本人很容易能與廣島受難者產生共鳴，德國人卻不可能對奧許維茲受難者感同身受。日本人犯下的罪行在全人類的罪行中消融殆盡，這讓他們得以同時擁有兩條途徑：民族的與普世的。就民族而言，他們是獨一無二的原爆受害者；就普世而言，他們是「廣島精神」的倡導者。這就是致力於和平教育的日本和平主義者所定義的日本認同。但我忍不住在想，這樣的觀點，跟希望能「內化」奧許維茲、「以感同身受來看待奧許維茲」的眾多德國人的角度，真的有所不同嗎？不管是日本還是德國，民族性終究還是由歷史、道德與宗教精神所構成，而不是公民社會。

用類宗教觀點看待歷史會出現的問題是：除了非世俗的措辭之外，很難用其他方式討論過去發生的事情；絕對邪惡的景象獨一無二，因此超出了人類能夠解釋、甚至理解的範圍，試圖去解釋是很自負而不道德的。如果以上說法適用在奧許維茲，那廣島只是有過之而無不及。弔詭的是，除非相信希特勒那套謀殺式的意識形態，不然奧許維茲就沒有正當性了；廣島事件卻至少還有可辯論的空間。原爆「可能」拯救了某些人的生命、「可能」縮短了戰爭，然而這樣的論點卻與「廣島精神」相互對立。

一九九二年七月，聯合國裁軍會議在廣島舉行。這是日本人多年來遊說的成果，希望能在「世界上第一個發生原爆的城市」舉行一年一度的裁軍會議。起初一切都很順利，直到一名美國哈佛大學的教授提出「廣島原爆終結了二次世界大戰，並拯救了無數日本人的生命」的論點。他還認為廣島事件的恐怖也阻止了從那之後的核戰發生，因此，廣島與長崎事件實際上可能拯救了更多的生命。日本人對這樣的說法氣急敗壞，報紙社論抨擊這位教授沒有從犧牲者的觀點看事情。《朝日新聞》表示「再次覺得反感」[30]，並觀察到，「除非美國人擺脫這種觀點，不然非核國家會對他們大表抗議。」

不過，《朝日新聞》也肯定了這次會議的成功，因為許多與會者是第一次來到廣島，「看到和平紀念館裡面的陳列品與遺物都大感震驚」，還參加「唱誦『為廣島祈福』」。只有英國作家艾倫·布思

（Alan Booth）[31]在《朝日新聞英文版》中寫了篇批評的文章，指出一般舉辦會議的目的，不是為了祈禱、儀式或形成一致的觀點。

在廣島，受難者的觀點被小心翼翼地保護著，並堅持受難者在本質上的無辜。但是，在日本對外戰爭的歷史中，廣島這個城市可一點都不無辜。一八九四年時，日本對中國發動戰爭，前往戰場前線的軍隊就是從廣島出發的，爾後明治天皇甚至把指揮部移到這裡，因而促進了這個城市的富裕繁榮。在十一年之後的日俄戰爭中，廣島再度成為軍事行動中心，也變得更加富裕。《廣島和平讀者文摘》畫龍點睛地寫道：「廣島以軍事中心鞏固了自身的地位，因為明治與大正時代發生的戰事而變得人口稠密與繁榮」。原子彈轟炸那時，廣島是帝國陸軍的第二基地（第一基地在東京）。簡言之，這個城市擠滿了軍人。

井伏鱒二的《黑雨》[32]是少數自原爆中誕生的經典文學作品，即以軍國主義與政治壓迫作為故事背景。故事開始的場景在原爆爆炸中心附近的橋上，就在爆炸發生之前，一群國中生被迫聆聽長篇軍事演說、唱愛國歌曲。書中一再描述爆炸的恐怖景象，最後在幾近尾聲的地方，廣島縣知事發佈了繼續戰鬥的命令：「廣島市民聽著！我們的死傷慘重，但這就是戰爭！」

廣島市民的確是受害者，主要受自己政府的軍事統治之害。不過，當地的和平倡議團體在一九八七年時向市府請願，希望能把日本侵略史也納入和平紀念館，市府卻否決了他們的請求。一群大阪的中學生發起了這個設立「侵略者角落」的請願行動，他們請求館方解釋日本在戰爭中的責任，讓館方人員相當難堪。就像千千萬萬人一樣（每年六萬名孩童），他們看到了原爆後可怕的殘骸：因為極度高溫而扭曲不成形的瓶子、蕈狀雲的照片、碎成片片的衣物、輻射造成台階上詭異的陰影，以及一群血肉模糊、真人尺寸的假人在瓦礫中踉踉蹌蹌，皮膚像溶蠟一樣滴落。

這群大阪的中學生大概是受了老師的激勵，希望能更了解發生過的事情，而不只是參觀這樣一間恐怖屋而已；他們也要求官方正式承認原爆中的部分韓國受難者曾是奴工（大阪和廣島、京都一樣，都還有很多韓國人）。以上兩個請求都被否決了。因此，當地居民組成了一個叫做「和平連線」的團體，成員大多數是基督徒、反核行動者或反對歧視弱勢群體的人。想當然耳，「和平連線」受到右翼民族主義團體的抵制，像是「大日本愛國黨」這類的右派團體，他們經常在和平公園外集結，用小貨車上的擴音器大聲播放愛國歌曲。看起來愛國分子贏了。不過，根據某個和平倡議者的說法，廣島縣政府向來反對設立「侵略者角落」。

弔詭的是，反核分子把原爆攻擊視為罪行，而他們的右翼對手之一並不這麼認為。「憂國維新會」的會長前田和義認為原爆拯救了日本，讓日本免於全面毀滅。但他堅稱日本不應該單獨為戰爭負責，戰爭只是「歷史之流」的一部分。

我問和平紀念館的館長川本義隆為什麼「侵略者角落」的提案被否決。他身穿藍色斜紋呢西裝，是個彬彬有禮的市府官僚。他微笑且耐心地向我解釋：「我們不能在這裡放上那種東西。侵略者在東京，不在廣島。這個紀念館唯一的目的，是要展示一九四五年八月六日那天到底發生了什麼事。」

川本義隆在談話中不斷提及「人類全體」、「世界和平」這類普世性的詞彙，以及特定的民族性。我發現他慣於向外國遊客解釋日本的民族特質，比方說：日本人在悲傷的時候反而會笑、日本人可以無須言語心領神會地溝通、日本人只從主觀角度看事情、日本人了解事物的悲傷本質（「物哀」），諸如此類的特質。我問他：「那年輕的一代呢？他們怎麼想？」

他回答：「年輕這輩不再懂得堅忍的藝術了，而且他們也不知道我們過去的生活是什麼樣子。你看看，他們跑來這裡跟我說日本人也應該為戰爭罪行負責，其實他們根本不知道自己在說什麼。這些孩子只是重複左派的老師說的話而已。」

他繼續說：「用年輕人能懂的方式解釋發生過的事情，是很重要的。這些年輕人不閱讀，所以你得用視覺印象的方式展示給他們看。」我問：「是沒錯啦，但是除了原爆之外，難道不應該教他們戰爭史嗎？」他說：「當然要，但那不是和平紀念館設立的目的。」我問他，那紀念館的目的是什麼？

他笑笑，像是比較放寬心，說道：「你知道，這個紀念館的宗旨並非真的是博物館，這裡是由倖存者打造出來，為犧牲者祈福與祈禱世界和平的地方。人類必須要建立更美好的世界，而這也是為什麼廣島應該不畏艱難堅持下去。我們必須回到事情的最根本，必須思考人類團結一致與世界和平。不然的話，我們會淪於爭論歷史而已。」

「廣島精神」的確無關乎戰爭史，甚至無關乎任何歷史。這也是為什麼奧許維茲是官方唯一認可能與廣島相提並論的地方：其他的事情都太有爭議了，只是「歷史之流」的一部分。一九八零年代末，吳市市長打算建立一座奧許維茲紀念碑，地點就在廣島與吳市之間的一個小鎮。廣島市長大表贊同，支持和平主義的市民團體也不反對這個計畫，但他們堅持應該把「南京大屠殺」的紀念碑也放進計畫中，而且必須要是主要部分。於是，這個計畫悄然無聲地中止了。

有個離廣島不遠的地方倒是可以提醒世人日本歷史的另一面，那裡也與一九四五年八月六日發生的事有所相關。那個地方就是大久野島，是位在瀨戶內海上的一個小小島嶼，從廣島出發大約搭一個半小時的火車與四十分鐘的渡輪，就能抵達。下船後，你第一眼會看到的東西是兔子，在整齊的步道與怡人的草坪上奔跑，像是點綴景色的團團雪球。這些兔子溫馴到可以讓人摸。島上沒有太多東西，只有一間看起來像醫院的大旅館、十九世紀末二十世紀初建築物的斷垣殘壁，以及面向大海彼端內陸的老砲台。靠近堤岸的地方還有一幢小型水泥建物，是「大久野島毒氣博物館」。

這裡曾經是全日本帝國最大的毒氣工廠，製造芥子毒氣等有毒物質，島上那些溫馴的兔子就是當年實驗用兔子的後代。戰爭期間，有超過五千人在此工作，多數是女性與學童。大約有一千六百人因為接觸氫氰酸毒氣、氯化苦毒氣、路易式劑而喪命，有些人則是終生殘疾。根據中國官方的說法，有超過八萬名中國人被這間工廠生產出的毒氣所害。日本軍方對這個地方守口如瓶，甚至讓大久野島直接從日本地圖上消失。

戰爭結束後，這裡仍鮮為人知。一九四五年美軍登陸的時候，拿走了資料，把大量的毒氣桶丟進海裡，並且放火燒了工廠。旅館現在的所在地就是以前主要工廠的地點，那裡還看得到發電機殘骸與一些儲藏倉庫。直到一九八零年代，年輕的日本歷史教授吉見義明從美國人的資料庫中挖掘出一份報告，世人這才得知日本人在大久野島上與附近儲存了一萬五千噸的化學武器，且有兩百公斤的芥子毒氣桶就埋在廣島的土地下。

很多倖存的工人後來都飽受慢性肺疾之苦，他們在一九五零年代時要求官方正式承認並補償這件事。政府拒絕了他們的請求，因為補償這些工人就等於正式承認日本軍隊曾經涉及不法。日本教科書上光是簡短提到化學戰，文部省便火速拿掉這些內容。

不過，對於毒氣工廠的記憶從未徹底消失。能夠證明自己為毒氣所傷的倖存工人，在一九七五年時終於拿到部分補償；一九八五年時，為了紀念戰時死於島上的工人而建了一座小型紀念碑；在倖存工人的奔走之下，一座小型的博物館在一九八八年時成立，套句博物館導覽冊上的話：「為了傳遞歷史真相給未來世代。」

這個小博物館只有一個房間，館長是個短小精悍的男人，名叫村上初一。他看起來強壯結實，活像職業拳擊手。一九四〇年時，十四歲的他在這間工廠擔任守衛，薪水很高，且當時他內心充滿了「自我犧牲的精神」，希望能幫助國家打贏戰爭，同時這也是在軍隊中爭取升遷的方式。村上帶我看那些令人發毛的展品：戴著防毒面具的木馬、毒氣攻擊下的受害者照片，皮膚上潰爛的傷疤膿腫讓他們不成人形、舊的毒氣桶、女學生在工廠中庭練習劍道的畫作、軍官在陽光下咧嘴而笑的團體照。

村上初一的解釋一針見血，他沒有長篇大論的說教，也沒興趣解釋日本人的民族特質。他給我的感覺是一個真誠的人。他告訴我，如果不是看到那些從美國拿回來的檔案，他對這裡的記憶不會這麼鉅細彌遺。我問他成立這間博物館的目的是什麼，他說：「在高喊『不要再有戰爭』之前，我想讓大家看看戰爭究竟是什麼。單從受難者的觀點看待過去，只會助長憎恨的情緒。」

我又問他對廣島的和平紀念館有何想法。他說：「在那裡，很容易就會覺得自己是受害者。但我們必須理解到，我們同時也是侵略者。我們所受的教育是要為國家而戰，為國家製造毒氣，活著是為了戰鬥，而打贏戰爭是唯一的目標。」他看起來越來越像拳擊手，瞇著眼睛，拿拳頭打手掌心，說：「你看，當你跟別人打架、揍他、踢他，他當然會打回來、踢回來。只有一方會贏。我們要記得些什麼？我們想到的到底是挨了揍、還是自己才是始作俑者？不去思考這個問題，就不會有和平。」

隔天，我再度回到廣島，漫步的時候思考了村上這番話。當小學生問我對於和平的想法時，這些話絲毫沒有減低我的侷促不安。日本人把毒氣埋在廣島土地下這件事，不會減損原爆的恐怖，不過它讓我們得以從歷史的角度看待和平公園與其中所有的神龕：把過去發生的事從神手上拿走，重新放置在會犯錯的人類手上。

第五章 南京

一九三七年十二月中旬，日本帝國陸軍攻陷南京後，發生了「南京大屠殺」，此時距離日軍正式侵略中國還不到半年的時間。南京是國民政府的首都，因此，佔領南京在日本企圖征服中國的戰事中，儼然就是最大獎。在日本，報紙以頭條標題報導，也有全國性的活動慶祝攻陷南京。長達六星期的時間，日軍軍官縱容麾下士兵胡作非為。上萬、甚至是數十萬的中國士兵與從其他城鎮逃來的難民被殺，雖然精確的數字並不清楚（中國人說有三十萬人）。無數的婦女被強暴、肢解、殺死，她們的年齡介在九歲到七十五歲之間。

數字無法傳達在南京發生的殘暴事件，不只在南京，在中國其他的鄉鎮城市也一樣；數字也無法解釋為什麼這樣的事情會發生。這是精心謀劃、為了讓中國人因恐懼而服從的策略嗎？軍官層級牽涉事件之中，顯示這種說法的高度可能性；但也可能是因為日本部隊在嚴冬的中國土地上行軍，舉步維艱，又沒有合理的軍餉與配給的情況下所導致的後果；或者，主要是一群農民兵失去控制所造成的？抑或是，這一切只不過是戰爭無可避免的後果，像很多日本人堅稱的那樣？

在日本的時候，有人給了我一本小冊子，標題是〈南京暴行〉。雖然這本小冊子是用日語寫的，但標題裡的「暴行」一詞卻是直接使用日文拼音的英文字[33]，就像是日語裡面沒有相對應的字眼似的。

其實，日語中有很多可以表達殘忍、暴力、殺戮、屠殺的字，不過英語中「暴行」一詞所傳達的不只是戰爭無可避免的殘忍，更是恣意犯下殘忍罪行、違反法律與人類正義準則的行為。日本人不是缺乏這些行為準則，也不是在道德上無法理解這些概念，但「暴行」這個字是來自西方的現代詞彙，跟「人權」、「女性主義」、「戰爭罪行」一樣。對右翼民族主義者而言，這個字有左派色彩，有顛覆與近乎是反日本的意涵。

一群造訪過南京、打算找出更多大屠殺資訊的高中老師，編輯出版了這本小冊子。裡面有中國目擊者的陳述、主要刑場的地圖、南京紀念館裡陳列的一些相片。雖然日本人很熱衷於影像紀錄，關於這場暴行他們倒是沒有留下太多資訊，或許是因為當時的審查制度很嚴格。不過，這些大半由西方傳教士所拍攝的照片與短片已經足以讓人印象深刻。在日本攝影師、中國或外國目擊者拍攝的照片裡，可以看到中國人被拿來當作刺刀練習的對象、被機關槍掃射倒下掉進坑裡、嚇壞的女人光著身子蜷曲躲在水稻田裡，試圖掩蓋自己的私處、日本士兵用長刀砍掉人頭、揚子江畔堆積如山的屍體、陰部被竹子貫穿的女屍。

導演貝納多・貝托魯奇（Bernardo Bertolucci）在電影《末代皇帝》（1987）中，使用了從這些短片中擷取的部分影像。這部片在日本上映時，片商「松竹富士」在未告知導演的情況下決定將這些場景刪除。貝托魯奇發現了這件事，片商辯稱因為該片的英籍製作人認為這些短片「對日本人來說口味太重」，所以他們擅自推測製作人可能會想刪掉這些場景。貝托魯奇與英籍製作人都氣炸了，「松竹富士」這才復原被刪掉的部分，並且為「超大的誤會」道歉。

沒有證據顯示片商是因為政府或任何人的壓力而做出此事。最有可能的解釋是他們希望能避免任何負面宣傳，畢竟極端的右翼團體令人生畏。而且，在日本有爭議的事情總是會讓人很尷尬，有時甚至很危險。因此，深入探究可能會帶來不必要關注的議題，需要很大的勇氣。

南京大屠殺就屬於這類議題，因為這個事件已經變成戰時日本在亞洲眾多野蠻行徑的主要象徵。東京審判期間，南京的地位就如同紐倫堡大審中的奧許維茲。作為象徵，南京大屠殺就跟奧許維茲、廣島一樣易受操弄，也很容易就變成神話。

在學校，緘默殲滅了爭議。一般的高中教科書裡只寫著：「日本部隊在一九三七年十二月佔領南京。」註解：「根據報導，日本部隊當時殺了很多包括平民在內的中國人，因此成為了國際輿論批評的焦點。」就這樣，沒有別的敘述。但就算只是這樣兩句，保守的官僚與政治人物還是覺得太多了，他們希望整段文字都被刪掉。

也難怪當中學老師森正孝播放南京大屠殺的紀錄片給學生看時，他們會那麼震驚。森正孝是〈南京暴行〉小冊子的編輯之一。他要求學生在看完影片後寫下心得感想。學生的反應相當一致，比方說，十三歲的女孩律子寫下：「說到戰爭，我總是想到廣島與長崎，但原爆其實發生在一九四〇年之後。原來日本人在那之前做出更糟糕的事情。這些影片看起來好不真實。以前我只認為日本是戰敗國，但我們日本人應該要知道在一九四〇年之前發生了什麼事。片中讓我印象最深刻的畫面是日本士兵笑著看中國人被殺死。他們怎麼能這樣?我無法理解那時的日本人到底在想什麼……」

這些學生首度意識到日本人也是侵略者,他們的震驚是意料中事。就算不是全部,大多數參與「和平教育」的老師都抱持著左派觀點,森正孝也不例外。雖然他大可指望曾經頗具影響力的「日本教師聯盟」的支持者,但很少有人像他一樣如此投入。他告訴我,他的同事與其說是反對,還不如說是一派冷漠,對於有爭議的事情他們大多畏縮不前。與戰時歷史相關的影片與小冊子[34]只在小圈圈裡私下流傳,給那些有相同想法的老師當作補充教材,因為教育部審查過的教科書上,對於這段歷史只有閃爍其詞的官方說法與概要式的解釋。

這樣的政治觀點必然是簡化的:日本人是「侵略者」、「侵略」中國、日本人的行為「有罪、殘忍」、中國人不是「英勇的反抗者」就是「無辜的受害者」。森正孝在一本小手冊裡寫到他造訪南京的事,在那裡他覺得「從侵略者的角度看待歷史很痛苦,但有其必要」。這正是他要求學生做的——從侵略者的角度出發,而非認定日本人是受害者。

十四歲的安子在一九九一年時寫下:「我們時常聽聞納粹殺人有多麼殘酷可怕,沒想到日本人也是如此駭人聽聞。日本人在砍下中國人的頭顱時,臉上那些詭異的笑容是怎麼回事?為什麼他們在殺人時還笑得出來?那些掛在竹竿上的斷頭讓我好想移開視線……」

影片的主要目的不是歷史紀錄,而是指責「天皇制度」下好戰的種族沙文主義,認為它是戰爭暴行的罪魁禍首。不過,讓森正孝的學生印象深刻的是那些詭異的笑容。

「當時的日本人」——也就是自己的父祖輩——施暴時面帶笑容的邪惡影像，挑戰了官方談及過去時的推諉說詞。透過凝視「南京地獄」，以感同身受的方式（感同身受作為侵略者）去看待歷史，森正孝說：「這些孩子才能創造未來，與亞洲其他國家的人攜手前行。」

如同我之前所言，這是政治觀點。露絲·潘乃德在她的書《菊與刀》[35]中，區分了基督教的「罪惡感文化」與儒家的「羞恥感文化」。森正孝的態度讓我對這樣的區分產生疑問。潘乃德在戰爭時期寫了這本書，目的是要協助美國情報局官員了解日本人的思維。她認為，「依照定義，『罪惡感文化』指的是會反覆灌輸絕對道德標準與指望人會自身發展出良心的社會」，「但是在以羞恥心作為主要制裁力量的文化中，那些我們覺得應該要有罪惡感的行為，只會讓人覺得不安」。這種「不安無法被緩解，但罪惡感卻可以透過懺悔贖罪解除」。「既然把做過的錯事公諸於眾、甚至向特定人物告解，並不會讓人覺得鬆了口氣，那麼只要這些壞事沒有讓全世界都知道，犯錯的人就不需要為此苦惱，且認為懺悔只會帶來麻煩」。

這是社會人類學家闡釋人類行為時，很典型的機械論觀點。不能說是全錯，但充其量只能提供有限的解釋，因為有太多例外了，比方說很多德國人壓根兒不想懺悔；而包括森正孝在內的很多日本人，卻竭力把自己國家的罪愆公諸於世，絕對是想贖罪的表示，這也是為什麼他們前往中國與東南亞，向以前的受害者道歉。總之，罪惡感與羞恥心不像班乃迪克所言，能夠那麼容易區分開來。某些德國人誇張的親近猶太人，到底是個人的罪惡感、還是民族的羞恥心所致？年長的日本遊客在中國旅行時，熱情洋溢地跟每一個遇見的中國人打招呼，就像是與失散多年的好友重逢，這跟上述的德國人有何不同？而且，心理學家密雪利希夫婦在《無能哀悼》一書中寫道：「否認的過程，同樣地擴及到感到罪惡、哀悼與羞恥的時刻……」他們這樣寫五零年代的德國人：「就算肯承認記憶屬實，也只不過是為了平衡自己與他人的罪惡感罷了。德國人聲稱很多恐怖事件之所以無法被避免，是因為受敵人犯下的罪行所擺佈。」很多日本人都這麼說過，時至今日仍舊如此。這也是為什麼森正孝那麼堅持要他的學生從侵略者角度審視過去。

那些孩子顯然全都嚇壞了，極端暴力中的嬉戲感總是讓人無比震驚。黨衛軍樂於把折磨集中營囚犯的固定行程，稱作「遊戲」：命令奄奄一息的老人做不堪體力負荷的勞動，這是「遊戲」；把猶太拉比打得半死還叫他們互揹，這也是「遊戲」。不只要摧毀受害者，還要羞辱他們，殺戮這檔事於是參雜了嬉戲娛樂。折磨與殺戮中的創造力，在本質上變成某種娛樂。因此，南京大屠殺的故事中最臭名遠播的是一則比賽故事，絕非偶然。這個故事不是最糟糕殘暴的那種，但充滿了杜撰虛構的元素，讓人很容易發揮想像力。這個故事充斥著無所不能與史詩般邪惡的敘事，並且在事件據傳發生的四十年後，成為日本人激烈「辯論」的主題。

故事是這樣的：年輕的日軍上尉N與上尉M在前往南京的途中，決定要測試一下自己的劍術，於是他們相約誰先砍下一百個中國人的頭顱，誰就是贏家。他們一路斬殺中國人，還以武士風格剝下受害者的頭皮。最後，上尉M斬了一百零六個人，N則是一百零五個。

東京某大報給這個故事下了簡短有力的標題〈誰會贏？兩個人都聲稱有八十個了〉[36]。南京博物館裡，有張兩人年輕氣盛的報紙照片。上尉N在報導中吹噓說，他斬了五十六個人頭，祖傳的劍可是絲毫無損呢；下一篇報導的標題則是〈快投情報〉，這是在政府的新聞審查還沒禁止棒球詞彙這種危險的美國用語之前。

不過，上尉M在歸國後改口了。他在母校的演講中提到，自己只有在實際戰鬥中砍了四五個人的頭，至於其他的嘛……他說：「我們佔領南京之後，我面向壕溝站著，叫中國囚犯往前走。這些中國士兵實在很笨，就這麼拖著腳掉進壕溝裡，一個接著一個。於是我砍了他們的頭，清潔溜溜。」[37]不過，就連這番話可能也是自吹自擂罷了。有個在南京打過仗的日本退役老兵告訴我，這類故事通常是記者捏造出來的，或至少是誇大其詞，當時，記者得要寫些英雄故事好娛樂大後方民眾。

總之，百人斬的故事在日本很快被遺忘，在中國卻成為了戰爭傳說的一部分。《朝日新聞》的知名記者本多勝一在南京聽到這個故事，把它寫成一系列報導文章[38]，之後收錄在一九八一年出版的書《中國之旅》中。這本書激發了森正孝想更深入了解戰爭的念頭，在右翼民族主義者的圈子裡也引起漣漪。素以比較日本人與猶太人的著作出名的山本七平，寫了一系列文章攻擊本多勝一的報導。還有一些每逢國家臉面掃地必定會挺身而出的知識分子，也加入攻擊的行列，於是整件事情發展成「南京論爭」。一九八四年時，田中正明出版《捏造「南京大屠殺」》一書[39]，反對本多勝一的觀點。

批評者把民族主義知識分子叫做「御用學者」。這個字很難翻譯成英文，意思大概就是按照政府吩咐做事的「官方學者」。這些人（通常是男性）的學術評價不高，特別是在歷史學的圈子中，當時很多歷史學家仍是狂熱的馬克思主義者。儘管如此，「御用學者」經常也是電視節目名嘴、講師、流行雜誌的撰稿人，因此對公眾輿論有很大的影響力。事實上，他們都不是專業的歷史學家，比方說田中正明是退休的記者。

在日本，所有與戰爭有關的辯論幾乎都在大學以外的場域進行，參與者多半是記者、業餘歷史學家、政治專欄作家、公民權益行動者等。這也意味著像田中正明提出的這種理論，再怎麼荒唐可笑也從未被專業歷史學家嚴詞駁斥。其中一個原因是當時日本沒什麼現代史學家。戰爭結束前，沒有任何重要的學者會撰寫與現代歷史相關的事情，因為那太危險顛覆、甚至有褻瀆之意，畢竟天皇體系是神聖的。研究現代史不怎麼有學術價值則是另一個原因，因為現代史太流動、太政治、太有爭議了。在一九五五年之前，東京大學甚至沒有研究現代史的學者，歷史研究停留在十九世紀中期。即便在今天，資深的歷史學家還是認為把現代史留給記者去做就好。

對南京大屠殺持反對論點的說詞倒是不複雜，田中等人指出：一個人單憑一把刀就砍下一百個人頭，那是人力所不能及之事，因此日本部隊根本不可能在幾星期之內殺掉超過十萬人。田中寫道，當年的日本報紙並未報導有什麼屠殺，怎麼會在「東京戰犯審判」時就突然出現了？他承認在兩軍交火時確實有些無辜的人被殺害，但數量少到不值一提；他也承認有些士兵無疑地有點粗暴，但那是「戰爭心理」所致。總之，他的結論不能免俗地又提到了廣島，說冷血謀劃下的廣島原爆才是更糟的罪行。他說：「不像在歐洲或在中國，整個日本史上，你找不到任何例子是這樣有計畫、系統性的殺戮。」這是因為日本人與歐洲人、中國人相比，有「不同的價值觀」。

日本人是否有更細緻優雅的價值觀這件事，我們暫且按下不表。田中所指出的系統性謀殺，倒是值得注意。既然南京大屠殺象徵著暴行，同時也被當作是日本版的「猶太人大屠殺」，區分清楚很重要。反對「御用學者」的左翼分子，也認為南京大屠殺不是有系統的殺戮。比方說，歷史學家家永三郎不否認南京大屠殺的規模與淒慘程度[40]，但「這有可能是中日淞滬會戰後，日軍遭遇中國人頑強抵抗後的報復」。家永三郎向來猛烈批評傳統的保守觀點，資歷之深，無可非議，就算這種立場對他的學術生涯毫無幫助。然而，就連他也說出所有辯解者會說的話：「在戰場上，人要面對的是極端的生存問題：生或死。因此，就心理學層面而言，極端行為或許是無法避免的，就算在道德層次上仍是不被允許的。然而，遠離戰場上的危險與軍令之後，在理性計畫下所執行的暴行，就是邪惡野蠻的行為了。我們「盟友」德國人的毒氣室、我們敵人美國人的原爆轟炸，都是經典的例子。」

不只在日本，其他地方的馬克思主義者更進一步闡述這個論點。海諾．穆勒說過「奧許維茲是啟蒙時代的最終階段」[41]，他認為「原爆轟炸是末日審判的科學替代品」。照他的說法，唯有把戰爭人性化，也就是用真人對真人的戰鬥來取代科學式的殺戮、取代「戰爭是相互接觸、是對話、是自由時間」的說法，才是解決之道。

換句話說，就是把戰爭當作遊戲。如果百人斬的故事是南京大屠殺的隱喻，那它還比毒氣室與原爆轟炸有人的味道或至少是人做出的壞事；南京大屠殺不是某種超自然天啟，也不是徹底消滅一整個民族的計畫——呃，可能吧！但問題的癥結點在於：為期六週的南京大屠殺中各種姦淫擄掠、濫殺無辜，是否還能叫做戰況激烈下的極端行為？這個問題一針見血，尤其是讓這種極端暴力正當化的意識形態，教導了侵略者「殺害次等民族是符合天皇旨意的行為」。

右翼民族主義者尤其不願承認最後這點，而這也正是左派教師、行動者、學者希望加以強調的。森正孝拍攝的影片，一開頭就是代表皇室家徽的菊花紋章，伴隨軍隊踢正步的聲音。對左翼分子與自由主義者而言，南京大屠殺象徵了崇拜天皇與天皇制度的人所支持的日本軍國主義，也因此是戰後和平主義運動的基礎。此外，憲法第九條有存在之必要，以防止南京大屠殺再次發生。右翼民族主義者則持相反觀點，他們認為天皇必須重返為國家的宗教領袖，必須修正憲法第九條好讓日本再度合法擁有軍權，如此才能復興真正的日本認同；也因此，包括南京大屠殺在內所有的極端侵略，都必須省略不提或徹底否認。

南京大屠殺這個象徵背後的政治力量如此分歧又根深蒂固，以至於無法從史學上理性討論一九三七年究竟發生什麼事。其中一方越是堅持日本人有罪，另一方就越堅決否認。「南京論爭」中，兩方的辭藻都不理性也沒有歷史根據，其中修正主義者更是如此。田中正明在《捏造「南京大屠殺」》一書中，指責本田勝一與自由派報紙散播「敵方政治宣傳」。為田中的書作序的渡部昇一則是攻擊本田散佈「東京審判版本的歷史」，不只把罪行強加在「當年的日本人與日本軍官身上，還牽累所有的日本人與後世子孫」。渡部昇一是知名的修正主義者，如同田中正明，他也不是歷史學家，而是英國文學教授。

雖然這些人只有二流的學術地位，但不能因此就把他們歸類為無聊蠢蛋，他們的影響力可不只侷限在極端主義者的圈圈裡，不像那些宣稱猶太人大屠殺沒發生過的人。他們的言論頗有市場，有實力的右翼政治人物也都支持這些修正主義者。擁有高人氣、能言善道的前首相石原慎太郎，與渡部昇一合寫《能說「不」的日本》一書，書中否認南京有發生過任何不尋常的事。一回，石原慎太郎在接受雜誌《花花公子》訪問時，提到對南京大屠殺的想法，他說：「大家總是說日本人在那裡屠殺中國人，但這不是真的，是謊言，是中國人編出來的故事，好讓日本人的形象受損。」

自由派左翼人士聽到他這番話，當然很火大。這些通常是社會上少數的社運者決定要鬧一鬧，於是組成了一個團體，叫做「拒絕容忍石原慎太郎言論的京都市民會」。他們出版了一本小冊子，上面刊載了石原對輿論批評所做出的回應。石原有稍微妥協，他寫道：「原爆中死去的台灣人與韓國人當初被迫來日本工作，因此的確是無辜的犧牲者。」但他不覺得有必要修正自己對於南京大屠殺的看法。他說，日本人應該要從自己國家的角度看待歷史，因為一旦「依賴外國人的資訊，就有可能失去理解自家歷史的能力，畢竟外國人用歷史來作宣傳」。這又是另個版本的「透過認同之眼看待歷史」。

石原慎太郎的這番言論，讓我決定在一九九一年夏天造訪南京。當時，我待在一個悶熱的旅館房間裡，這家旅館座落在鬧街上，街道兩旁種滿樹。這區以前是西方使館與醫院的所在地，在一九三七年南京大屠殺時也是所謂的「安全區」——雖然不是真的安全。日本軍隊仍會進來搜捕中國人，看看有沒有中國士兵躲在這裡。那些手上長滿老繭的人會被當作是農民或工人，因此能夠逃過一劫；其餘的被歸類為士兵，日本人會帶走他們，處決之後把這些人的屍體丟到河裡去。

我們聚集在這裡，準備參加以南京大屠殺為主題的研討會。這群人形形色色，什麼樣的人都有。主持會議的是兩名華裔美國人：一名商人與一名住在紐約的牙醫。一九三七年南京大屠殺發生時，這名商人正值童年時期；牙醫則是在戰後才出生。他們說自己與會是出自愛國心。其他與會者包括一名學校老師、一名律師、幾位大學教授，出乎意料地還有一名便衣警察，他們來自中國各地。有個年邁的美國人也參加了這次聚會，他的父親在戰爭時期是派駐在中國的記者。他隨身攜帶一大塊紙板，上頭貼有日軍暴行的新聞照片。他四處張望，覺得誰夠格的話，就把珍藏秀給那個人看。此外，還有各式各樣的日本團體，有男有女，大多數是學校老師，其中一位是森正孝。

本來這應該是場大型研討會，預計有更多代表參加，場地也是在南京大學的演講廳，但是中國政府在最後一刻拒絕放行——至少那兩位華裔美國人是這樣告訴我們的。他們臆測可能是因為日本首相突然造訪北京，而中國政府當時正在向日本申請優惠貸款，因此一場討論日本戰爭罪的正式會議可能不太妥當。不過，由充滿熱忱的人所組成的非正式集會，看起來就沒什麼關係了。畢竟，稍稍戳刺一下日本人的良心可能還不錯。

我們喝著茶，等待幾位大屠殺中的倖存者過來，他們答應要說一說自己的親身經歷。與會的日本人幫大家拍照，他們大多四十來歲，有些男性留長髮、女性則多半穿牛仔褲。他們全都不會說英文或中文，因此由那位在日本讀過書的華裔牙醫幫忙翻譯。

耽擱了點時間後，那些倖存者來了：一名女性與三名男性。他們的皮膚曬的黝黑粗糙，看起來是終其一生都在戶外工作的那種人；他們都穿著樣式簡單的藍色衣服，男性頭上戴著解放軍帽。其中一位時常咧嘴露出笑容，牙齒所剩無幾，他是第一個開口說故事的。他說，日本人無聊時會往河裡丟手榴彈，然後叫他去抓炸死的魚，之後再拿火炬貼近他的皮膚，說要「烘乾」他。後來，他們用機關槍把他打落河裡，幸好他設法活了下來。他說，日本政府應該要給他補償金。

接下來，是那名女性的故事。她把褲腳捲起，露出一條長長的棕色傷疤。有些日本人趨前拍照。她說，那時她才兩歲，日本人拿刺刀捅她。其餘的她不想再說了，因為回憶起來實在太痛苦。不過，她再三強調，日本政府應該要給她補償金。

接著講話的是一個短小精悍的男人，他說，一九三七年的時候他十七歲，日本人把他從自家拖出，跟其他人一起帶到鋸木廠。他們的衣服被脫掉，被迫跪在地上。然後，日本人用斧頭砍他們，一個接著一個。他的頸部嚴重受傷，但幸好還是設法逃走了，回到家卻發現屋子燒得一乾二淨。他給我們看傷疤，說日本人應該要給予補償金。

森正孝問了些問題，他想知道更多細節：事情發生的確切時間？幾點鐘？天氣怎樣？在哪裡？

於是有人畫了張地圖。這些問題可能讓有些人覺得粗魯或者咄咄逼人，但我很欣賞他的頑固與不屈不撓。對他而言，事實根據比情緒展露來的更重要。

第四位生還者告訴我們，他跟其他五千個人如何被帶到河邊。他的聲音很不耐煩，聽起來就像是重複講太多次同一個故事。他的眼神渙散，不過說出來的故事非常嚇人。他說，日本軍官騎在馬上，叫中國人排成一列，他都還記得他們掛在身側的武士刀。他牽著弟弟的手，他爸站在他倆後面。然後日本人用架在河岸的機關槍掃射他們，所有人都死了，他爸跟他弟也不例外。日本人為了確保沒有活口，用刺刀捅任何還會動的東西。他裝死，整整三個小時動也不動，躺在血流成河的屍體堆中，因此逃過一劫。日本人把汽油倒在屍體堆上時，他設法在著火前努力爬出逃生。

室內一陣靜默。一名日本女性用粉紅色手帕輕拭淚水。某位日本老師站起身來用日語演講，根據名片上的資訊，他應該是代表「深思與銘記亞太地區戰爭受害者論壇」來參加的。他的話被翻譯成中文，他說：「我們想要讓大家知道，過去發生的種種不能只怪罪軍國主義，此時此刻的我們也有責任。這就是為什麼我們決定每年八月十五日都來南京，因為唯有受難者的靈魂能激勵我們，讓我們暢談和平。透過聆聽，我們覺得中日雙方能搭起友誼的橋樑；藉由你們的故事，我們攜手向世界和平邁進了一大步。」

一個來自南京的醫生閉眼唱起歌來，用手打著節拍。四名倖存者都微笑了，其他中國人也加入一起唱。他們唱的是首老歌，紀念一九三一年九月十九日發生的瀋陽事件，那也是日軍併吞滿洲的開端。唱完歌後是一名中國律師激烈狂熱的演說，他攻擊「日本軍國主義」，並自稱熱愛和平。他指責石原慎太郎冒犯了中國人民，尤其是南京人，他說：「我們需要所有愛好和平者的支持，好抵抗日本軍國主義復甦。」

這間陋室又熱又擠滿了人，煙霧彌漫，空氣混濁。生還者渴望展示身上的傷疤，我邊看邊覺得反胃。雖然我贊成日本政府應當全盤托出過去發生的事情，也同意他們在補償金方面實在太小氣了，但是聽到自以為正義的陳腔濫調，我火都上來了：就在這個領導人才剛命令軍隊鎮壓人民的國家裡，所有討論都針對日本軍國主義的復甦，然而整場會議卻把軍國主義講得好像是日本長久以來的問題，甚至講成是日本人與生俱來的缺陷。

我問其中一位生還者，他從何時開始公開講述自己的戰爭經歷？他說一九八二年的時候。我又問他為什麼直到那時候才講？他提到那時的日本教科書醜聞。事情是這樣的：日本文部省下令重編教科書，否認日本在侵略戰爭中的責任。這則新聞在一九八二年傳到中國之後，中國政府挑選了一些南京大屠殺的生還者，要他們站出來，說出自己的故事。在這之前，官方才不理會他們，這裡頭有個生還者沒提到的緣由：南京在戰爭時期是蔣介石國民政府的首都，跟共產黨力抗日本法西斯主義的故事迥然不同。那位生還者說：「大概是有政治因素的考量吧！不過我們的感覺不會因為這樣而有所不同啊。」

根據日本報紙報導，一九八二年的教科書事件，爭議點在於把「侵略」（中國）一詞，改成「前進」

（中國），並刪除了有關南京大屠殺的段落。其實這件事發生在一九八二年以前，一直也都充滿爭議。說教科書事件發生在一九八二年是毫無根據的，於是保守派報紙《產經新聞》為了這個錯誤報導而向讀者致歉，《朝日新聞》則沒做任何表示。不過，對中國政府來說，這些爭議來的正是時候，因為當時中共領導人鄧小平正被黨內的對手與軍方攻擊，說他對美國與台灣的態度太過溫和。當時，就在日本首相打算訪問北京前，日方貿易代表團正好造訪台北。在傷口上灑灑鹽，雖然讓日本人難堪，但對鄧小平來說不無幫助。

教科書爭議正好讓中國有了提起南京大屠殺這事的機會。於是，中國政府決定蓋專門的紀念館。那是個淒涼又可憐兮兮的地方，位在窮困的郊區。館址周遭的村落，與當初日本人來時相比，應該沒多大改變：用磚與泥塊蓋成的矮房子、窄巷裡擠滿玩泥巴的小孩、大家都騎腳踏車上市場，車把上通常還綁著咯咯叫的雞。據說，這裡就是大屠殺的事發地點。有人跟我說，泥土地底下還有人骨。

紀念館是棟水泥建築，周圍有一個大型的石頭公園。大小形狀不一的石頭上面，刻著大屠殺發生的各個地點與死亡人數。紀念館大門上頭有一行大大的字，用中文與英文寫著「三十萬名犧牲者」。沿著建築物內的走廊兩側，是用玻璃保護著的長型沙坑，裡頭放置了據說是犧牲者的遺骸。潮濕的天花板上掛著佈滿灰塵蛛網的窗簾。主要展示間裡有塊告示牌，解釋說這個紀念館是為了「紀念抗日戰爭勝利」而建，希冀「教育鼓勵群眾加倍建設中國，支持和平獨立的外交政策，以及推進中日關係的友好發展與促進世界和平」。

展品中最耐人尋味的，是當年日本軍隊現場指揮官的正式派令。文字比模糊不清的暴行照片透露出更多訊息，比方說，指示大規模殺戮的用字是「收拾」、「特別處理」。我還看到之前看過的紀錄短片：被丟進土坑裡的屍體、開腸破肚的女屍、臉上掛著笑容的劊子手。影片結尾有一段話：「南京遭逢此難，在世界對抗法西斯主義的奮鬥中，貢獻無比巨大。」

我走出紀念館，看到日本年輕教師團中的某位成員。他換穿了袈裟，轉動手上念珠為亡靈祈福，同行成員則在一旁拍照。該團中某位年輕女性遞給我一本有趣的小冊子，裡面有以前來過南京的該團成員所寫的文字，其中的情緒再度挑戰了潘乃德所謂「羞恥心文化」與「罪惡感文化」的區分，甚至這些文字中使用到「羞恥心」的地方，隱含的意義跟西方概念中的罪惡感根本如出一轍。

例如，有個日本訪客這樣寫著：「我來之前就知道不會太好過，不過到達事發現場後，發現中國人竟遭受如此罄竹難書的暴行，他們的憤怒悲傷讓我坐立難安。做為那些日本人的後代，我覺得很崩潰。我覺得很迷惘，不過我一直不斷想著死者應該要為自己說話！南京大屠殺的受害者應該起而攻擊我們日本人！在戰後活著的我們，卻沒有全盤托出過去發生的事實，這讓我們不可能假裝自己有全新的史觀，卻絲毫不感到丟臉。」

我在南京的最後一站是個叫做「雨花台」的地方，這裡曾經戰況慘烈，長達三天，現在則有座難看的紀念碑，紀念這裡發生過最慘烈的屠殺。一片樹林隔開了巨大如陽具般的高塔與紀念雕塑，雕塑主題是中國無產階級英雄勇敢抵抗法西斯主義。中國戰犯法庭審判了百人斬故事的主角上尉M與上尉

N後，在此地處決了他們。

上尉M的女兒在具有民族主義傾向的雜誌上發表過一篇長文，該雜誌一直以來都攻擊「東京大審判」的史觀。她認為本多勝一無恥地侮辱了她父親的名譽。她說，他難道一點都沒想過遺族的感受嗎？她父親一心嚮往的不過是中日友好與和平，本多勝一散播這些謊言讓她父親在九泉之下如何安息？她跟父親的亡魂說完話之後，導遊呼喚她趕緊上巴士，要準備前往下一站了。她說：「那我就捧起一抔紅土，包在手帕裡。我覺得這抔土中有我父親的氣味。」

在教科書爭議事件與裕仁天皇逝世之間的那段時間裡，也就是一九八零年代中後期左右，發生了件有趣的事情：一小群日本帝國陸軍的老兵開始在公開場合裡述說他們的戰爭經歷。他們用錄影帶錄下的證詞，在私人策劃的展覽中播放，比方說在東京天主教教堂中展出的「為和平而戰」。這群七八十歲的人，當年多半是小兵或低階軍官。或許是因為來日無多讓他們願意開口，也可能是因為他們的長官大半已不在人世，所以講出來比較沒壓力，也不用幫誰保留顏面。裕仁天皇過世後也發生了一樣的事情，一切像是突然解禁了。一如某個年輕的歷史學家所言，天皇是長官中的長官哪！

其中一位老兵是來自京都府的商人東史郎。他在一九八七年時首度發表公開演說，造成轟動。電視節目製作團隊與報紙記者爭相前往他居住的海邊小城鎮，錄下他的證詞；右翼愛國分子威脅要他的命；他所屬的老兵團體則是抵制他。無論如何，他不願再保持沉默。他也真的再三演講，彷彿餘生緊繫於此。東史郎在一九三七年冬天時，待過南京。

一九九二年時，我去京都東邊的小鎮拜訪他，那時八十一歲的他到車站來接我。身材矮壯、國字臉、一頭染成黑紫色的頭髮，讓他看起來比實際上年輕。對此他很得意，一直要我猜他幾歲，我說大概六十五歲吧。從車站開回他家的路上，經過群山環抱中的稻田，景致秀麗。他打開車子前座的雜物箱，拿出銅製指節環，套在手指上，他說是為了以防萬一那些右翼分子想幹嘛。

東史郎的家是傳統日式建築，有榻榻米與和室紙門，屋子內擺滿了中國藝術品。牆上掛有中式卷軸畫，可以推拉滑動的紙門上繪有中國山水，出自北京的畫家之手。東史郎說，有些是中國共產黨高幹送的禮物，為了答謝東史郎照顧他在日本讀書的兒子。

東史郎的妻子端茶給我們，我們邊喝茶，他邊講故事。他就出生在這個海邊小鎮，他爸爸在這裡生意做得很不錯。他從小就被寵壞，年輕時放蕩不羈，把零用錢都花在鎮上的妓院裡，以至於一九三七年入伍時深受性病之苦。

軍隊生活很苦，但他從沒質疑過為何要參戰，因為這是天皇的旨意，而不管用什麼手段就是要贏得勝利。不過，他很討厭他的上級長官，他說他們都是「懦夫」，而在他的字典裡這是最糟糕的一種人。他的小隊長森畢業自軍校，就是個懦夫，只會擺架子裝腔作勢，根本沒有戰鬥的勇氣。事實上，東史郎覺得自己和同袍沒什麼共同點，除了一個名叫樋口的機械系學生。樋口是隊上唯一有在閱讀的人，「出淤泥而不染」。然而某天晚上，樋口中了隊友誤開的槍而痛苦斃命。東史郎把他輕輕抱在懷裡，膝上噴濺了他的腦漿。

東史郎喜歡閱讀。他說，除了樋口之外，自己是隊上唯一有閱讀習慣的人。我問他在中國時都讀些什麼？他說，他很喜歡賽珍珠的《大地》與希特勒的《我的奮鬥》。我問他，連《我的奮鬥》也喜歡啊？他回答說是，他很崇拜希特勒。有段故事讓他印象特別深刻：聽說德國軍人不准強暴外國女人，以免玷污了德國種族的純正。他說，當年日軍在中國才不在乎這種事。

他說：「性慾是人之常情啦，但我身上有性病，所以從來沒有真的跟哪個中國女人做過，我只有偷看她們的私處而已。我們會命令她們脫下褲子，你也知道的她們都沒穿內褲。隊上有些人會跟路上碰到的任何女人做，本來這事也沒那麼糟，但做完之後他們會殺了這些女人，因為軍隊規矩是不准強暴婦女的，所以得要消滅證據。幹這些女人的時候，她們被當作人；然而殺害她們的時候，她們只被當作豬。我們做這些事不覺得丟臉，也沒有罪惡感。如果有的話，我們怎麼可能幹的出這種勾當？

「我們攻下一座村莊後，第一件事就是偷食物，然後把女人抓來強暴，最後把男女老幼全都殺了，確保他們不會溜去跟中國軍隊通風報信，這樣我們夜裡才能睡的安穩。」

顯然，南京大屠殺根本就是無數小規模屠殺的最高潮，但這場大屠殺背後卻沒有滅絕掉整個種族的意識形態支撐，純然只是野蠻。然而對東史郎與其同袍而言，野蠻本來就是戰爭的一部分。很多日本小說家對這個主題琢磨再三，即使是在戰爭時候寫的作品也一樣：正常人如何變身成為野蠻殺手。作家石川達三見證了南京大屠殺，並且在一九三八年時以此為主題寫了中篇小說《活著的士兵》，當中有這樣的句子：「對下士笠原來說，殺敵跟殺魚沒什麼兩樣。」[42]

東史郎繼續說故事：「我記憶中最糟糕的是有一次我們殺了一對祖孫。那個小孩被刺刀刺穿，祖父吸吮著小孩的傷口，彷彿這樣做可以讓孫子再多活一會兒。我們就這樣看了一陣子，然後把祖孫倆都殺了。我還是沒什麼罪惡感，不過這種事讓我心裡有疙瘩，覺得很迷惘。所以我決定寫日記，想說這樣腦袋可能會清醒點。」

雖然東史郎之後說南京是「地獄場景」，但這個城市對他而言其實沒什麼重大意義。他說那時他幾乎都在玩牌。偶爾他的小隊得去搜捕藏匿的中國士兵，不過他沒參加過任何行刑。我想知道為什麼有些人參加了大規模逮捕與殺戮，有些人卻沒有，所以問他為什麼他不用去。他說，這取決於小隊長，而他的小隊長森是個懦夫。我問他是因為森對於行刑很反胃嗎？那這樣絕對是好事啊！東史郎悶哼了兩句，說：「大概啦……」

不過，他有些朋友的確加入了殺人的行列。增田六助是其中一個，他在揚子江畔用機關槍掃射了五百個人。一九八零年代末，東史郎去醫院探望增田，臨終的增田很擔心自己會下地獄。東史郎安慰他說他只是服從命令而已，但增田沒被說服，仍然深信自己死後會下地獄。

南京那段日子過後沒多久，東史郎就因病被遣送回國。他想方設法把日記帶在身邊，畢竟這種東西通常會被憲兵沒收。回到日本之後，他重新謄寫日記，讓字句前後連貫。他想把這些文字留給子孫。他仍深信不疑這是場正義之戰，而且不計任何代價都一定要贏，但他想記錄一個正常人究竟可以變得多殘暴。

日記被包起來收進櫥櫃中，直到一九八七年才重見天日。他有五個小孩，但是全都對自己父親的戰爭經歷毫無興趣。東史郎說他們從來沒討論過這件事。他哥哥當年也在中國服役，對於戰爭的事絕口不提。他哥哥酗酒，在我來訪的一個星期前死於車禍。我問，那他的同袍呢？他們怎麼看這場戰爭呢？

東史郎說：「喔，我們不怎麼討論，就算有，也只是把戰爭正當化：中國人抵抗，所以我們不得不做出那些事，諸如此類的。沒有人自責或悔恨，包括我自己在內。」

他拿老兵年度聚會的照片給我看，拍攝地點在各式各樣的鄉下旅館裡。這群人依照嚴格的位階順序或站或坐。個子不高、看起來有些纖細的小隊長森，坐在前排正中央的位置。年代最久遠的照片拍攝於一九四零年代晚期，那時大家很年輕，理平頭，身上還帶著粗魯的軍隊氣息，看起來很有壓迫感。最近的一張是一九八四年時拍的，有些人已經不在了，剩下的人看起來就像退休的銀行經理。

若不是因為在京都有新的戰爭博物館的興建計畫，東史郎的回憶、日記、關於過去的種種，大概也就這麼消逝風中了。新的博物館隸屬立命館大學，策展團隊在找戰時日記，因而聽說了東史郎。於是，東史郎的日記重見天日，被送到立命館大學，策展團隊看了之後驚為天人，希望東史郎能召開記者會。他同意了，從此生活有了一百八十度大轉變。記者會在他自家召開，不是以告解的方式進行——東史郎才不害怕地獄那檔事，他不是和平主義者，記者會也沒有傳遞政治訊息的意思，他純粹只是說出戰時在中國的所見所為。

各方回應迅雷不及掩耳：他所屬的老兵團體威脅要「懲罰」他，指控他傷害了部隊的聲望；匿名或署名「愛國者」的信件如雪片般飛來，威脅要置他於死地。不過，也有一些市民寫信來表達支持。東史郎受到這些支持信件的鼓勵，對於威脅他則是火冒三丈。他說：「我一直相信這是場正義之戰，但是那些威脅、騷擾電話、信件讓我超火大。他們居然想阻止我說出真相！打死我也要說出真相！」

東史郎開始積極地寫下戰爭種種、軍隊教育、天皇的責任、東京戰爭罪行審判。他說：「審判是好事，但日本人應該要舉行自己的審判。天皇規避應負起的責任，根本就是懦夫中的懦夫」。〈昭和天皇獨白錄〉公佈時，他感到極度失望。這份獨白在一九四六年時錄製，直到一九九一年才公諸於世，內容顯示天皇一直都知情、好戰又自私自利。東史郎說：「我們為了他去打仗，我朋友甚至為他而死，而他連句抱歉都沒有。」

天色漸晚，我們坐在榻榻米上吃晚餐。室外的松樹、稻田與遠山，沒入深沉夜色之中。東史郎在我杯裡斟上熱清酒，情緒越來越激動。他說：「他們把天皇說成在世天神，其實根本是假神，就像金日成或伊朗最高領袖何梅尼一樣。就因為我們相信天皇是神聖的，所以我們什麼都肯做，姦淫擄掠，無惡不做。但我知道他就跟我們沒兩樣，還不是每晚都在睡自己的老婆……」

他停頓了一下，低聲說道：「你知道在日本我們可不能說這個，就算在這個時代也一樣，在這個國家是不能說實話的。」

他又說了一次他朋友樋口的故事，完全忘記自己其實講過了。他描述自己看到唯一的朋友死掉、腦漿噴濺出來時的心情，然後用手背輕拭淚水，說：「那個該死的天皇哪！……」

我們一路走回當晚我準備下榻的地方，那是個位在小港口附近的傳統鄉下旅館。我倆都喝了太多酒，走路跌跌撞撞。旅館主人是個高大但眉頭深鎖的男人，帶領我們到房間。不過，在這之前他說想要給我們看樣東西：他姐夫剛剛畫完屏風壁面，我們絕對要看上一看。於是，我們腳步踉蹌，站在一間大型和室正中央，周圍環繞著用日本水墨畫的當地景色——有港口、群山、海灣裡的岩石，以及正在抽芽的松枝。

老闆說：「我給你們看一件很妙的事。看到那塊岩石了嗎？」我們點點頭。「岩石看起來很大，對吧？」我們又點頭。「現在，走到斜對面那個角落……」我們照辦。他說：「那個岩石現在看起來突然變小了吧？這就叫做『觀點』。」

第三部

第六章 受審的歷史

斯圖加特

從外表上來看，約瑟夫・舒旺貝格（Josef Schwammberger）不像是殺人如麻的屠夫。他的皮膚蒼白、佈滿斑點，是長時間待在室內的老人家會有的那種膚色，大概就像是公寓大樓的老管理員。他穿著寬鬆的棕色長褲與米色的休閒外套；時常拖著腳走路，彷彿腳上穿著一雙舊拖鞋；他的眼珠是黯淡的灰色。一九九二年春天的時候，他八十歲，被判處無期徒刑。

約瑟夫・舒旺貝格的案件在斯圖加特邦法院進行審理，這大概是最後一件在德國舉行的納粹審判。舒旺貝格被指控該為至少三千名猶太人的死亡負責，然而尚在人世的證人太少、證據也模糊，以至於最後他的罪名是「親自殺了二十五個人與作為謀殺至少六百四十一人的從犯」。

以色列派駐在波昂的大使去了法院，趁這個機會提醒德國人他們對於過去的集體責任。他告訴德國媒體，歌德、席勒、巴哈、貝多芬所留下的文化遺產，與納粹政權的恐怖是分不開的。換言之，舒旺貝格也是民族遺產的一部分，是德國認同拼圖中的一小塊。新納粹組織的年輕人在法院外示威抗議，他們認為德國的戰爭罪完全是猶太人編造出來的謊言。

舒旺貝格的納粹生涯不算太成功，勉強過得去。他在一九一二年時出生在南提洛爾（South Tirol），一九三三年時入黨，因此是投機的參與者而非早期加入的信奉者。一九三九年時，他以低階黨衛軍軍官的身分被派往克拉科夫（Cracow），成為某個奴工營的指揮官。該奴工營在一九四二年時關閉，兩百名倖存的奴隸被射殺。他被提拔為上士，負責管理普熱梅西爾（Przemysl）的猶太隔離區，定期把區內的居民送往貝爾則克（Belzec）與奧許維茲集中營。他很殘酷、喜好嬉鬧，這在與他位階相同的人身上很常見。比方說，他會叫心愛的德國牧羊犬「王子」去攻擊猶太囚犯，也很喜歡處決時，叫被處決者的家人來看。以他這種人來說，他的戰後生活也相當典型：天主教神父幫助他潛逃至阿根廷，他在那裡以養蜂維生，生活平靜自在，直到一九九〇年時被引渡回德國。隔年，他的案件開始審判。

舒旺貝格在法庭上的存在感異常地短暫：他人就在那裡，卻像是不在一樣；在場每一個人，包括法官、律師、證人與大眾，都在談論他的事，可是他依舊文風不動。偶爾，他會像隻蜥蜴似的動動嘴巴，但幾乎不說話。大家無從判斷他到底有沒有聽到別人說的話。其中一名八十一歲的證人告訴庭上，自己與其他人試圖逃離猶太隔離區失敗後，舒旺貝格如何處置他們：他叫這些人仰躺在地上，嘴巴張開，好讓烏克蘭籍的警衛往他們嘴裡撒尿。這位證人說，舒旺貝格覺得這樣超好笑的。聽到這些話，舒旺貝格也只是抿著薄薄的嘴唇，依舊面無表情。

另一位名叫努斯包姆的證人，在兒孫的陪同下遠從堪薩斯市前來。他以前是水電工，負責維修舒旺貝格在猶太隔離區裡的房子。就某個意義上而言，舒旺貝格算是救了他一命，把他從被送往奧許維茲的人群中拉出來——總得要有人把運輸車廂的大門拴上，而那個人就是努斯包姆。努斯包姆日後才發現，其中一輛運輸車上就載著他的家人。

努斯包姆等待這麼一天，已經等了很久。他一直默默牢記這些回憶，甚至對自己的兒子也隻字不提。他用濃厚的波蘭腔說：「庭上，我有太多故事可以跟你講……」，例如這一個：一九四二年猶太贖罪日那一天，有位拉比堅持要祈禱，不做粗工，於是舒旺貝格當著所有人的面用槍打爆他的頭。

努斯包姆的記憶似乎很清晰，整個人情緒激昂。在法庭外，他對我們說舒旺貝格是個禽獸。他說：「不對，其實他連禽獸都不如。禽獸殺戮是為了覓食，他呢，他這個人我根本找不到字眼來形容，就是個冷血殺手。如果可以的話，我還真希望能扯下他的右手臂，而不是殺了他。不過嘛，就扯下右手臂而已，然後放在他自己的左手掌上，因為他以前是用右手拿槍射擊的。」

法官與律師親自去過普熱梅西爾，測量了從舒旺貝格的舊房子到據稱是他殺人地點之間的距離。他們得要檢驗證人的記憶是否屬實。於是，所有人圍在猶太隔離區的地圖旁，努斯包姆指出一些舊地標，過去的一切對他而言記憶猶新。連舒旺貝格也忍不住好奇，挪動身子，從他以前的水電工背後偷看。

待舒旺貝格又移動回原來的位置之後，法官問他是否還記得證人。他的嘴巴動了幾下，法官叫他講大聲點，他嘟囔著「不記得」。法官看起來有些不耐煩，問他怎麼可能忘掉所有的證人，這些人明明都那麼清楚地記得他。舒旺貝格咕噥著說就算有五萬個人記得他，他哪可能記得五萬個人啊！法官說自己只是想要讓舒旺貝格多說一點，他說：「我試著要讓你開口說話。有些證人那麼了解你，其中一位甚至還幫你的狗洗過澡！」這時，舒旺貝格首度回魂，說：「我絕對不可能把我的狗交給陌生人打理！」他的聲音粗糙刺耳，透露出在很久以前他曾是個習慣下命令的人。

舒旺貝格突如而來的小小慍怒讓他的律師大感意外，於是趕緊說舒旺貝格心臟不好很需要休息、已經精疲力竭而無法繼續下去。法官聽了翻白眼，但還是宣布休庭。

我見識到的這齣迷你短劇，發生在毫不戲劇化的場景裡。法庭的風格很現代，實用性十足，幾乎看不到傳統上表彰司法權威的標誌，比方說假髮或是在英國法庭中會看到的隆重儀式。訴訟進行當中沒什麼做戲的成分，也沒有儀式。重要的是文件、測量、地圖，而不是滔滔雄辯的話術。坐在公聽席上的全都是德國高中學生。他們從海德堡附近的溫泉小鎮巴德溫普芬（Bad Wimpfen）遠道而來，一同前來的還有他們的歷史老師伯恩德．魏茲卡（Bernd Wetzka），他留著山羊鬍、屬於六八學運世代。

法庭外，努斯包姆先生在跟美國記者講話。學生在辯方律師身邊圍成一圈，他們對他所提出的無罪申訴困惑不解，問他是否真的相信舒旺貝格是無辜的。律師與他們的歷史老師年紀相仿，回答說：

「『相信』，這個字眼歸教堂管。我的職責在於確保我的當事人得到公平審判，以及確定那些證人的證詞足以採信。」他解釋說這就有點複雜了，因為那些據稱的罪行發生在如此久遠之前。他說，法官得要不顧公共輿論才可能宣判無罪，這比判決他的當事人有罪還需要更多勇氣。

這群青少年看起來很嚴肅，點頭表示理解。魏茲卡對此說法很不屑，他說：「對啊，我們的法官以前不就展現了這樣的勇氣嗎？還有那些在戰後也沒被清算的納粹法官又是怎麼回事……？」

當中有個頂著粉紅龐克髮型的女學生，問律師說有沒有可能證人現在說自己親眼見過，但當年其實只是聽說？律師正準備回答，但魏茲卡再次嗤之以鼻，說那些證詞詳實到讓人無法不信。

在這裡，我們看到了世代差異：老師很憤怒，因為他覺得這與自己切身相關，沒什麼好懷疑的。稍後他告訴我，他的父母以前是納粹，他常跟他們爭吵過去發生的事情。他們仍然堅持以前發生的事情不全然都很糟、他們是理想主義者、關於猶太人的故事都被誇大了。所有的藉口他都聽過了，他的父母仍然讓他很生氣。他的學生就沒有投射這麼多情緒了，他們的提問表現出對訴訟有智識上的興趣，畢竟，舒旺貝格不可能是「他們的」父輩。

魏茲卡告訴我，這趟參訪對他的學生來說意義重大。他們去過兩個以前的集中營，分別是納茲維勒—史楚霍夫（Natzweiler-Struthof）與達豪（Dachau），但是舒旺貝格的案件讓他們印象更深刻。他說，納粹時期的歷史對這些學生來說遙不可及，只有在書裡會讀到，但是這場審判讓那些陳舊往事再度復活。數月之後，其中一名學生在校刊上寫了篇報導，他寫道：「在聽到證人詳細描述舒旺貝格所犯下的殘酷罪行之後，更加容易理解判決的結果。」

的確如此，而且這場審判對努斯包姆先生而言，無疑也是正面的。他因此得以從回憶中解脫，或許能說是他個人的「精神淨化」。在德國法庭上，看到起碼有個倖存者對抗昔日的施暴者，實在大快人心。然而，不是所有的證人都跟努斯包姆一樣堅強。有位證人受刺激過深，在法庭上心臟病發身亡。無論如何，對於報應的渴求，得到了滿足，哪怕只是在邪惡汪洋中激起一點小水花也好。或許就像賽門・維森塔（Simon Wiesenthal）所希望的：但願這個案件能作為某種警惕。再說，雖然舒旺貝格看來可悲，但要替他感到難過還真難。

不過，在斯圖加特那個法院裡，我有點不安，尤其是看到那些穿著色彩繽紛連帽夾克的學生擠滿了旁聽席。我當下的直覺是想稱讚西德的教育成功。從一九六八年一路走來，真是條漫漫長路。紐倫堡大審時，法庭裡沒有校外教學，就連一九六三年到一九六五年間在法蘭克福舉行的奧許維茲審判也沒有。我心想，幹的好呀老師，就讓學生來聽聽看當年發生了什麼事。不過，我心裡起了些許懷疑，就像信仰歸教堂管，歷史教育當然也就歸學校管。若是把法院拿來當作上歷史課的地方，那麼為了影響輿論而非出於公正目的的「公開審訊」，可能帶來的風險也就近在眼前了。「公開審訊」或許會是好的政治手段——雖然對此我也持保留態度，但是好的政治手段未必能提供真相。

在舒旺貝格受審的四十四年前，在紐倫堡有另一名位階遠高於舒旺貝格的德國人受審。恩斯特

・馮・魏茨澤克（Ernst von Weiszäcker）在德國橫掃大半個歐洲時，擔任外交部次長。他從一九四三年起擔任駐梵蒂岡大使。這是一個相當重要的職位，因為德國人想要確保教宗對「最終解決方案」保持沉默。無論是否歸功於魏茨澤克的外交手段，總之教宗沒讓德國人失望。魏茨澤克的兒子希夏德（Richard von Weiszäcker）後來擔任總統，比其他政治人物更常提到德國罪行所帶來的重擔。

戰犯審判在紐倫堡舉行時，年輕的希夏德人也在那裡，有一則關於他的軼聞是這樣的：據說他找朋友幫忙，用十足的第三帝國國防軍軍官的調調，說他們應該突襲法庭、釋放戰犯。他朋友嚇了一大跳，問說幹嘛要做這種事。希夏德據說是這樣回答的：「這樣我們才能自己審訊這些戰犯。」很多年之後他的願望總算成真，德國法庭起訴了一小部分的人。順帶一提，他被選為他父親辯護律師團中的助手。

恩斯特・馮・魏茨澤克被指控計畫發動侵略戰爭，以及涉嫌將各個被佔領國的猶太人驅逐出境。一審時，他獲判無罪，但在接下來的審判中被定罪。他簽署過一份文件，上頭載明外交部不反對將猶太人有計畫地驅逐出境。他的首席律師赫爾穆・貝克（Hellmut Becker）辯稱魏茨澤克是老派的愛國者，在極為嚴的情勢下仍盡全力防止納粹做出最糟的事。魏茨澤克沒能成功阻止納粹，因此承認自己在上帝眼中有罪，但絕非依據紐倫堡的同盟國勢力所起草的法律。

貝克在一九五〇年時寫道：「在德國，最阻撓認識自身歷史的，就屬審判戰犯了。」[1]他堅持這個信念。我們必須認真看待貝克的話，因為他不是為納粹辯護的右翼人士，而是聲名顯赫的自由派。

我造訪他在柏林的辦公室，其中一面牆上掛著精美的軍隊印刷品，另一面牆上則掛著以色列月曆。

貝克並非反對舉行這樣的審判，但他認為應該援引現行的德國法律，而不是用追溯既往的法律，將「破壞和平」定罪（準備、計畫、發動侵略戰爭）。他提到，史達林派來的法官在紐倫堡大審中，希望能夠釐清一件事：該被譴責判罪的不是廣義而言的侵略戰爭，而是專指納粹的侵略；蘇聯佔領波羅的海三小國與部分的波蘭領土，不能算是破壞和平的罪行。討論戰爭罪的時候，很明確地禁止引用「你也一樣」（tu quoque）原則，也就是說，德勒斯登大轟炸、一九四五年時把中歐與東歐境內講德語的平民驅逐出境，都被視作與審判無關。

這是為了避免把法律程序當兒戲，像是英國人就曾經支持不經審判直接將納粹領袖處決，因為他們很擔心漫長的審判可能會改變公眾輿論的風向。用某位英國外交官的話來說，審判可能會被視為「騙局」。除此之外，有些人也擔心許多指控的罪狀可能不適用於國際法。如果重點是復仇，那幹嘛把法律扯進來？幹嘛不乾脆用政治決策來懲罰對手？這就是貝克在辦公室裡講的「義大利解決方案」，他說：「你在前六週的時候盡量殺人，然後就忘了有這麼一回事。這說來實在不符合法律程序，但如果目的是淨化的話嘛，這個就……」英國人直到一九四五年五月的時候，才放棄他們原有的立場。當時，希特勒與戈培爾都已自殺身亡，直到那時，英國人才同意用審判來處理剩下的納粹領袖。

要選擇「正當法律程序」，還是復仇？這個問題時時縈繞在古希臘悲劇作家心中。為了要打破冤冤相報何時了的循環，雅典法庭必須審判奧瑞斯提亞的弒母之罪。要是沒有正式的審判，復仇女神會繼續讓生者不得安寧。

如果是由德國法官來進行審判，或許就能避免復仇的意味。這有前例可循，但不怎麼讓人滿意。一次大戰結束後，德國法庭獲准審判被指控犯下戰爭罪的罪犯。然而，就算證據上強烈顯示這些人有罪，所有人依然獲判無罪，且外國代表團還被當地暴民辱罵。除此之外，魏茲卡說的也沒錯：德國法官和納粹政權勾結，很難期待他們能夠公正無私，因此只能指望戰勝方實現正義。

重點是，如何在不扭曲法律的情況下達成正義，以及在不扭曲歷史的情況下，由戰勝者對戰敗者進行審判。其中一個可能性，是讓軍事法庭審判從前的敵人，好彰顯勝利者的正義。這能避免過多的偽善，也能減少傷害平民生活中的正當法律程序。但是，如果目的是要給德國人一點歷史教訓，那麼軍事法庭與普通法庭都有一樣的問題。而且從當年的文件看來，歷史教訓絕對是當年戰犯審判的目的。

羅伯特·肯普納（Robert M. Kempner）在魏茨澤克的案子中擔任美方的檢察官，他是德國人，寫道：「搜集了令人震驚的德國文件所進行的審判，可說是人類有史以來最偉大的歷史研討會。」紐倫堡大審時，英國法官勞倫斯爵士（Lord Justice Lawrence）問美國主任檢察官羅伯特·傑克遜（Robert H. Jackson）這些審判的目的理應為何，[2] 傑克遜回答說這是為了要證明給世界看，德國人在戰爭中的所作所為有多麼不法不義，也是為了展示給德國人民看這些行為應當遭受嚴厲懲罰，讓他們有心理準備。

於是，紐倫堡大審的目的是歷史教訓，同時也是對德國人民象徵性的懲罰——是道德層次的歷史教訓，表面上用正當法律程序中的各種儀式來掩飾。這是最接近人類能施行天道正義的時刻，起碼對勝利者而言是如此。有些德國作家肯定是這樣覺得；有些人懷抱著虔誠罪人想贖罪的熱切心情，支持這樣的想法，他們是六八學運「受衝擊」世代的先驅者，全都支持左派，有些人甚至是共產黨。

比方說，小說家艾立克·黑格寫道：「紐倫堡大審法庭越是少用正式法律的外衣來妝點門面，當中的政治元素就越能如實地表達出來，而在歷史面前的判決也就顯得越重大而具有教育意義。這樣，審判就不會在充滿人為象徵的氛圍下進行，而是在道德力量可以克服邪惡的氛圍下進行。」[3]《南德日報》的記者威廉·徐四金（W. E. Süskind），就我所知他不是共產黨員，把這場審判描述成「開天闢地的歷程」——「這是場前所未見的審判，因此是真正歷史性的一刻。」[4]

從以上這些言論可以清楚地看出，法律、政治、宗教全都混為一談了：紐倫堡變成了一齣道德劇，由戈林、卡爾滕布倫納（Kaltenbrunner）、凱特爾（Keitel）等人領銜主演。這齣戲宣稱要實現正義真理，擊敗邪惡。文件、證詞、現場的肅殺之氣，都是為了要提供真相。在舞台上重現審判的劇作家，則是把這點發揮到淋漓盡致。

左翼作家霍夫·舒奈德（Rolf Schneider）住在東德，他寫過一齣所謂「紀錄劇場」的劇本，標題是《在紐倫堡的審判》。他編輯了證詞與交叉審訊，重現那些場景。他在序言中寫道「紀錄劇場」是德語劇場的創新發明，「誕生自歷史記憶與對現狀的不滿，包括不滿於當今對過去的描述。」他也寫道：「在舞台上重現這場審判的其中一個理由，是提供資料。紐倫堡審判之所以那麼重要，是因為它變成後來這類審判的典範，在紐倫堡、耶路撒冷、法蘭克福……」

這齣戲當中的確有很多資訊，交叉質詢戈林、沙赫特（Schacht）、凱特爾也很精彩。不過，這齣戲並不打算盡可能客觀的呈現歷史事實，因為它就跟審判本身一樣充滿政治意味，就算當中的轉折變化不同。舒奈德很巧妙地借英美檢察官之口，呈現他自己的政治觀點。比方說，引用英國檢察官之言：「德國實業家犯罪的程度，與軍方、政治人物不相上下。」這當然是很典型的東德說詞，因為法西斯主義是資本主義的最終防線。

然後，劇作家又借美國檢察官之口，來為由恩斯特・侯姆（Ernst Röhm）與葛瑞格・史特拉瑟（Gregor Strasser）領導的納粹左派辯護。戈林說這兩人應該被殲滅，因為他們對希特勒不忠誠。在劇中，美國檢察官說：「這些人代表了社會理想，也正因為如此，所以給你帶來了支持者。你與德國大企業合作，就是背棄了這些支持者所支持的目標。」

於是，這處理了納粹運動中相當棘手的問題，也就是無產階級的支持。不能說是完全悖離事實，但是是有偏見的。用這樣的方式呈現審判，其政治目的顯而易見。為了要讓反法西斯的共產主義國家更添合法性，資本家與實業家必須被視為是法西斯惡棍的操偶人。整齣戲結束在美國檢察官針對「破壞和平罪」提出說明（不是與種族迫害屠殺相關的那些「違反人道罪」，因為「違反人道罪」不像「破壞和平罪」那麼符合官方版的反法西斯意識形態），那位檢察官是這麼說的：「我們的法典上現在有這條法律了，這次將用來對付德國侵略者。不過，以其他二十三國的名義執行這場審判的四大強權，同樣知曉這條法律，並且宣稱：『來日，在歷史面前，我們現今拿來審判這些被告的標準，將適用在我們自己身上。』」

這不能說是不合理，因為當年羅伯特·傑克遜確實是這樣看待事情，但以此作結的主要原因是什麼？這個劇本寫於一九六八年，當時越戰正打得如火如荼。那個時代，無論是東德還是西德的知識分子，都會寫下像這樣的句子（這是由克里斯提安·蓋斯勒所寫）：「當年在國際法庭上的四位主要檢察官之一，以美國之名起訴這個案子；當時，對我們這些天真的老百姓而言，那意味著他是以正義、自由與人性之名陳述自己的立場。」[5]

「我們看穿了納粹的毫無道德，而想要讓自己擺脫納粹。我們希望能從美國人起訴過程中所具備的道德嚴肅，領悟合情合理的政治思維。」

「而我們也真的領悟了。」

「於是，我們把這些思維運用到眼下的狀況。比方說，我們現在會用這些思考來確實採取那些美國檢察官的道德觀——當年的奧拉杜爾與利迪策大屠殺[6]，今日發生在南越的城市。」情勢很巧妙地逆轉了。無論在這個情況下有多不恰當，「你也一樣」的說詞總算被拿出來用了。我們統統有罪。劇作家或任何寫這個主題的作家，當然有權這樣寫。但要是認為「紀錄劇場」提供了單純的事實，就是虛偽的了，這跟認為能夠拿政治審判來當作道德層次的歷史教訓一樣虛偽，甚至愚蠢，因為這樣的審判無法平息復仇女神的怒氣。

紐倫堡大審過了二十年後，位在法蘭克福的德國法庭，以「違反人道罪」審判以前在奧許維茲當差的部分軍官與警衛。在德國，這不是頭一樁這種類型的審判。一九五七年時，某個黨衛軍軍官因為曾在立陶宛邊境帶領行刑隊而被控告，雖然當年的審判算是個例外。紐倫堡大審的法官針對戰爭時期犯下的罪行，只援引了滅種屠殺與種族迫害的新法令，彷彿「猶太人大屠殺」不過就是另一樁戰爭罪而已。法國主任檢察官法蘭梭瓦·德·曼東（François de Menthon）在法庭上陳詞時，幾乎完全沒提到猶太人。

總之，紐倫堡大審後，大多數德國人都對戰爭罪感到厭煩。直到一九五零年代中期，德國法庭只獲准處理由德國人對其他德國人犯下的罪行。艾希曼在耶路撒冷受審是振奮人心的例子，重重打擊了德國人的驕傲自滿——而且事實上在一九四六年之前犯下的罪行，在一九六五年後已超過了可提起公訴的時效。（在經歷影集《大屠殺》所帶來的震撼後，政府在一九七九年時決定「違反人道罪」將不受公訴期間的限制。）

紐倫堡審判雖然規模大、被告的身分也更重要，然而對大多數德國人而言，奧許維茲審判與馬伊達內克（Majdanek）審判所帶來的影響更為深遠（馬伊達內克審判在一九七五年到一九八一年這段期間，在杜塞朵夫進行）。這或許跟時機有關：一九四五年時，多數德國人飽受飢餓之苦，防備心也重；到了一九六四年時，新生代在相對繁榮的環境下長大成人；這也跟罪行的本質多少相關：用傳統戰爭罪的罪名審判戰敗者，很難讓人信服，因為同樣的行為也可以拿來指控戰勝者。就算不是在紐倫堡法庭上，私底下也可能激發「你也沒有好到哪裡去」（tu quoque）的情緒，何況當時大家對德勒斯登大轟炸與蘇聯暴行仍記憶猶新。但奧許維茲就不同了，那屬於另一場戰爭，或更佳的說法是：那完全不是戰爭，純粹就是大屠殺，不是出於戰略或戰術的考量，單單只是意識形態所導致。

這些罪行不是紐倫堡法庭（或者應該說，不是同盟國的戰果）關注的重點，而且戰後大多數德國人都宣稱自己毫不知情。然而，現代史中最諷刺的一件事，是這些罪行在法庭上、課堂中、紀念館裡，變成（西）德歷史追憶的焦點。軍隊宣傳與「破壞和平罪」早已隱沒在歷史的洪流之中，「最終解決方案」卻比任何時候都還困擾著當代的人。不管你是希望德國能成為「正常」國家的保守派、還是參與「哀悼之事」的自由派／左翼人士，二次大戰中最關鍵的事件都是奧許維茲，不是「閃電戰」、不是德勒斯登大轟炸、更不是東線的戰事。雖然赫爾穆·貝克質疑紐倫堡大審，但就像他所說的：「最重要的是，德國人民知道發生過『違反人道罪』，而且在審判的過程中，可以清楚地看到這些罪行是如何發生的。」

我認為他說的對，不過，若不是由德國法庭進行的審判，教訓或許沒那麼讓人心服口服。一九四五年時，英國法庭審判伯根貝爾森集中營（Bergen-Belsen）的指揮官與警衛，效果就截然不同了。史蒂芬·史賓德當時在德國巧遇一位朋友[7]，那位朋友說自己造訪「某個迷人且友善的德國家庭，家中成員大多是年輕人。他們全都說貝爾森審判是政治宣傳，而克拉瑪（Kramer）據稱犯下的罪行，根本就是人力所不可能辦到的……大多數德國人相信這些審判是設計好的圈套，之所以持續那麼長的時間，只是因為被指控的一方有太多話要說……」

不過，就連在德國舉行的這些死亡營審判，都無法消除審判究竟適不適合拿來充當歷史教訓的疑慮。審判這件事，就本質上而言，把犯罪責任限定在特定的個人身上，紐倫堡的情況則是把犯罪責任歸咎在領導者身上。卡爾・雅斯培（Karl Jaspers）在一九四六年時，寫了探討德國人罪責的知名文章〈罪責問題〉，他把罪責分為四大類：違反法律的「刑事罪責」、參與犯罪政治體系的「政治罪責」、個人從事犯罪行為的「道德罪責」，以及未能竭盡所能維持文明人道標準的「形而上罪責」。這四大分類顯然有所重疊，但雅斯培說的很明白，整個民族的人不可能同時為刑事罪責、道德罪責與形而上罪責負責（政治罪責就另當別論了）。在他看來，戰爭罪審判最大的好處就在於有所侷限，透過允許被告用言詞為自己辯護、為正當法律程序制定規則，戰勝國從而限縮了自己的權力，而「對我們德國人來說，這場審判的好處在於把首腦人物的特定罪行區分清楚，而沒有譴責全體德國人」。[8]

雅斯培沒有提到如何挑出對的被告的問題：有些在紐倫堡受審的人或許本來不該在那（比方說，沙赫特〔Shacht〕與弗里奇〔Fritzsche〕）；而有些人應該受審卻不在行列之中（比方說，阿弗雷德・克魯伯〔Alfred Krupp〕），不過這又是另一回事了。無論如何，這場審判遠遠拉開了德國人和他們以前的領袖之間的距離，而且是令人安心的距離，沒什麼人會想跨越。或許，這是為什麼德國戲劇、電影、小說中，很少看到納粹首腦人物的身影。無論是赫赫有名還是聲名狼藉的歷史人物，肯定都不容易用虛構作品捕捉——事實就擺在眼前，史實太沉重了。然而，這無法解釋為什麼連納粹首腦人物的傳記都很少。史學家對這些人避之唯恐不及，撰寫希特勒標準傳記的約阿希姆·費斯特（Joachim Fest）與維爾納·馬瑟（Werner Maser）都是記者，而戈林與希姆勒的傳記就真的都是外國人寫的了。這種為人物作傳的恐懼，虛構也好，紀實也罷，或許源自於六零與七零年代盛行的想法，認為解釋過去的是結構與制度，而非人物。但是害怕有所認同肯定也是原因之一，也就是德國人所說的「害怕有接觸」（Berührungsangst）。

如果大家真的很怕接觸領導人物，那對於沒那麼有名的醫生、管理人員、毒氣室操作員、執行上級命令的小嘍囉，觀感又是如何？認同這些人會容易點嗎？彼得·魏斯在他描述奧許維茲審判的劇作中[9]，用很耐人尋味的方式辨別出這些人。在法庭上擔任證人的前受害者都是無名氏；但是施暴者有名字：柏格，擅長將囚犯吊掛起來打個半死；卡佩西烏斯醫生是死亡營的藥劑師，完全忘記他手上的存貨也包括氰化物毒氣；魯卡斯醫生是個好天主教徒，他說自己刻意迴避掉在鐵路坡道上挑選犯人的任務。魏斯寫這些的目的，肯定不是為了要讓觀眾與這些角色產生共鳴。確切地說，重點在於奧許維茲是個極端的象徵符號，代表了工業化剝削與失控的資本主義。奧許維茲的受難者就像在貪得無厭的工業機器中載浮載沉的普羅大眾，都是無名小卒。即使在第三帝國瓦解成為德意志聯邦共和國之後，情況依舊如此。集中營副官穆卡說出了這齣戲中的最後一句台詞，他說：

我們只是盡職責，人盡皆然
即使常常很辛苦
而我們是否該感到絕望
今日
我們國家再度
昂首闊步邁向領導地位
我們應該忙於其他事務
而不是應付這些
發生在很久以前的指控。

當時，這種態度在德國並不罕見，甚至算是主流想法。堅定的保守派知識分子像是赫爾曼·魯伯（Hermann Lübbe），認為太多的指控會妨礙西德社會的穩定繁榮。他這麼說並非替第三帝國辯解，事實可差遠了：他認為西德的正統性恰恰來自於徹底排斥納粹帝國。問題是，要怎麼把眾多的前納粹支持者變成自由民主體制下的忠誠公民。魯伯認為，要實現這件事，非得要謹慎地處理過去的歷史不可。無論如何，像柏格、穆卡、卡佩西烏斯醫生那類人都被控告了，儘管是在終戰二十年之後。他們的反應通常忿忿不平，他們會說：「為什麼是我？我只是盡職責而已，就像每個循規蹈矩的德國人一樣遵守命令，為什麼我必須被懲罰？」

在德國電視紀錄片中，我們看到馬伊達內克審判庭裡的被告再三申辯，「為什麼是我？」也對，為什麼呢？不過影片中，「血腥布莉姬塔」說的話在我心中揮之不去。她是惡名昭彰的女警衛，她對訪談者解釋：「你看看，這些以前的囚犯全都在抱怨當時有多慘，當然啦，在營區裡面是很殘忍的。但你必須理解一件事，這些人哪，給他們三分顏色，他們就會開起染坊了。」說出這些話的，是一夕之間被賦予絕對權力，操控無數奴隸生死的愚蠢女舍監、海關檢查人員與卑微的剪票員。

儘管這些人卑微平庸，說出來的話乏善可陳，事實卻證明幾乎不可能認同他們。他們犯下的罪行之卑劣、屠殺的規模之大，讓審判充滿了可怕的氣氛，報紙頭條天天揭露讓人意想不到的事情。馬丁·瓦瑟（Martin Walser）在奧許維茲審判那一年寫說柏格是「黑暗王子」[10]，惡名昭彰，媒體將他視為「野獸」或「怪獸」。關於死亡營的文字敘述步調緩慢，但丁之名不時被召喚。難以想像的事情被簡化成吸睛的頭條，像是〈活生生被趕進火中的女人〉或〈奧許維茲的酷刑盪鞦韆〉。瓦瑟寫道：「有關奧許維茲的標題越是恐怖，我們越能確保自己跟它保持距離。」

審判只能處理個人犯下的罪行。在法蘭克福與杜塞朵夫的審判中，那群「野獸」與「屠夫」承認自己犯下了可怕的罪行；尤有甚者，很多從未被要求該負責的人也承認了。但是，瓦瑟說：「這些犯罪者跟我們很相像，在一九一八年到一九四五年這段期間的任何一個時間點上，我們甚至是可以互相取代的；特殊的環境讓他們走上不同的路，導致今天這場審判。我們是不可能在法庭裡好好討論這些事情的。」個人的駭人行徑脫離了歷史脈絡，歷史被簡化成犯罪病理學與法律論點，最後只剩恐怖與難以抗拒的吸引力。我並非要說審判是錯誤的，只是，審判不會是歷史教訓，也不會讓我們更接近瓦瑟所尋求的難以捉摸的東西，也就是德國認同。

施瓦本風格的老城路德維希堡（Ludwigsburg）在斯圖加特郊區，離舒旺貝格受審的法院不遠。那裡是符騰堡（Württemberg）公爵的世代居所，也是詩人席勒的出生地（他住過的房子現在是連鎖餐廳「維也納森林」的分店，在麥當勞隔壁）。十八世紀的時候，公爵的財務顧問猶太人蘇斯（Jew Süss）被吊死在這裡。在納粹的政治宣傳中，蘇斯被醜化成典型的邪惡猶太人。在公爵宮殿外的大門上有塊告示牌寫著：「這個城市展現了舒適宜人的面貌。若不只想造訪公園與宮殿，這裡活潑自由的氣氛今日依然顯而易見。」

我來這裡，是為了參觀「清算國家社會主義罪行的聯邦司法行政中央辦公室」。辦公室所在地以前是女子監獄。隔壁是一座大型的十七世紀堡壘，直到一九九〇年為止都充當監獄（德國年代最久遠的監獄），現在則是作為刑罰博物館。幫我開門的年輕人臉上掛著溫和有禮的笑容，一一列舉屋子裡的收藏：直到一九四零年代晚期都還在使用的斷頭台、夾拇指的刑具、制服、囚犯拿來自縊的套索與皮帶、重建過的死刑犯牢房、劊子手的斧頭、彩色的虐囚照片，以及猶太人蘇斯最後一餐的菜單：肉湯、燉小牛肉、豆子與白麵包。

從車站載我去「清算納粹罪行的中央辦公室」（注意，是納粹罪行，不是戰爭罪行）的計程車司機不太高興，一開始還假裝不知道在哪裡，接著他長篇大論跟我說應該廢掉這個辦公室。他說，現在正是時候忘記那些納粹的舊玩意兒，搞得好像沒有更重要的事情要處理似的；至於兩德統一嘛，講得一副共產黨也沒那麼壞的樣子，諸如此類的話。

該機構的負責人阿弗雷德·史泰萊姆（Alfred Streim）告訴我，這類事情在以前還更普遍。一九五八年決定要建這個中心時，路德維希堡的居民投擲汽油彈示威抗議，因此很難找到合適地點。史泰萊姆說：「但是現在啊，跟年輕一輩溝通就容易多了。」

存放於此的巨量文件，以地點與個人姓名歸檔，讓這裡名符其實成為記錄納粹過往的官僚機構。每當要控告前納粹分子時，檢察官就會來這裡找尋文件證據。史泰萊姆的同僚帶我四處參觀時，會有人過來提出「史密特，達豪集中營，一九四三年」之類的文件請求。我的嚮導跟史泰萊姆一樣是律師，這時通常會從腦海中找到答案。他想不起來的時候，就會打開不鏽鋼製的文件櫃，按照請求迅速地抽出資料。櫃子裡頭的文件歸類得整整齊齊，上頭貼著「奧許維茲」、「布亨瓦德」、「達豪」的標籤。

史泰萊姆是個不怎麼快樂的傢伙，他的膚色看起來就跟他身上的巴伐利亞式牛角扣西裝一樣灰暗。讀小學的時候，他住在漢堡，炸彈轟炸讓他無家可歸。他被疏散到捷克斯洛伐克，在戰爭結束時得用徒步走回漢堡。他說現在的年輕人無法理解他那輩的人所承受的壓力，包括希特勒青年團、轟炸、審查制度等等。史泰萊姆的父親是納粹，受僱於鐵路公司，史泰萊姆說：「我爸總是說關於猶太人的那些故事不是真的。」史泰萊姆會跟他爭辯，但即使是在戰後，他父親還是否認事實。史泰萊姆說：「我爸那輩的人非常天真幼稚，我拿文件給他看之後，他的想法才改變。」

中央辦公室收藏了超過一百四十萬份文件，包括目擊者證詞、案件歷史、蓋世太保的文件、法院紀錄等。聯合國在一九八六年時補充了三萬人的文件資料。後來還有一些資料從波蘭、蘇聯、法國、羅馬尼亞、匈牙利、荷蘭等地取得，其實幾乎就是歐洲的每個地方。只有一個地方例外，那就是東德。只有東德的秘密警察把所有的資料緊抓在手上。

東德自有一套利用法院來處理納粹過往的方法，在很多面向上來說，正好與西德的方式相反。東德瞄準的目標，往往是西德司法中的漏網之魚。徹底的肅清行動在司法體系、官僚機構與企業界中展開，大約有二十萬人因此丟了工作，這數字中有八成的納粹法官與檢察官。此外，也有舉行戰爭罪審判，一九四七年前由蘇聯人進行，之後則是在德國法庭審判。

審判進行的速度很快。通常，允許被告為自己辯解可以限制國家（或戰勝方）的權力，然而共產黨的法庭卻不這麼做，他們的做法正好相反。一九五〇年時進行的「華德海默納粹戰俘大審判」，惡名昭彰，被指派的法官與檢察官接獲通知：既然被告的罪行那麼明確，那麼就不需要證人、辯方律師與文件證明了。這也是最後幾場在東德進行的納粹審判。一九五七年之前，還有另外兩場，然後就再也沒有了。總的來說，在東德約有三萬人受審，五百人遭處決；在西德，則是約有九萬一千人受審，沒有人被處決，因為一九四九年的西德憲法廢除了死刑。

反法西斯的東德，在揪出納粹高官這件事上做得比西德好，不過他們放過中低階層的納粹，只要這些人是乖乖聽話的共產黨員。東德用的方法既無情殘忍又是權宜之計，官方對整個過程下的結論是：東德毋須再承擔罪責。國家的政治宣傳不停地指出所有的罪犯都在西德，法西斯分子仍然在那裡擔任法官，仍然掌管創造出「德國經濟奇蹟」的。一九六〇年時，以色列總理大衛·班古里恩（David Ben-Gurion）宣布逮捕艾希曼，東德媒體旋即披露西德艾德諾內閣中的秘書長漢斯·格羅布克（Hans Globke）曾協助納粹擬定《一九三五年紐倫堡種族法案》。東德的國家報紙《新德國》標題寫著：「格羅布克是波昂的艾希曼！」

東德這種「無辜」的特殊狀態在共產國家瓦解後導致了獨特的問題，古斯塔夫·尤斯特（Gustav Just）的案件就是個例子。他是社會民主黨的政治人物，政治生涯在兩德統一後飛黃騰達。他在七十歲的時候，擔任布蘭登堡下議院議長與國會制憲委員會主席，地位如日中天，卻在過沒多久後就跌了個四腳朝天：一九九二年三月時，某篇報導揭露尤斯特在一九四一年時射殺了六名烏克蘭猶太人，就在他自願從軍之後。尤斯特當下回應說自己只是服從命令，然而在龐大壓力下，他終究還是辭職了。

尤斯特的例子只是滄海一粟，而且情節還不是非常重大。但他的案子之所以耐人尋味，是因為一九五七年時他在東德已經被起訴過一次，罪名是反革命行動，他因此被判了四年徒刑。他編輯過一份溫和批評時事的週刊。當年他的案子是場公開審訊，目的是為了殺一儆百，警告其他知識分子要是膽敢越線就試試看。在審判中，法官的確唸出了尤斯特在戰時寫的日記，當中有描述到在烏克蘭的那場射殺，但尤斯特沒有因此遭判任何罪名。依照尤斯特的說法，萬一他再惹火當局，他們就會給他場戰爭罪審判。尤斯特說：「東德的秘密警察，可都是戰爭罪行的專家。」

有人可能認為，公開審判的經驗與歷史記憶裡的政治腐敗，會讓東德人不願在一九九〇年之後對政治審判與肅清活動採取行動。然而，事情並非如此。在前東德境內，大家相當熱衷於審判共黨領袖，徹底清算秘密警察與線人。在東德，等同於路德維希堡中央辦公室的組織位在柏林，由新教牧師約亞希姆．高克（Joachim Gauck）主持。他的辦公室裡有秘密警察活動的所有文件資訊，堪稱倉庫與配藥室。用配藥室來形容倒是相當貼切，因為高克常用醫學術語來描述自己的工作：他說自己是「道德衛生」的藥劑師，而他持有的檔案能「治療」腐敗社會。有些批評他的人會叫他是「宗教大法官」，他們多半是以前兩德境內的老左派，不過，很少人會質疑牧師的良善用意。高克對審判的看法包含道德、司法與歷史層面。他把自己的觀點都寫在《秘密警察檔案》[11]這本書中。早些時期的歷史回音，幾乎縈繞在書中的每一頁。

高克寫道：「我們確實可以預測，個別的審判或許會持續一段很長的時間，就像在前西德針對納粹罪犯的那些審判一樣，有些案子甚至會超過提起告訴的時效期。但我們絕不容許特赦秘密警察，哪怕只是為了受害者。因為這樣做的話，絕對會破壞對法治的信念。」

法律教訓就言盡於此。對於歷史，他說：「西德人比東德人更清楚明白，讓下一代去面對邪惡的過去，會有多麼苦澀。他們曾吃盡苦頭，想必不會容許這種『德國式疏忽』變成一種壞傳統。

一九八五年五月八日，在終戰四十週年的紀念典禮上，希夏德・馮・魏茨澤克（Richard von Weiszäcker）發表了知名的演說，當中提及在形塑現在與未來的過程中，記憶所扮演的重要性。我們現在面對過去的方式，提供了絕佳的機會來掃除『德國人通常不願面對過去』與『無力哀悼』的偏見。」

文中提及了「無力哀悼」，顯示亞歷山大與瑪格麗特・密雪利希夫婦的諄諄教誨滲透地有多深。「我們這次一定要做正確的事，不能允許第二次的過去像第一次一樣緊緊抓攫困擾我們」。這個論點，或者更精確來說是情緒，對西德人也很有吸引力。甚至有人會說西德人特別會這樣覺得，因為他們，起碼有一部分的人，覺得自己寬容過納粹而心懷愧疚。儘管專欄作家、神職人員、學者、意見領袖不斷指出這兩段未被充分理解的過往歷史之間的差別，但納粹德國與秘密警察德國間的差異常常被混為一談。不只如此，西德居民中瀰漫某種資本主義勝利的氛圍，再度引發「勝利者正義」的指控，只不過這次坐在勝利者寶座上的，不是西方國家與蘇聯組成的同盟國，而是西德人。

這個狀況充滿諷刺：自覺有罪、身處其中的人因為自己「無力哀悼」而「飽受折磨」、上演了奧許維茲與馬伊達內克審判的這個德國，據說現在正在審判另一個德國——那個老牌的反法西斯分子、遭兩個獨裁政權蹂躪、有穿制服的軍隊踢正步進行軍事演練、秘密警察網絡的規模之大甚至超越了蓋世太保夢想的德國。在最後一個納粹戰犯在斯圖加特被判刑之際，無數的東德秘密警察與共產黨惡棍正等著在第二輪的司法歷史教訓中，扮演他們的角色。

東京

紐倫堡法院看起來很堅固，近乎牢不可破，但是這個城市本身卻缺乏踏實感。老城中心修復過的中古世紀風格有種舞台感，彷彿這裡只是歷史想像力揮灑其中的背景布幕。城裡面另一棟堅固的建築是齊柏林廣場上的體育場，這是亞伯特．許貝爾僅存的作品。當年，納粹的年度黨員大會就在齊柏林廣場上舉行。這棟建築實在太巨大了，炸不掉，光是男性廁所就跟一般的電影放映廳一樣大。不過，留是留了，但沒有什麼維護，支離破碎的石造看台上，雜草叢生。

我問一個賣紀念品（啤酒杯、旗幟、小刀）的老人，要怎麼走去法院大樓。他說：「你是說我們的軍官被吊死的地方嗎？」我回答是，正是那裡。他幫我指了路，但我還是迷路了。於是，我只好在下榻的旅館再詢問一次方向。接待櫃檯的年輕小姐不知道我在說什麼，她的主管便過來問有什麼可以幫忙的。她年約五十，頭髮染成金色。我重複了一次我的問題，她輕蔑地撇撇嘴，厲聲道：「你幹嘛想去那裡？那裡沒什麼值得看的東西，你何不去老城區逛逛呢……」我說了些關於歷史的事情，她轉身離開，一邊嘀咕著：「外國人哪……」

這棟建築物如我之前所言，很堅固，威廉二世時期風格，很搶眼的設計，浮誇華麗的程度跟許貝爾的體育場不相上下。石製底座上立著前法官的雕像，彷彿嚴厲的神明俯視富特街（Fürtherstrasse）。

建築物的主要入口上方有大型帶狀裝飾，展現了象徵權威的各種符號：石板上刻著代表十誡的羅馬數字、翻開的法典兩側有樹枝裝飾、樺樹樹枝捆綁成棒，束棒中間插著一隻斧頭，這是羅馬刑罰的標誌，後來被法西斯分子拿來當做黨徽。

雖然日本人也酷愛威廉二世時期建築風格的富麗堂皇（或許在殖民地更勝於在東京），但在東京卻沒有像紐倫堡法院那樣的建築。盟軍法庭在日本、東南亞與其他亞太地區舉行了超過兩千場戰爭罪審判。但是，在一九四六年到一九四八年年底間，審判二十八名日本軍事領袖、也就是所謂的「甲級戰犯」的「遠東國際軍事法庭」，其所在地的建築以前是個軍事學校，終戰時都還是日本帝國陸軍的總部。大禮堂被匆促改建成木造的審判室，一整排刺眼的聚光燈用來照明，讓當時的首席檢察官約瑟夫．基南（Joseph Keenan）聯想到好萊塢的電影工作室。在往後的歲月中，這棟建築被拆毀，好騰出空間蓋新的市政廳。

然而，還有另一棟更讓人心酸的建築與審判相關，那就是巢鴨監獄。一九四八年十二月中旬的某個夜裡，根據東京審判中盟軍法官的判決，六名將軍與一名平民在這裡的「死亡屋」中被吊死。仿造十九世紀歐洲監獄興建的巢鴨監獄，在一九七零年代時被拆掉。雖然占星師與風水師認為此地不吉利，但他們的建議沒被採納，亞洲最高的摩天樓在這裡拔地而起：名叫「陽光六十」（Sunshine 60）的閃亮白色大樓，同時也是集結休閒中心、辦公室、購物拱廊的超大型複合建築「陽光城」的一部分。

我不想要對建築上的差異做過多解讀。日本人無庸置疑很高興能擺脫巢鴨監獄，就像紐倫堡旅館中的接待人員，寧願紐倫堡法院或齊柏林廣場不再可供參觀一樣。不過，我不認為日本有過像紐倫堡法院那樣的建築。不像火車站或政府部門，有各種繁文縟節的法院從來就不是現代日本國家的中央機構。法律的存在不是為了保護人民不受專制統治；相反地，比較像是國家控制人民的手段。即使是在今日，日本的律師也相對地少。在法庭上為被告辯護，幾乎被視為某種形式的顛覆。所以，認為政治人物與軍事領袖應該為他們的所作所為負法律責任，在日本是很奇怪的想法，比在德國還奇怪。話雖如此，東京審判在日本所投下的陰影，遠比紐倫堡大審在德國更加長久與黑暗。

支持民族主義的修正主義者談論「東京審判觀點下的歷史」時，講得一副好像審判結果只不過是瘋狂的反日本宣傳，「國際特別法庭」被稱作是濫用私刑的暴徒。他們指責左翼分子在教科書與自由派刊物上散播「東京審判觀點下的歷史」，因而削弱了日本世世代代的民族士氣。所謂「東京審判觀點下的歷史」，簡單講就是認為日本從一九三一年開始，在亞洲密謀策劃且發動侵略戰爭的行為是有罪的。修正主義者卻認為，這場戰爭事實上是悲壯高貴的奮鬥，為了要追求民族生存，以及從西方殖民主義者的手中解放亞洲各國。只要英國人與美國人繼續壓迫亞洲人，「就必然會與日本對峙。我們不只是為了日本而戰鬥，我們的目標是打一場大東亞戰爭。因此，日本與中國對戰以及日本陣壓韓國，都格外讓人心痛。這些是言語無法形容的悲劇事件」。[12] 長谷川三千子這樣寫道。她出生於一九四五年，是修正主義派的歷史學家。

修正主義者擔心日本的世世代代會被東京審判給洗腦，這樣的擔憂是誇張了點。日本教科書是各方角力妥協之後的結果，以至於當中幾乎沒有反映任何觀點。正如所有有爭議的事情一樣，在日本，越痛苦的事，大家就越不說。一九八零年代出版的標準中學歷史課本中，論及東京大審的篇幅還不到半頁，而且只提到當年有這麼一場審判，「被批評是戰勝者對戰敗者進行的單方面審判。」[13]

西德教科書[14]描述紐倫堡大審就詳細多了，還把「針對『破壞和平罪』的追溯既往的法律」與「針對『違反人道罪』的新法律」清楚區分開來。前者「揭露了檢察官與國際法庭本身的問題：破壞和平罪必須是以國際法禁止侵略戰爭為先決條件才能成立，然而這樣的法令卻不存在。」顯然，盟軍法官拒絕把己方的戰爭行為也納入考慮，創造出了雙重標準。不過，教科書上繼續寫道，雖然處理「違反人道罪」的法律追溯既往，但它「對日後國際法的發展有進一步貢獻」。（西）德教科書與日本教科書的差別，不只在於細節問題，更是認知上的差距。對日本人而言，「違反人道罪」與猶太人大屠殺之類的無關，而是與任何戰爭中都會出現的軍隊暴行有關。日本人在討論戰爭罪時，一想到廣島與長崎原爆所帶來的震撼，就覺得更容易反過來說「你也半斤八兩」。

赫爾穆．貝克說，很少德國人會想批評紐倫堡大審的程序，是因為被告的罪行實在太明顯了。他指的是「違反人道罪」，更精確地說，就是猶太人大屠殺。而德國法庭在紐倫堡大審之後所舉行的審判，針對的就是猶太人大屠殺中的種種犯罪行為。

日本人自己從未舉行過戰爭罪審判，也沒有日本版的「路德維希堡」收藏所有文件。部分原因是因為日本沒有像猶太人大屠殺那樣的事件。雖然日本部隊的行為常常很野蠻，而國家神道與天皇崇拜所導致的心理狀態，往往也和納粹主義一樣歇斯底里，但日本人的暴行是軍事行動的一部分，而不是有計畫地屠殺包括自己國民在內的一整個民族。而且，戰爭中最令人作嘔、與實際戰鬥最沾不上邊的那些事，在東京審判中完全被忽略不提，例如七三一部隊在滿洲拿人體（叫做「圓木」）做醫學實驗。一九四五年時，美國人認為七三一部隊的醫生搜集到的資料實在太有價值，所以他們釋放這些醫生好換取他們手上的資料，包括人體冷凍實驗、注射致命的細菌、活體解剖等資料。有些醫生在戰後的醫療機構中還榮升高位，例如吉村壽人醫師用他在極端溫度條件領域的專長，協助了日本在南極的探險；操作過許多實驗性手術的北野政次醫師，後來擔任日本最大的血液處理公司「綠十字」的董事。

七三一部隊的故事，在日本並不全然無人知曉[15]，因為有本書的內容是以蘇聯審判某些七三一部隊的成員為根據，而且一九七六年時也有部紀錄片在電視上播出。不過，絕大多數的日本人是在一九八二年時知道這件事的[16]，當時偵探小說家森村誠一出版了以七三一部隊為主題的三部曲《惡魔的飽食》之首部曲。儘管森村做了很徹底的調查，但書名也反映出整本書的風格，吸引不了學術圈的注意。不過，這本書大賣，且啟發更多人去研究這個主題，森村也因此成了極右派的眼中釘。

有些日本人認為他們應該要舉行自己的戰爭罪審判。歷史學家秦郁彥認為，無論是在軍事法庭還是一般法庭上，都應該依據既有的日本法律審判日本領導人物[17]。他相信日本法官可能會比東京審判中的盟軍法官嚴謹，再說，後果也會好得多。被告要是被判有罪，身後也不會入祀靖國神社。他說，東京大審「淨化了被告的『罪行』，把這些人統統變成了捨身取義的烈士。要是他們是在本國的法庭受審，就有很大的機會可以清出真正的罪犯。」

話雖如此，但日本法庭用什麼立場起訴自己國家以前的領導者呢？秦郁彥是這麼回答的：「因為這些人發動了一場明知會輸的戰爭。」他舉了阿根廷的加爾鐵里將軍與其同袍輸掉福克蘭群島戰爭為例。簡言之，日本的領導階級會因為輸掉戰爭、讓國人承受強烈苦難而受審。德國法庭要是在一九一八年時審判興登堡將軍或魯登道夫將軍，大概就像這麼回事。這個想法很引人注意，但也再次展現了日本戰爭與德國戰爭在記憶與現實上的基本差異。德國人也打了場仗，但讓他們為此審判像是柏格或舒旺貝格這類自己人的那場戰爭，是不能輸掉的戰爭，除非輸掉的意思是某些敵人活了下來。

只要是跟戰爭時期有關的事情，日本左派的觀點與修正主義的右派向來大相徑庭，對於東京審判的看法也不例外。日本左派的觀點和德國左派看待紐倫堡的方式差不多。小林正樹在一九八三年時拍攝的紀錄片《東京裁判》充分表達了左派觀點，雖然有點冗長。小林正樹完全不為日本戰爭辯解，他最知名的影片是一九五九年時上映的《人間條件》，片中嚴厲批評日本戰爭。該片主角是個名叫梶的年輕人，雖然愛好和平，但身為派駐在中國的士兵，被迫親眼見證了戰爭的殘酷恐怖。這完全是小林本人的寫照。

《東京裁判》總長四個半小時，以廣島與長崎原爆拉開序幕，最後一幕則是「越南小女孩光著身子，在燒夷彈轟炸中恐懼奔跑」那個著名的鏡頭。影片中看不出小林有反對審判或不同意大審結論的跡象，但審判的場景被比基尼環礁上的核子試爆影像打斷；在日本很少出現的南京大屠殺短片，後面緊接著廣島上方核爆蕈狀雲的鏡頭。就像德國左翼分子在紐倫堡大審中所做的，小林正樹用東京大審來扭轉局面，把槍口指向審判者，但他的目的未必是想減輕日本人的罪行，反而是想表現出勝利者是如何違背了他們強加在日本身上的和平主義。

在日本，還有其他觀點，介在修正主義者的辯解與「你也一樣」中間。不過，所有的日本人回憶起東京審判時，感覺都很矛盾。這跟缺乏法治傳統或民族主義者的冥頑不靈比較無關，而是與這場審判的本質相關。一九七〇年時，傑出的日本劇作家木下順二寫了齣戲[18]，把東京審判變成一齣悲傷的鬧劇。關於審判最知名的書籍則是城山三郎在一九七四年時出版的《戰犯：廣田弘毅的生與死》[19]，書中語帶同情地描述那名被吊死在巢鴨監獄的平民的故事。這本書後來被改編成電視劇。

木下順二與城山三郎都不是右翼的修正主義者，一九六零年代「新左翼」哲學家吉本隆明也不是，但他卻在一九八六年時寫道：「作為同個世代的人與見證者，這場審判某種程度上來說打從一開始就是策劃好的，是在宰殺獻祭用的羊之前的荒謬儀式。」[20]據說大多數日本人都持這樣的看法，即使他們不怎麼同情那些「獻祭用的羊」。一九四八年時，美國佔領滿三年，在審查制度與美國推波助瀾下，大家從廣播中聽到判決結果後，只是悲傷但認命的聳聳肩說：打敗仗就是這麼回事。

不過，吉本繼續說了件修正主義者從沒提過的事，他說：「我也記得自己第一次接觸到歐洲的法律概念時，有多麼大開眼界——被告可以為自己辯護，不會沒經過正式審判就被砍頭，且謹慎的裁決看似遵循公共程序。那跟我們亞洲法庭上的概括式正義大不相同。」

吉本所言既公允又令人震驚，因為它直指了導致東京審判失敗的原因。對政治審判做手腳削弱了他所說的歐洲法律概念，也讓審判變成「荒謬的儀式」。用約瑟夫．基南的話來說，東京大審之所以了不起，在於「史上破天荒頭一遭，個人接受審判，親自為他們在擔任國家領導人的公職時所犯下的罪行抗辯」。這句話是令人尷尬的口誤，因為日本只有一位國家領導人，那就是天皇，而天皇在訴訟中缺席了。東京大審唯一的榜樣是紐倫堡大審。審判的過程並非總是公正，比方說：被告提出的證據有時候不被採納、偏袒檢方提出的證人。然而，東京審判就跟紐倫堡大審一樣，也有個更明顯的目的：給日本人甚至是全世界一個歷史教訓。

費德烈克．密尼安（Frederick Mignone）是其中一名檢察官，略嫌做作地說：「在日本，或總的來說在東方，這場審判是佔領時期最重要的階段。日本媒體大幅報導此事，首次向無數日本人揭露死硬派的軍部領導人有多麼詭計多端、口是心非、對權力有多麼貪得無厭。這場審判寫下了迫切需要被寫下的事件歷史，若非如此，不會有什麼記錄留下。」[21]

這的確有迫切性，因為大家所知甚少。政治學家石田雄當時是學生，他說自己「永遠不會忘記聽到帝國陸軍在佔領南京後立刻展開大屠殺時，有多震驚」[22]。有些資訊甚至讓被告都嚇到了。將軍板垣征四郎素以無情殘忍聞名，他在戰爭時負責管理東南亞的戰俘營，麾下的部隊屠殺了無數中國老百姓，他在日記中寫道：「我聽到前所未聞之事，回想起我已經忘掉的事情。」審判結束之後，《日本時報》指出東京大審的瑕疵，但又加了句說：「日本人應該好好想一想，為什麼他們心中所思跟全世界當作常識一樣習以為常的東西，差距會那麼大。日本人為自己招來悲劇，正是源自於此。」

今日，差異仍然存在。但若回過頭來看，唯一能下定論的是：這場審判與其說幫助日本人了解並接受自己的過去，還不如說讓他們心懷憎恨、憤世嫉俗。政治審判創造出政治化的歷史敘事，這正是修正主義者所謂的「東京審判觀點下的歷史」。即使他們導出的結論不正確，他們還是說對了，因為譴責東京審判未必就能因此否認日本人的罪行。木下順二的戲劇作品，正是以此為主題，相當精彩。

《人神之間》由兩個部分組成。第一部分的標題是〈審判〉，使用真實的文字紀錄來描述東京審判。同盟國在某些微妙事件上狼狽不堪的場景引人發噱，像是廣島原爆、蘇聯遲遲才宣布參戰（在原子彈投下的兩天之後）。戲中用荒謬的法律術語來遮掩政治上的尷尬。這部分常被解讀成用「你也一樣」來洗刷日本人的罪行。木下順二強調東京大審法庭的偽善，看似否定了審判的結論。不過，也有其他可能的解釋。觀眾聽不到日本被告說話，但可以看到他們就坐在觀眾席內，所以事實上坐在被告席中的不只是那二十八個人，而是全體（日本）觀眾。顯然，這齣戲不只是控訴東京大審的訴訟程序，觀眾也沒輕易被放過。

第二部的標題是〈南海浪漫〉，故事很典型，無庸置疑是以真實事件為本，內容是關於一個被冤枉絞死的人。一名音樂廳歌手娓娓道來犯罪故事。滑稽的審判以夢境次序再現，拙劣可笑地模仿東京審判，充當證人的是吱吱喳喳的猴群。這場惡夢一結束，劇中所有人物都希望立刻忘掉這場審判，只有音樂廳歌手不願意忘記，而她也是唯一一個拒絕指控審判不公正的人，她說：「要是僅以『這場審判是鬧劇』來思考這一切，那哪會有人覺得有任何意義？」

木下順二的戲表面上看似為日本罪行辯解，事實上卻探究了更深層的問題：罪行與報復。在戰爭罪審判的討論上，他的戲比德國人的戲還要深刻；而且，弔詭的是，基督教精神（木下順二曾經是基督徒）對他的戲所造成的影響，甚至比對那兩位歐洲人還多。彼得・魏斯與霍夫・舒奈德都寫過對納粹罪行的政治操作。魏斯試圖呈現究竟是什麼造就了像柏格那樣的施暴者，但他與舒奈德都沒有質疑審判的有效性。木下順二的重點就不同了，他的劇作表現出戰爭罪審判的任務不在於處理集體責任與真相，甚至光是這種措辭本身就錯了，連音樂廳裡裝出來的插科打諢都還更恰當些。然而，只是哭喊著「這根本是勝利者的正義」是不夠的，因為那無法幫助大家漸漸接受自己的過去，而只是另一種遁詞。此外，在東京審判中那二十八名被告或許多為較低階的戰犯到底是不是有罪，也不是問題真正所在。是坐在觀眾席的我們，必須要自我審判自己的罪行。

東京大審師法紐倫堡大審，彷彿日本在亞洲的戰爭多少和希特勒的戰爭一樣。不過，就連法官都認為日本的被告不能僅被當作是「東方版的納粹分子」。東京軍事法庭的庭長威廉・韋伯爵士（Sir William Webb）認為：「德國被告所犯下的罪行，遠比日本被告更加惡劣、變化多端且範圍廣大。」換句話說，紐倫堡大審中幾乎所有犯下「破壞和平罪」的被告，也都犯下「違反人道罪」；但半數的日本被告只因為「政治罪行」被判處無期徒刑。

法蘭克・塔非那（Frank Tavenner）是當時負責訴訟的律師，他說：「紐倫堡法庭裡的那些混蛋是掌握權力的一群人，是犯罪環境下的廢物。他們接受徹底的犯罪教育，除了犯罪手段之外什麼都不懂。（在東京的）這群人卻不是這樣，他們理應是國家棟樑與誠實可靠的領導者，民眾信心滿滿地把國家命運託付在他們手上。」[23]

然而，在日本，責任問題向來很棘手。在這裡，正式職責比實際罪行還容易辨別。不只是因為很多人會幫上級長官承擔罪責，就像木下順二戲裡的主角一樣——這在日本很常見，在幫派、政治或商業組織裡都有這種現象——而且，最高層的人有時也管不住他們肆無忌憚的下屬。因此，由不懂日本的人倉促成立的亞洲各地軍事法庭，無法在日本人的指揮系統中找出誰該對什麼負責，也就沒什麼好大驚小怪了。結果，很多人因為錯誤的原因被冠上錯誤的罪名。這也是為什麼日本大眾相當同情被外國人貼上戰犯標籤的那些人，尤其是乙級與丙級戰犯；大家也很同情只是遵守命令的人或低階軍官，像是戰場指揮官、營區警衛之類的人。

一九五三年時，超過一千五百萬人連署要求釋放所有的日本戰犯。西德駐東京大使館發給位在波昂的司法部一份電報，上頭寫著：「日本人民認為，戰爭罪行特別法庭的真正目的從未被實現，因為戰勝國單方面決定了判決結果，所以有報復的意味。（日本）戰犯沒有意識到自己犯了罪，因為他們認為自己的行為是出自愛國心的戰爭行動。」[24]

一九五三年也是電影大放異采的一年，像是把戰爭領袖描繪成烈士或愛好和平的英雄的《太平洋之鷲》。「太平洋之鷲」指的是山本五十六上將，他是珍珠港事件的策劃者與執行者，在很多方面的確是溫和穩健、令人敬佩的人物。山下奉文將軍就沒那麼溫和了，雖然他的確是「非正規法庭」下的受害者。他是英雄崇拜片《山下奉文》中的主角。他麾下的士兵在菲律賓犯下慘無人道的暴行，也就是一九四五年的馬尼拉大屠殺，其野蠻程度與南京大屠殺不相上下。所以，電影中他被形容成愛好和平的紳士，而馬尼拉的美國檢察官則是大反派，這種看待過去的方式似乎是有些奇怪。

不過，也不能說是完全不對，畢竟審判是被操縱的[25]。山下奉文無疑是個強悍的軍人，但當時他離在馬尼拉胡作非為的部隊甚遠，以至於很難知曉當下的狀況。然而，美國檢察官公開放話想要絞死「小日本」；麥克阿瑟將軍也想報一箭之仇，一雪輸掉菲律賓之恥，所以他加速審判過程，甚至趕在美國高等法院發出兩票反對意見之前，決意吊死山下奉文。持反對意見的法官說這是「沒有經過正當法律程序的司法私刑」。山下奉文的死刑判決在珍珠港事件紀念日宣布。有了這種先例，很少日本人膽敢舉行自己的戰爭罪審判，連那些把過錯全都推到「軍國主義者」身上的人都不敢。

政治理論家丸山真男把戰前的日本政府稱作「無責任體系」[26]，他區分了三種政治人格：「可扛著走的神轎」、「官員」、「草莽之徒」。「神轎」的地位最高，象徵至高無上的權威，由「官員」扛在肩上（就像是節慶裡可見的那種神轎）。「神轎」是被崇拜的對象，但扛著「神轎」的「官員」才是真正掌握權力的人。然而，包括各層官僚、政治人物、上將與將軍在內的「官員」，經常受最低階層的「草莽之徒」所操弄。「草莽之徒」包括特立獨行的軍人、戰場上魯莽的軍官、瘋狂的民族主義者與其他暴力之徒。這個「無責任體系」造成的結果是政治上的因果關係就此消失，歷史看起來會像是由既成事實所組成的一條長線，永無止盡；像是靜止的時間週期，充滿壓迫感，被暴力事件打斷；暴力的源頭總是很神秘，可能來自於外來的惡魔、大自然或根據日本修正主義之父林房雄的說法：「歷史的鐵石心腸」。

坐在東京審判被告席中的甲級戰犯是「官員」，也是「神轎」。他們是「官員」，肩扛著最高層級的「神轎」——天皇本人；但是「官員」本身也被位階更低的人用肩扛著，且受「草莽之徒」操弄。政治責任就像無窮動的鐘擺一樣，繞啊繞、上上下下、永不停止。一旦這個系統旋轉到超出控制時，暴力的「草莽之徒」便會強行起事，緊張的「官員」於是出面回應，最後由具有神聖地位的「神轎」把事件正當化，這就是一九三零年代發生的事。這是問題的核心所在，但東京審判不願意加以處理「神轎」，也就是裕仁天皇（現已追諡為昭和天皇）的角色，每一樁戰爭罪行都是以他之名而犯下的。

我在造訪南京之後與佐伯裕子見面，那是一九九〇年的夏天。她大概四十初頭，很有魅力，是日本傳統詩人。她的短歌，可說是用極簡的方式哀悼在屈辱中生活的家庭：

> 我爹喝醉了，醉得像顆石榴，在爺爺被處決的那日之後
>
> 我們全體，一家人，打從爺爺的時代就沉默，喉頭緊繃

佐伯女士是土肥原賢二將軍的孫女。人稱「滿洲的勞倫斯」的土肥原賢二，一九四八年時因為違反人道罪、破壞和平罪與傳統戰爭罪，被判絞刑死在巢鴨監獄。他是個複雜的人物，位階雖高，卻是典型的「草莽之徒」，從事恐怖活動、走私毒品與集中營的運作。身為滿洲關東軍的指揮官，他也推動了日軍在中國的戰事。

佐伯女士的父親承受不了身為土肥原之子的壓力，他找不到工作、酗酒、年紀輕輕就過世了。佐伯女士則是在小學時飽受霸凌（但在她所就讀的菁英高中裡沒有），她曾經希望天皇前來拯救她，因為她所受的教育說「天皇是我們所有人的父親」。但她父母告訴她別再指望天皇的拯救了，因為日本輸掉了戰爭。她母親說：「現在我們要靠自己過活了。」無論如何，天皇的玉照還是高掛在家裡的牆上，直到一九五零年代她上高中時，才把照片換成詹姆士・迪恩（James Dean）的海報。

佐伯女士覺得自己是悲劇家庭中的一分子。從結果論來看，她也對當局的反覆無常感到憤怒。她對天皇的感覺一直以來都非常複雜。她說，在東京審判中，天皇竟允許罪責問題被迴避掉：「這些被告都是他的子民啊！一般來說，日本人的確對於像我祖父那樣的甲級戰犯不怎麼同情，但乙級戰犯與丙級戰犯被視為是受害者，因為他們只是執行了天皇的命令。」佐伯女士現在比較沒那麼憤怒，畢竟天皇都過世了。

身為土肥原賢二的孫女，她不覺得驕傲。事實上，她自幼就不喜歡這個身分。但她正值青春期的兒子就不這麼想了，這孩子沉迷於曾祖父的故事與所有和戰爭相關的事。佐伯女士說他很聰明但非常支持民族主義、很排斥「東京審判下的觀點」。他跟朋友一起看小林正樹的電影《東京裁判》時，還吹噓自己是土肥原的曾孫。佐伯女士說，這讓她明白了時代在改變。

裕仁天皇不是希特勒，希特勒也不只是「神轎」。不過，以天皇崇拜為基礎的「無責任體系」所造成的危險後果，在東京審判中確實浮上檯面。就算沒有驅使、但肯定合理化了日本部隊野蠻行徑的意識形態，雖然不包括「最終解決方案」，但就跟希特勒的國家社會主義一樣具有種族歧視的特質。日本人是亞洲的「優等民族」（Herrenvolk），是神之子。歷史學家家永三郎說過一個故事[27]：一九三零年代時，有個日本的小學生在解剖活生生的青蛙時覺得於心不忍。老師厲聲斥責他，用指關節敲他的頭說：「你為什麼要為一隻低賤的青蛙哭泣？等你長大之後，可是要殺光一兩百個清國奴的。」

某個在中國打過仗的退伍老兵在電視訪問中說，他之所以能殺掉中國人而不會良心不安，是因為他沒把他們當人看。這些殺戮是「聖戰」的一部分，在宗教上甚至是有功勞的。法蘭西斯·史考特上尉（Captain Francis P. Scott）是巢鴨監獄裡的牧師，他問日本集中營指揮官為什麼要虐待戰俘，以下是他總結他們的回答：「他們相信，只要是天皇的敵人就不可能是對的。所以，他們對待囚犯越殘忍，就越能彰顯自己對天皇的耿耿忠心。」[28]

裕仁天皇是個曖昧模糊的形象，戰後他脫下一身海軍軍服，改穿灰色西裝。雖然不能拿他本人跟希特勒相提並論，但是這兩人在心理學上的角色倒是非常相似。密雪利希夫婦形容希特勒是「德國人依賴的對象，德國人把責任轉移到他身上，他因而是精神上的客體。因此，希特勒象徵了『無所不能』

的概念，並且讓這個概念復活，這是我們打從孩提時代便對自己所懷抱的想法」。[29]這種說法也適用在日本的天皇崇拜，無論坐在皇位上的是殘忍的戰犯還是溫和有禮的海洋生物學家，都沒關係。

然而，麥克阿瑟將軍在一九四五年後決定要維護的也正是這個權威象徵、這個最神聖的「神轎」。順便一提，這是日本當初要求過的投降條件，但同盟國陣營不同意，且在摧毀廣島與長崎之後強迫日本無條件投降。一九四五年後，人們擔憂要是沒有天皇，就不可能統治管理日本。事實上，麥克阿瑟表現的就像是傳統的日本強人（而且因此受到很多日本人愛戴），用皇權象徵來強化他自己的權力。結果，他讓日本崛起中的民主制度胎死腹中，且嚴重地扭曲了歷史。因為要讓天皇留在位置上（至少可以叫他辭職吧），天皇的過去必須是清白沒有瑕疵的；也就是說，所有以這個象徵符號為名而發生的事，都必須被撇得一乾二淨。

很難說這樣做會不會更容易統治日本，但卻因此招致了大量的反感。原一男在一九八七年時拍攝了傑出的紀錄片《怒祭戰友魂》。主角是帝國陸軍的退役老兵奧崎謙三，他在新幾內亞擔任過二等兵。戰爭結束時，他隸屬的小隊中有兩個年輕士兵被自己隊上的小隊長射殺，原因不明，那時奧崎已經返回日本。奧崎對這件事越來越執著，非得要找出事實真相不可，於是他決定追查所有的生還者。

奧崎起碼可以算得上是個偏執的傢伙。他因為朝天皇發射小鋼珠與散布含有天皇色情塗鴉的小冊子而坐牢。他開著小貨車巡迴全日本，車頂懸掛著旗幟標語，要求天皇道歉，因為天皇葬送了無數年輕人的性命。用他自己的話說，他對真相的追尋是為了要「安慰那些為天皇捨命的靈魂」。

奧崎既不是基督徒，也不是佛教徒或神道組織的成員。他相信的是某種他稱為「奧崎教」的東西，混和了自然法則與無政府主義。在文學方面讓人聯想到的不是日本的例子，而是德國人克萊斯特（Kleist）的小說《最後的正義》（*Michael Kohlhaas*）。這本書描寫布蘭登堡的馬匹交易商對正義的狂熱，導致了謀殺與混亂。

依照奧崎謙三的要求，原一男始終手持攝影機跟隨著他，畫面跳動而粗糙。觀眾無法預測接下來會出現什麼狀況，場面一直瀕臨無秩序狀態。在其中一幕中，生病的老同袍不願說出真相，奧崎便猛踢他；在另外一幕中，奧崎跟以前的軍官扭打在地，警方試圖介入時，奧崎叫他們少管閒事。他厭惡任何形式的權威，這點打從一開始就清清楚楚。他說，警察就跟戰爭中的士兵一樣，只會服從命令。儘管充斥著無盡的謊言與遁詞，醜惡的真相卻漸漸浮上檯面：大家以為那兩個年輕人是因為逃跑而被處決，但真相卻不是如此。事實真相是小隊長下令殺掉他們，好填飽大家的肚子。在日本軍隊中，吃掉自己人的情形不常見，通常是吃掉原住民或敵方士兵。但有時難免「斷糧」，再加上小隊長不喜歡這兩個大兵，於是事情就這麼發生了。小隊長本人當然抵死不承認這件事，真相是由其他人的陳述中一片一片拼湊出來的。

但是對奧崎謙三來說，單單找出真相是不夠的，他要小隊長承認這件事。謊言讓奧崎怒不可遏。小隊長是個肥胖的老人，住在大房子裡，日子過的很好。奧崎粗暴地抓住他，對他咆哮，說他應該全盤托出，並且應該為自己的所作所為負責。小隊長說他才不這麼認為，大家可得理解當年的狀況，他只是履行身為日本軍人的職責而已。奧崎大喊：「你要說的就這些嗎？我認為最能代表人類不負責任的就是天皇，接下來是那些效忠天皇的軍官，就像你這種人……」最後，奧崎試圖槍殺他，但失敗了，反而射傷了他兒子。奧崎說，這是神明的正義，為此他被判處無期徒刑。

裕仁天皇不只逃過了東京審判的起訴，他甚至稱不上是證人。雙方協議讓至高無上的天皇從整件事情中脫身。阿里斯泰德・喬治・拉札魯斯（Aristides George Lazarus）是律師，在審判中為某位將軍辯護，他被要求安排「軍方被告與相關證人在陳述證詞時，要盡力表達出裕仁天皇只是出於善意而出席討論軍事行動或進度的會議，因為根據禮儀他得參加」。[30]其他律師肯定也收到類似的指示。

在審判期間，這個遊戲規則只有一次差點出錯。主任檢察官基南交叉審訊東條英機將軍時，東條承認「沒有日本國民膽敢做出違背天皇意志的事情」[31]。這完全不在麥克阿瑟悉心策劃的腳本之中。於是，基南被迫說服另一位被告木戶幸一侯爵去叫東條改正說詞。木戶是掌管國璽的大臣，戰爭期間擔任天皇的親信。東條向來忠心耿耿，一星期之後更改了他的說詞，他說：「基於最高司令部給的建議，天皇雖然百般不願意，但只好同意參戰。」但是，天皇「對於和平的熱愛與渴望，即便到了開戰那一刻都沒改變，在戰爭期間也是如此」。

重點並非大多數日本人會希望看到天皇被判絞刑或站上法庭，而是天皇的罪責問題不僅僅只具歷史意義。因為直到戰爭結束，天皇崇拜都被利用來鎮壓言論自由與撤銷政治上應負的責任。不去探討天皇在戰爭中的角色，就無法徹底揭露「無責任體系」，而讓這個體系有可能以某種形式延續下去。

早期批評天皇崇拜的人[32]很清楚這點。一九四六年時，左翼導演亀井文夫所拍攝的電影《日本的悲劇》就強烈批判天皇在戰爭中的角色。一開始，美國審查員看到這個由短片、照片、報紙報導組成的大雜燴，還不覺有異。但日本首相吉田茂看過私映後，向當時的美軍軍情局局長查爾斯·威樂比將軍（General Charles Willoughby）抱怨，說這部影片搞顛覆。威樂比也這麼認為，於是這部電影就被禁了。一九八四年時，亀井文夫與電影史學家平野共余子一同參加《日本的悲劇》的放映會。平野表示她聽說這部片被禁的時候，正是日本人不再積極討論裕仁天皇的戰爭責任的那段時間。這不只有利於日本與美國當局，對大多數人來說也是如此。只要天皇還活著，日本人就無法誠實面對過去。因為天皇本該對一切負正式責任，而讓天皇免責，就表示大家都被赦免了，當然一些被當做代罪羔羊的軍人跟老百姓除外，他們是在「勝利者正義下犧牲」的「官員」與「草莽之徒」。

第七章

教科書抗爭

德國

在《美國羊栖菜》一書中，野坂昭如描寫了一九四五年時日本小學生的生活。戰爭期間[33]，學英文沒什麼用，歷史老師說你只需要知道「要」或「不要」這兩個字。一九四二年時，山下奉文將軍要求新加坡的英軍無條件投降，他對白思華將軍（General Percival）大吼「要不要？」（yes or no?）但是現在，戰爭結束了，該是時候學著說「謝謝」跟「不好意思」了。

歷史老師以前總說，白思華將軍是很典型的白人：個子高、但膝蓋無力。日本人有很強壯的大腿，所以打架的時候，任何一個日本人都可以擊敗白人；因為白人弱不禁風，老坐在椅子上，而日本人坐在地板上，所以有運動到肌肉。但是戰爭結束後，歷史課突然更名為「社會研究」課，老師卻說：「看看那些美國人！他們的平均身高是五呎十吋，而我們日本人只有五呎三吋。這七吋的差距決定了一切，我認為這是我們戰敗的原因。體力的基本差異勢必會表現在國力上。」男孩不太確定老師為什麼要這樣說，「但他那麼會講，以至於你永遠不知道該不該把他的話當真。或許他只是想掩飾自己的尷尬，因為突然之間，他得用審查過後塗的墨漬斑斑的教科書，從宣揚『神聖日本』改成竭力鼓吹『民主日本』。」

結果，大家再也不相信老師說的話。以前說這是神聖民族對抗盎格魯美國惡魔，戰到最後一兵一卒方休；現在卻用英文說「謝謝」、「不好意思」、「民主」。

我前去拜訪東柏林郊區某間高中的兩位歷史老師時，腦中想著野坂這篇中篇小說。就在兩年前，與蘇聯團結如手足、由工農階級與士兵組成的反法西斯共和國，剛和與美國結為盟友的資本主義德國聯邦共和國，結合在一起。歷史，支撐著這麼大程度的政治活動，勢必發生動搖。老師要如何解釋這些？他們的學生中，又有多少人繼續相信他們說的話？

連恩女士與納斯女士看起來大概四十多歲。連恩女士是校長，以前是共產黨員；納斯女士沒加入共產黨，這也是她沒辦法當校長的原因。她們兩人都有張知性嚴肅的臉，頭髮從蒼白的額頭向後梳，一絲不苟，身上穿著厚毛衣與結實的鞋子，裝扮合宜務實。學校建築年久失修，糞土色的牆壁上有漏水的裂痕。我們在一間聞起來有菜味的寒冷房間裡碰面。

我講了野坂昭如寫的故事，她們聽了之後聳聳肩，互看一眼。納斯女士比較資深，先開口說話。她說，一九四五年時，在她們那邊的德國沒有這樣的問題。蘇聯佔領區裡有百分之九十的老師都被炒魷魚了，而那些待到一九四九年之後的人肯定都是反法西斯分子。至於一九九〇年嘛，在她們學校裡問題相對比較少，因為這是所相當民主的學校。這時她們兩人都用力地點頭。

她繼續說，歷史上某些事件當然要跳過不談，比方說，波蘭軍官在卡欽（Katyn）被屠殺一事最好就別提，還有《德蘇互不侵犯條約》也是。納斯女士說：「這些事情我們不清楚，你得了解，我們不說不正確的事。我們只是跳過某些主題而已。」

從東德的舊教科書來看，嚴格來說這不是實話。一九三九年八月簽訂的《德蘇互不侵犯條約》讓納粹德國與蘇聯可以瓜分波蘭，書裡面其實有提到，只是有特殊的解釋。我翻查了連恩女士親手交給我的歷史課本，就在第一百四十五頁的地方這樣寫著：「蘇聯與德國之間的不侵略條約……這個為了解決帝國主義制度中的內在衝突，以犧牲蘇聯的利益為代價而訂定的計畫，失敗了。蘇聯阻撓了一個強大的反蘇維埃聯盟的形成，同時設下德國侵略東歐的防線。這個條約確保了兩年的和平時光，讓蘇聯得以在這段時間內建立防禦工事。」[34]蘇聯進軍波蘭不是為了要搶奪土地，而是要「保護烏克蘭與白俄羅斯人民的生命與自由免受法西斯主義者的摧殘」。

讀了這段課文後，學生被要求回答印在書頁空白處的兩個問題：「《德蘇互不侵犯條約》的意義為何？」；「為什麼帝國主義的追隨者至今仍貶損這個條約的價值？」連恩女士與納斯女士的任務就是要教導學生怎麼回答才是政治正確。

納斯女士說：「當然我們得告訴這些孩子，我們現在教給他們的某些事情，其實當初我們也不清楚。他們接受這樣的說法，也能理解。即使是在從前，學生也知道我們並非全盤相信那些必須要教他們的事情。這裡是柏林，我們全都看過西德的電視節目，我們都知道，只是不會討論。」我想全東德的人都有看過影集《大屠殺》，只是不能討論，因為他們原本是不應該收看的。

連恩女士說：「我們這裡沒有什麼罪責問題，我得要告訴我的學生，去波蘭跟捷克斯洛伐克校外旅行時，行為舉止要謹慎點。我得要跟學生解釋，對於那些國家的人來說，我們仍然是發動戰爭的人。你看，那些團結一致如手足的話都是屁，那裡的人還是憎恨我們。但我的學生很難了解這種事，他們就是不懂。有個學生在華沙閒晃時，因為穿著德國國旗顏色的短褲就挨揍了。」

我問：「那現在呢？學生能接受不同的歷史詮釋嗎？」兩位女士都翻白眼。

連恩女士說：「他們變得非常被動。」納斯女士說：「他們再也不提問了。他們沒什麼批判性，只會看電視。」連恩女士也附和道：「年紀大一點的孩子，只會聳聳肩，不知道自己幹嘛要花心思在任何事情上，他們會說：『何必呢？』」

我問她們怎麼看西德的新課本，納斯女士說：「呃，新課本比較漂亮，不過內容就……」

連恩女士說：「很糟糕，非常膚淺。」我請她們講得更精確點。

「對於戰爭的分析不足，像是戰爭為什麼會發生之類的。有很多關於猶太人的部分，但都只是流於表面，沒有架構、沒有背景資訊……」

我不知道她們期待看到怎樣的背景資訊，難道她們還懷念馬克思主義者說「壟斷性資本是希特勒法西斯主義的根」那套解釋嗎？

兩位女士立刻異口同聲說：「噢，但我們仍然相信這個說法。很明顯，既得利益者發動戰爭。我們還是這樣教學生的，但問題在於學生對舊東德與新西德之間的差異非常敏感，我們的困難在於得讓他們自己決定要相信什麼。」

從連恩女士手上的課本來看，東德對於二戰歷史的主要論點可以被歸結成兩個短短的段落：第一段提到一九三五年在比利時布魯塞爾舉行的共產黨大會：「因為希特勒政權是獨裁政權，包含了大資產階級所具備的最反動、最具攻擊性的元素，所以客觀上來說與所有階級的利益相衝突。因此，對抗希特勒的獨裁，必須以反法西斯主義與維護民主秩序為目標。支持民主與愛好和平的所有勢力都對這樣的目標抱持興趣，而由德國共產黨提出廣泛結盟的計畫。」

第二段提到第一個戰後的德國共產黨計畫：「就算反抗希特勒聯盟的敵人從東西兩邊壓境，共產黨人無論是奮力抵抗、身處集中營、還是流亡中，都準備好一推翻法西斯政權，就要建立一個民主、愛好和平的德國。」

連恩女士與納斯女士的學生怎麼可能覺得有罪惡感？他們出生在這個「民主」、「愛好和平」的德國；他們是反抗運動之子，父執輩奮力對抗希特勒政權（不是德國，甚至不是納粹德國；好德國繼續存在在共產黨人這邊，在地下活動中、在流亡中）。第三帝國的故事沒有被描述成是德國漫長動盪的歷史中悲劇性的錯亂，也沒有被描述成德國理想主義中的黑暗傾向所導致的必然結果。事實上，有些最推崇民族至上的德國理想主義者，在東德是備受尊崇的人物，像是寫下《告德意志國民書》的約翰

・戈特利布・費希特（Johann Gottlieb Fichte）或德國體操之父菲德利希・楊恩（Friedrich Jahn）。第三帝國的歷史以具有連續性的敘事呈現，遵循著不間斷的歷史法則。「希特勒政權」不過就是資產階級的資本主義中最後且最暴力的階段。就像某個東柏林的喜劇演員曾說：「過去屬於西邊（德國），未來屬於我們。」

東德課本上選錄的插圖支持這個論點。書上有參加反抗運動的共黨英雄畫像，像是統治東德將近二十年的埃里希・何內克（Erich Honecker）、在一九四一年臨刑之前大喊「共產黨萬歲」的海茵茨・卡佩爾（Heinz Kapelle）；此外，還有一幀卓婭・柯斯莫傑米揚斯卡婭（Soya Kosmodemyanskaya）的照片，她是俄羅斯游擊隊員，在莫斯科附近被絞死前大喊：「同志們，繼續奮鬥，別害怕！」書中也有希特勒本人的照片，他身旁環繞著工業鉅子，放這些照片是為了顯示反抗行動的目標何在。戰爭本身的照片很少，只有一兩張蘇聯士兵在東邊前線戰鬥的照片。此外，還有一些集中營的照片，拍攝地點清一色在布亨瓦德集中營，當年有很多共產黨人被關在那裡。不過，有張照片是蘇聯士兵跟身穿條紋囚服的集中營囚犯握手，這就不可能是在布亨瓦德了，因為美國人比蘇聯人先抵達布亨瓦德。

在這些課文中，蘇聯解放者與共產黨叛軍的英雄身影還比暴行與滅族屠殺來的清晰。東德的子子孫孫沒有被要求彌補或深思他們父祖輩犯下的罪行，奧許維茲不是他們認同中的一部分，他們接受的教育是要認同英雄。

如同連恩女士與納斯女士所言，西德教科書中的過去，呈現很不一樣的樣貌。對那些「真的不知道」過去發生什麼事的人來說，看到的時候一定很震驚。西德課本上很少有反抗英雄的照片，但是猶太人大屠殺的照片很多。幾乎每個版本的教科書上都有那張著名的照片：穿著閃亮軍靴的黨衛軍軍官，昂首站在伯克瑙集中營的鐵道斜坡上，從人群中挑選出要立刻處決的受害者；課本中詳細引用了納粹文件，有典型的集中營紀律規則、一九三五年頒布的種族法、戈貝爾或戈林的演講稿，以及黑得利希（Reinhard Heydrich）針對一九三八年「水晶之夜」寫的官僚式迂腐報告。

伯恩德．魏茲卡是帶學生參加「舒旺貝格審判案」的高中歷史老師。他告訴我，西德學校的教育標準建議一年要教授約六十小時的納粹歷史。魏茲卡在施瓦本地區的一個小鎮教書，那裡有鋪著鵝卵石的街道、中古世紀城堡與成排十七世紀的房屋。他帶我去猶太墓園看兩兄弟的墳墓：哥哥在一戰時是德國軍人，戰死在法國；弟弟則是在二十五年後死於特雷津（Theresienstadt）「模範」集中營。

我跟魏茲卡還有他女友一起喝茶。他女友是德語老師，三十多歲，比魏茲卡年輕十歲左右。他們兩人都說學生對納粹時代的事情很感興趣。我問：「比對東德的歷史還感興趣嗎？」魏茲卡回答：「當然。因為我們不太覺得東德秘密警察之類的東西，是我們歷史的一部分，但第三帝國就絕對是。」

魏茲卡的雙親很傳統，也就是說，他們以前是不怎麼起眼的納粹分子。他父親在東邊戰線的武裝黨衛隊服役，至今仍留著綴有納粹黨徽的鐵十字勳章；母親則是個熱血的「希特勒女青年」。所以魏茲卡覺得很難跟父母親討論以前發生的事，而他的學校老師也不怎麼講這些事。戰爭時期還是小孩的人覺得沒什麼必要討論這些，當年已成年的人則是不想討論。魏茲卡特別討厭某個老師，那個老師年紀比較大，身上有參戰留下的傷疤，對學生的態度嚴厲獨斷。但是，有一天學生問他第三帝國的事情時，他突然崩潰大喊：「我們全都有罪！我們明明看到牆上貼著殺死猶太人的標語，卻只是袖手旁觀。我們全都有罪！」

西德的課本不像東德是由中央政府挑選出的學者所撰寫。在西德，每個邦用的課本都不同。出版商把課本遞交給邦政府，申請許可。邦政府會指派（由學生及家長推薦的）學校老師，組成委員會審查這些課本。原則上，審查標準在於是否合憲，而非意識形態。只要這些課本符合憲法與教育法規，就會通過審查。

其中有條教育法規規定：教材「不應該妨礙學生自由思考與判斷」。從巴伐利亞邦標準的高中歷史教科書來看[35]，這條規定是認真的。每個章節所提出的問題，目的在刺激學生自主思考，更勝於測試學生是否政治正確。舉個例子來說，課本裡引述法官卡爾．施密特（Carl Schmitt）在一九三三年時對納粹黨的法律地位的定義。他認為，黨既不是私人機構也不等同於國家本身；黨是獨立運作的，不能受到法院監察。緊接在這段文字之後，是黨衛軍學校的校長在一九三七年的演講稿；他對學生說，他們必將成為新式古希臘城邦的統治貴族，只對希特勒的意志負責。閱讀以上兩段引文之後，學生被要求「討論在基於錯誤規範而建立起的國家中，個人該如何行動」。

這類課堂討論的有效性，主要取決於老師。魏茲卡沒有很確定該怎麼處理第三帝國的歷史，除了教授事實之外，該怎麼賦予它意義。他女朋友偏好後現代的方法，她會要求學生在讀了希特勒的演講後，解構講稿，分析聽眾是如何被操弄的。魏茲卡屬於較年長的世代，極力對抗「特殊道路論」，該理論主張德國歷史依循一條有致命缺陷的獨特路徑發展。魏茲卡認為，「很難說納粹主義算不算真的很『德國』。說不定比較好的方式，是讓學生知道當一個特定族群被多數人藐視時，情況可以變得有多糟。」

或許這就是東柏林那兩位教師所說的缺乏「架構」。然而，西德的課本裡事實上是有架構的，只是不同於共產黨的國家宣傳。不過，在其中一個重要面向上，西德課本又與東德的舊課本沒那麼不同。巴登－符騰堡邦的高中教師手冊中，解釋了教授「國家社會主義的獨裁政權」的目標，手冊上這樣寫著：「學生應該要了解希特勒的外交政策，以及獨裁政權是如何被建立起來的；他們也應該要知道納粹體制在迫害與大屠殺中的殘忍不人道。透過充分理解『第三帝國』的極權特質，學生得要體認到我們國家的自由民主秩序是如何保障了我們的基本權利。」手冊裡也強烈推薦去參觀集中營。

目標是要培養尤爾根．哈伯馬斯所說的「憲政愛國主義」：「憲政愛國主義是唯一一種不會讓我們悖離西方世界的愛國主義。唉！只有在奧許維茲之後、也唯有藉由奧許維茲，源自悔悟而對普世主義與憲政主義原則的忠誠，才得以建立在『文化民族』（Kulturnation）中。」36

或許這可說是用社會科學方法來處理歷史。學童不再被要求認同旗幟、歌曲、英雄或悉心建構出來的歷史連續性；他們被要求認同的是自由民主秩序的觀念，在形式或本質上都不同於東德的社會主義秩序，因為社會主義國家不相信個人的基本權利。社會主義國家相信的是為集體理想而犧牲，用旗幟、火炬遊行、偉大的領袖、軍事化的青年組織等各種舊政權使用的工具，來反覆灌輸集體理想。崇拜共產黨的反抗領袖也就是崇拜國家，因為這些領袖號稱創建了國家，某些人甚至是後來的統治者。由哈伯馬斯與西德教科書的作者群所提出的「憲政愛國主義」，很清楚地沒有打算要建立國家崇拜；而且，既然哈伯馬斯認為自由愛國主義是「藉由」奧許維茲而生，那就意味著與過去以及「文化民族」分道揚鑣。

這樣的理論欠缺了國家認同的象徵符號，因此被批評成枯燥、抽象、淺薄。西德總統華爾特·席爾（Walter Scheel）在一九七五年時說：「我們就快變成沒有歷史的國家了。」十年之後，歷史學家米哈爾·史都默（Michael Stürmer）對於西德的精神真空狀態與失去國家定位，感到憂心忡忡。這是始於一九八六年的「歷史學家論戰」的重點之一。當時，保守派歷史學家恩斯特·諾特（Ernst Nolte）在《法蘭克福匯報》（*Frankfurter Allgemeine Zeitung*）上發表了一篇文章，標題是〈不會消逝的過去〉。諾特、史都默等保守派人士認為，不應該讓奧許維茲破壞了德國歷史的連續性，因為歷史得要提供一個民族在精神上、政治上與美學上的認同。德國人要能夠認同民族英雄，知名的歷史學家安德列亞斯·希爾格魯伯（Andreas Hillgruber）甚至認為，要能夠認同在一九四四年時保家衛土、抵抗共產黨入侵的德國大兵。哈伯馬斯指責保守派，認為他們藉由重振保守的歷史決定論，散播反共的德國民族主義。

但是，事實上西德教科書的確有提供某種認同，既是國家性又是區域性。跟東德的教科書一樣，也以反抗運動的概念為本：一個為了對抗納粹國家而建立起的認同。書上的說法是這樣的：一九三三年到一九四五年之間，納粹運動並沒有吞噬掉整個德國，「雖然同盟國在戰時不會承認這件事」。每本教科書都詳細敘述各式各樣的反抗團體，包括共產黨人、神父、牧師、學生（「白玫瑰運動」）、社會民主派、當然也少不了申克・馮・史陶芬貝爾格伯爵（Count Schenk von Stauffenberg）與他幾乎全是貴族階級的同袍。他們一夥人在一九四四年夏天行刺希特勒，但失敗了。希特勒為了洩忿，展開了殘酷的報復，很多德國人因此被殺。策劃者被絞死在鯿魚湖（Plötzensee）監獄的黑暗房間裡，至今那裡仍被保留為陰鬱的聖殿。據說，史陶芬貝爾格在臨刑前大喊：「神聖德國萬歲！」希特勒在他位於巴伐利亞的山中別墅裡，舒舒服服地觀看這場絞刑的紀錄影片，一遍又一遍。

雖然史陶芬貝爾格的確是號英雄人物，但他參與的是「資產階級軍隊」的謀反，沒有打算建立一個社會主義的國家，因此，東德教科書雖然得跟他劃清界線，但也沒有真的譴責他。而且，我們也曉得他的圈子中有懷抱「激進的政治思想」的人，與共產黨有往來。但是，在西德他的名聲也不是全然沒有爭議的。左翼分子不怎麼欣賞他那句「神聖德國萬歲！」；而在右翼分子眼中，無論再怎麼憎惡希特勒與他的爪牙，企圖暗殺就是有謀反的味道。雖然在一九五五年時，柏林有條街道以史陶芬貝爾格為名，但是直到一九六七年時，柏林參議院才決定要在舊的軍事總部建立一個紀念館與文獻中心，那裡是史陶芬貝爾格當年策劃政變的地方。

宗教在德國反抗運動中佔有一席之地。巴伐利亞邦的教科書對這點著墨最多，作者群認為希特勒的政治思想與史陶芬貝爾格的宗教人文主義大相徑庭。不過，因為是在巴伐利亞，所以特別重視天主教教會的角色，例如：身為天主教徒的巴伐利亞人，在一九三二年時多半沒有把票投給納粹黨；個別神父的英勇行徑，被挑出來表揚一番，像是慕尼黑耶穌會會士奧古斯丁·侯許（Augustin Rosch）。這些雖然都恰如其分，但並不表示納粹在巴伐利亞不受歡迎，只是顯示出天主教徒會依照神父指示，投票給天主教的保守分子。只是，無論如何，一九三三年之後這些人還是被迫解散了。

不過，這些地區性的特色傾向最終還是輸給了強力的政治訊息或該說是政治架構：「在德國，共產黨人、社會主義者、資產階級、宗教界人士、軍隊與貴族圈的代表為了對抗希特勒，付出自由與生命作為代價。但是，這些為了反抗納粹獨裁而彼此結盟的行動，成為戰後德國憲政與社會秩序發展的濫觴……反抗行動與德國自由運動銜接起來，讓人權價值、法治原則、民主、福利國家與聯邦制度，得以落實生根在西德的憲法中。」

於是，在教科書裡所呈現的歷史中，兩邊的德國都建立在反抗運動的遺緒上。這個概念很有感染力，而且如果與歷史人物產生共鳴是被鼓勵的話，認同史陶芬貝爾格伯爵當然比認同海利希·希姆勒好。（在東德的話，就是恩斯特·塔爾曼〔Ernst Thälmann〕與埃里希·何內克了。他們雖然沒那麼有魅力，但再怎麼說都還是比希姆勒強。）

只是，後果不見得都是良性的。在東德，強迫性的英雄崇拜是極權主義政治宣傳的一部分，嚴重扭曲了歷史。一旦英雄化為塵土、政治宣傳失去力量，許多理想幻滅的年輕人便藉由復興早期獨裁政權中的英雄與象徵來造反。他們在街上行納粹禮，大喊「勝利萬歲！」，崇拜納粹領袖，彷彿他們渴望一個更具英雄氣概的年代，而讓他們失望的長輩，壓抑了那個年代的光榮。

在西德，反抗運動公認遺留下來的東西讓很多「希特勒之子」認為，任何反抗國家的行動不只因為過去而有正當理由，甚至是道義上必須做的事。不論「紅軍派」的手段或目標有多扭曲，在六八學運世代之中總是能博取一些同情，只因為「紅軍派」敢做出大多數德國人在三十多年前真正危急之時所做不到的事。

不過，這個世代中比較冷靜的人也明白德國的自由民主，必須建立在對納粹過去的歷史採開放批判的態度之上。謹慎、沉默、遁詞，曾被認為是將無數以前是納粹的人變成共和國公民的必要條件，現在該是時候打破這些了。改變有時候太突然、太粗暴、太自以為是，但也因此帶來辯論與智識上的挑戰，而讓氣氛變得更生氣蓬勃。上個世代的德國知識分子向來對政治嗤之以鼻，避之唯恐不及；然而，許多「希特勒之子」則是參與政治，在看到事情不太對勁時至少會不顧後果地公開表明立場，雖然多少有點歇斯底里。一九九二年時，裝扮成納粹的小混混對社會造成嚴重威脅，他們朝難民的住所縱火、殺害外國人，無數的德國人因此站出來抗議。慕尼黑超過一半的人參加燭光遊行，表達對暴力仇外的抗議。至少，在象徵意義上德國人學會了異議的價值。

日本

家永三郎是日本歷史教授，以前是高中老師。一九五二年時，他寫了本被廣泛使用的高中歷史教科書，但四年之後開始給他帶來麻煩。文部省認定他把日本在亞洲的戰爭寫的太「片面」，意思其實是太負面，三不五時要他重寫手稿。但一九六四年時，他覺得受夠了，於是在隔年提告政府違憲。這之後還有兩次訴訟，分別在一九六七年與一九八四年。一九八零年代時，政府要他刪除的段落包括：南京大屠殺、日本士兵的強暴事件、日本在滿洲的醫學實驗。家永三郎認為，對教科書進行審查違反了戰後憲法所保障的言論自由。在數次上訴與上訴駁回之後，這名七十九歲的老人在一九九二年時，還在東京高等法院為訴訟案努力奮鬥。

家永三郎給我的第一印象是虛弱，他走路有點困難，很容易疲倦；蒼白的禿頭像顆蛋似的，體格矮小脆弱。與身體其他部分相比，他的眼鏡看起來太大了。我不知道他哪來的能量與動力，可以堅持奮鬥了二十七年。他在東京郊區的家中書房裡，跟我談論戰爭，回答了我的問題：「一九四一年十二月時，我一聽到日本攻擊美國的消息，就知道我們會輸掉戰爭。當然我不能說出口，當時所有的事情都受到嚴格管控。那時，我在新瀉一所高中教歷史，文部省命令高中與國中老師教授皇室神話，就是關於日本民族的神聖祖先那類的故事。」

他拿出那時的課本，書中把古日本神祇與神話般的天皇形容成日本獨特品德的傳遞者。神話被當作歷史。家永三郎一邊翻閱脆弱的書頁，一邊嘆氣，說他真希望子孫再也不必讀這樣的書。「教室是個放棄信仰的地方，在那裡我們必須踐踏自己的原則。對於自己沒能拒絕講授國家所散播的史觀，我覺得很羞愧。我應該一輩子都會對此感到丟臉。是說，我雖沒有大肆宣揚戰爭，但也沒做什麼去阻止它發生。」

他在一九六五年第一次出庭為案子辯護時，在法庭上談論了自己的羞愧感，他說：「我只考慮自己的良心，但我承認在祖國將被摧毀之際袖手旁觀，是我的過錯。無數同胞死在那場戰爭之中，而我幸運地活了下來。被動地見證自己的國家成為廢墟，我覺得罪孽深重……現在我只是個微不足道的公民，但就算沒能做些什麼，我也希望能彌補之前毫不抵抗的過錯。這是為什麼今日我要提出訴訟。」

他在所有的文章與演講中，不斷提到日本缺少反抗運動。一九九二年十一月他最後一次出庭後，又再說了一次。他的支持者在離最高法院大樓不遠處，租了間大廳，聚集在那裡。他對這些支持者說：「納粹德國與它的邪惡軸心盟友日本最大的不同之處，在於很多德國人有所抵抗且因此犧牲生命。在日本，幾乎沒有人抵抗，因為我們是墨守成規的民族。這就是為什麼現在最重要的事，是我們繼續奮鬥的決心，而非勝訴與否。」他要離開的時候，支持者起立喝采。他拖著腳徐行離開大廳，窄小的肩膀往前縮，像是身上背著重物，他的眼睛在斯文的眼鏡後面眨呀眨的。

他當然還是敗訴了，所有罪名皆不成立。判決結果在一九九三年三月十六日公布。雖然他早有心理準備，但不公正的結果連他也嚇了一跳。他召開了一場積極堅定的記者會，表達自己怒不可遏，說這個判決結果讓日本蒙羞。一個月之後，我打電話給他，希望能碰個面，但他說自己力不從心。我問他是否會繼續奮鬥下去？他回答說：「當然會！當然！教科書審判是我活下去的動力。」他注意到城鎮的媒體比都會的媒體表現出更支持的態度，都會媒體的社論一向很冷淡。他說：「離東京越遠，就越能自由批評政府。」的確是如此，而且家永三郎的訴訟案不是唯一的例子。

戰爭結束時，一切看似充滿希望。日本剛投降之際，因為沒有新版本的課本，所以只好用墨水把舊課本上關於軍國主義的段落塗掉，然後繼續使用。不過，新版的課本在一九四六年時出版了，書名是《國家的進程》[37]。這是自一八八一年以來，第一本以石器時代的敘述作為開頭的歷史教科書，而不是講述古老神祇與其天皇後代的民族神話。一年之後，《教育基本法》通過，限縮了政府控制教材的權力。教育旨在「培養出熱愛真理與和平的民族」，並「依據日本憲法」建立「民主文化國家」。學校得以自由選擇民間編寫與出版的課本。「道德」科目被廢除，歷史變成是社會研究論述的一部分。

這等同於革命。至少從一八九〇年《教育敕語》頒布以來，日本教育就一直為皇室的政治宣傳所用。當時的首相山縣有朋說：「教育如同軍事，應該要由天皇下旨。」[38]他還說，在國家危急存亡之秋，所有的日本人都應該被教導要「義勇奉公」，「可以扶翼天壤無窮之皇運」。

就連地理課也被帝國主張給控制。在戰爭時期的地理課本中，「日本的國土形狀」被描述成「絕非無關緊要。我們（日本）看似站在亞洲的前鋒，勇敢地往太平洋的方向推進，同時我們看來也準備好要保護亞洲大陸免受外來攻擊」。

道德科目被賦予極高的重要性，因此得以孕育諸如自我犧牲、軍隊紀律、祖先崇拜、天皇崇拜等民族品德。而且，就像二十世紀前半大多數國家一樣，軍事英雄被抬舉成得以追隨的重要榜樣。祈求天皇統治永垂不朽的歌曲〈君之代〉，被當作國歌傳唱，而紅日旗在亞洲各地飄揚。所有的日本人一聽到天皇名號，都得要立刻立正站好。每所學校都有掛著天皇肖像的神龕，肖像上若有一絲灰塵或掛的不夠正，都會招致嚴厲的處罰。

這些事情在一九四七年與一九四八年時被正式廢止，當時國會上下議院都宣布《教育敕語》失效。憲政主義和平主義（「真相與和平」）、民主制度、社會研究取而代之開始出現。家永三郎寫他第一本教科書的時候，出版過程很順利，官方不怎麼干涉。但就在韓戰開打後一年左右，情況起了變化。政府為了教育改革而成立的委員會發佈了一份報告，裡頭寫著：「只顧追求理想，用國情不同的外國制度建立我們的體制，我們因此把很多不良因素放進了自己的體制中。」[39]

為了反擊這些因素，教育委員會不再由選舉產生，而是改由地方政府任命。文部省再次奪回教材編寫與出版的職責。這讓政府與日本左翼教師聯盟陷入長期抗戰，雙方因此都往更極端的方向走：聯盟不信任政府，認為政府打算重新點燃軍國主義；政府則把包括家永三郎在內的左翼教師視為危險的理想主義者，或者說難聽點根本是叛國者。這場永無止盡的拔河，結果使得雙方都不滿意日本歷史課本的內容。左翼人士與自由主義派時至今日仍批評歷史課本的內容不誠實、閃爍其詞、充滿民族主義思維；保守派與民族主義者則認為，當中有太多左派意識形態的「外國」痕跡。兩邊的說法都不能說是不對，畢竟妥協後的課本確實閃爍其詞，而馬克思主義者也的確從戰爭以來就主宰了歷史學界。

家永三郎從不掩飾自己的政治傾向。在一九六二年版的課本中，他用了張傷殘的退役軍人照片當圖解，照片中的軍人一隻義肢包在皮套裡，脖子上掛著樂捐箱。文字說明寫著：「這個悲慘的畫面強而有力地傳達了憲法序言中那句話的深刻意義，那句話便是：『……（我們）下定決心絕不再因為政府的行為，而讓戰爭的恐怖再度籠罩我們』。」[40]這段話完整概括了家永三郎與教師聯盟的「憲政愛國主義」，以及他們的和平主義傾向。所有的戰爭都是糟糕的，其中最甚者莫過於由「帝國主義者」在亞洲大陸上發起的戰爭。對於日本之所以無法殲滅中國共產黨，家永三郎的解釋是因為「紅軍的民主力量」[41]。他認為，日本在中國發動的戰爭是「政治價值的鬥爭，是中國的民主對抗日本的軍國主義極權」。二十年之後，這也正是他對越戰的分析。

日本保守派想要從教科書中拿掉的，就是像家永三郎的左派和平主義思想與親中偏見這類的東西。文部省希望刪掉傷殘士兵的照片與文字說明，因為兩者傳達了「太過負面的戰爭印象」。

家永三郎也放了學生上戰場、年輕女孩在兵工廠工作的照片，一旁的文字說明寫著：「人民的生活被摧毀」。不過，文部省對這些照片採取比較正面的觀點，他們認為「這些是好照片，展現了學生為國奉獻的明亮臉龐」。

我翻閱了一九八四年時出版的高中教科書[42]，全日本的學校都採用這本書。裡頭沒有傷殘士兵或日軍暴行的照片，只有廢墟中的廣島、在珍珠港事件中被擊沉的「亞利桑那號」軍艦、當代報紙的頭條、在轟炸中被疏散的日本人，以及市民做火災演習的照片。最後這張照片的文字說明很符合文部省的要求：「鄰里組織在火災演習中相互幫忙，穿著寬鬆褲子、戴頭巾的女人很勤奮地練習如何傳遞水桶。」

家永三郎書中提及「七三一部隊」的段落都被刪掉了，「七三一部隊」當年在滿洲對無數囚犯進行致命的醫學試驗。刪掉的理由是這個主題「沒有足以採信的學術研究」（研究報告的確很難取得，因為大多數資料都在美國人或蘇聯人手中）。不過，到了一九八零年代時，足夠的證據開始浮上檯面，證明家永三郎當初把這個主題放進去是正確的。他在一九九二年時信心滿滿地表示，日本教科書在往後的版本中得要處理「七三一部隊」這個主題。

家永三郎在一九六二年版的課本中也提到「很多日本軍官與士兵在中國打仗時，侵犯中國女人」。文部省決定把這段文字也刪掉，他們所持的理由是：「侵犯女人這種事，在人類史上任何一場戰爭中都會發生，沒必要特別拿日本軍隊開刀。」

事實上，日本帝國陸軍的強暴事件層出不窮，情況普遍到有些將軍甚至擔心其所造成的後果：這些駭人聽聞的行為激發了中國人的頑強抵抗。於是，他們決定在前線附近設立軍隊妓院（「慰安所」），裡頭有從日本帝國各個城鎮與戰俘營中抓來的女性，包括中國人、韓國人、東南亞人，還有些歐洲人。這些「慰安婦」大多死於疾病、殺戮或敵軍砲火。家永三郎在他的書《太平洋戰爭》中有提到這些女性，但沒有任何一本日本教科書有寫到她們。後來出現的證據又再次證明家永三郎所言不虛，而將來的歷史課本勢必要把她們的事也寫進去。

這些證據出現的方式倒是頗耐人尋味。南韓人在一九八零年代末之前，得要申請特殊許可才能出國旅行。南韓政府在一九六五年時，同意日本以總金額的賠償方式解決戰爭責任的問題，因此韓國人無法以個人名義向日本索取賠償金。慰安婦的歷史無論如何總是難堪，因為倖存者的家人覺得丟臉，而且當初也有很多韓國人與日本人勾結合作。想也知道，韓國教科書上壓根兒沒提到這件事。不過，在一九八零年代末較為自由的氛圍下，南韓人得以造訪日本，而且在女性主義團體的鼓勵下，有些當過慰安婦的女性決定要站出來捍衛自己的權利。然而，日本政府否認對此有任何責任，並辯稱戰時的妓院是私人機構，沒有證據顯示官方牽涉其中。

要不是歷史學家吉見義明在電視上看到這些否認之詞，這件事大概也就這樣落幕了。吉見想起在自衛隊圖書館找研究資料時看過的一些文件，所以他去了趟圖書館，且在幾天之後找到了他要找的東西：設置「慰安所」的官方命令，上面有日本帝國陸軍最高統帥的簽名。日本媒體大幅報導慰安婦的故事，首相被迫出來對韓國人民道歉。有位英國廣播公司的記者問日本政府首席發言人，政府為什麼花了這麼長的時間才肯承認真相，發言人表示因為政府的研究人員並不知道有這些文件的存在。該名記者很委婉地表達了自己的驚訝，因為一個單打獨鬥的學者只花了幾天就找到文件了。接下來出現了電視史上的經典時刻：整整一分鐘，發言人閉緊雙唇、不發一語、迴避記者的視線，最後他才開口說

「這個提問非常不恰當」。

家永三郎用「侵略」一詞來形容日本在中國的戰爭。由文部省指派的審查人員作出以下建議：「侵略這個詞，帶有負面的道德聯想。對下一代國民的教育中，我們不宜使用含有如此負面意涵的字眼來形容自己國家的行為。因此，應該使用『軍事進展』這類表達方式。」這個建議照例被採用了。中國政府抓準時機，在各種政治場合抗議這個措詞，但只是加深了日本在政治上的歧異。侵略的歷史讓日本人不得再使用武力，這是為什麼右派否認侵略，左派不斷重提這件事，而主流的保守派寧可保持沉默。只要自民黨還在位置上，就得要姑息安撫右派，畢竟他們當中有些老成員身上就沾染了戰爭的污點。一九八九年時，日本國會中某個共產黨議員問當時的首相竹下登，日本在二次大戰中是否犯下侵略罪，竹下登回答說這個問題「應該留給未來的歷史學家判斷」。

事實上，家永三郎在一九七〇年時有勝訴過。東京地方法院法官杉本良吉裁定，文部省審查教科書的權限不得逾越訂正排版錯誤與事實謬誤。對重大事實的審查被視為違憲，家永三郎因此勝訴。審判結束後，杉本良吉對媒體表示應該尊重教師的地位，保障教師的自由。極端右翼分子對杉本、辯護律師團與家永三郎發出死亡威脅。小混混日夜包圍家永的房子，大喊口號，敲鑼打鼓讓他不得安寧。東京地方法院的氣氛非常緊繃，以至於家永三郎與他的律師得在警方的保護下，才能從秘密通道進入大樓。

文部省上訴之後，家永就沒再打贏過或至少沒有贏的那麼確切無疑。一九七四年時，另一位法官認定教科書的審查程序是有「太超過」，但沒有違憲；一九八零年代時，還有位法官判定審查建議完全符合規定。在家永三郎律師團裡待的最久的尾山宏，把一九七零年代早期稱作「日本正義的黃金時期」。我問他發生了什麼樣的變化，他說：「很簡單，敢違抗政府的法官就無法升官。所以你若不在乎職涯發展，就會給出公平的判決。」杉本法官的仕途的確不怎麼樣。

不過，出乎大家意料地，東京高等法院在一九九三年十月二十日裁決文部省在審查家永三郎寫的課本時，很多方面都越權了，包括家永三郎對南京大屠殺的敘述。自民黨敗選或許是原因之一，但更可能的原因是年輕的日本歷史學者提供了有關日本暴行的大量新證據。

日本右翼民族主義者宣稱，擔任教職的左翼對手受到「外國」意識的影響。他們這麼說當然是沒錯，但這並不表示本土意識就純粹無瑕，只是本土意識看來更強烈主張傳統。就像德國保守派曾斥責威瑪共和的憲法「不德國」、是「猶太人的」、不值得支持，日本右翼分子也指責戰後的日本憲法與支持憲法的教育體制很「外國」，因此不適合日本。比較文化領域中的著名學者入江隆則，竟指出了威瑪共和與戰後日本的相同之處[43]。他說，戰後的日本憲法是由「對日本這個國家有恨的」猶太人所編寫。

德國的「憲政愛國主義」與戰後憲法是由德國法學家與思想家創造出來的，必要時可以號召歐洲啟蒙時代的精神、歌德的人文主義、德國人對希特勒的反抗行動，好讓自己有傳承感。日本人就辛苦多了，因為發起憲政與教育改革的是佔領期間的美國人，而不是日本人自己。一如家永三郎所言，日本沒有反抗運動的傳統可循，只有馬克思主義，對民族主義神話提供了現成的解毒劑。在日本，馬克思主義有其學術上的淵源，就跟在西方世界一樣。

一九八四年出版的高中教科書中，描述了日本戰時反抗活動的全貌，那是讓人意氣消沉的故事，或該說根本付之闕如，只有一頁的篇幅：「一九三三年時，日本共產黨領袖公開放棄自己的政治信仰。這件事對社會主義者影響甚巨，許多人紛紛仿效。就連極少數忠於社會主義理想的人，像是日本無產黨的鈴木茂三郎，在一九三七年時也因為這股壓力，不得不中斷組織的活動。」

書中簡略論及了美濃部達吉教授的複雜主張，他是制憲派法學者，在一九三五年時提出天皇作為「國家機關」（organ of state）的理論。在他看來，國家是主體，天皇是當中的最高機關。他旋即被批評是「國體」的敵人，因為天皇的主權性是絕對的。

書上繼續寫著：「美濃部達吉的理論引發了爭議。結果，不只是馬克思主義，連自由主義都被斥為是叛國的思考方式。很快地，由激進的軍隊派系所策劃的內政改革主張，支配了大眾傳媒。在文化事務上也是如此。與官方的文化政策一致，軍國主義與反動勢力越來越強大，而『不加批評就一味仿效西方文化』被重新拿出來審視。重新評價日本傳統文化的趨勢日益增長。」[44]

提及反抗運動的部分，差不多也就這樣了。不過，書中根本沒拿那些少數反抗過的人當榜樣，比方說美濃部達吉。而且，字裡行間還明顯地充滿矛盾情緒：軍國主義與思想箝制誠然該被譴責，但「不加批評就一味仿效」西方文明也絕對不是什麼好事；再說，重新評價「日本傳統文化」有什麼不對嗎？無論如何，拿「重新審視」與「重新評價的傾向」這種詞，來形容政府直接了當的審查制度，就是很奇怪。

所以，就算沒有人公開支持軍國主義的復甦，很多日本民族主義者還是覺得有必要捍衛日本傳統文化，以對抗盲目仿效西方文化。用政治語言來說，這意味著保衛日本主權，包括發動戰爭的權利，以對抗馬克思主義與和平主義的影響；就宣傳方面來說，坐困圍城的「文化」是家天下的籠統概念，其古老價值透過據稱是萬世一系的天皇傳承下去。既然戰後秩序的建立者，不是繼承反抗「舊體制」衣缽的日本人，那麼，日本人對於過去的感受必定比德國人更加矛盾，無論是東德還是西德。事實上，通常捍衛日本認同，就等於是捍衛舊政權，不只是對抗日本左派，也對抗批評日本所作所為、批評日本選擇的記憶方式的外國勢力，無論這股勢力來自東方還是西方。

這就是為什麼前文部省長官藤尾正行對我說過「現代日本史上沒有什麼可恥的事件」這樣的話。他在一九八六年時被首相開除，理由是他表示「韓國人應該為一九一〇年成為日本附庸負擔部分責任」，此言一出，日本與南韓的關係陷入僵局。他在某個訪談裡說，東京大審判是「種族復仇」，蓄意要「掠奪日本的權力」。藤尾說這些話，是因為他想「透過歷史與傳統重振日本精神」。

藤尾不算偏執，也不是戰後第一個說出這種想法的人。一九七四年時，首相田中角榮擔憂日本教育缺乏道德發展，他建議要再度啟用以前的《教育敕語》，因為「當中展現了普世的道德準則」。田中不久之後就因賄選醜聞被起訴。不過，一九五七年時，文部省點出了問題癥結。在文部省對家永三郎

第一版課本的審查報告中，寫道：「家永想讓大家反思過去的狂熱，讓他偏離了教授日本歷史的正確目標。歷史教學，應該是要感念祖先的歷史貢獻，提升身為日本人的自我意識，以及培養熱愛同胞的豐沛情感。」45

一九九一年時，即便左翼分子與自由主義者猛烈抗議，以前的天皇贊歌〈君之代〉與紅日旗還是正式成為日本的國家象徵。這個決定沒有經過立法程序，而是以文部省同意課本改版的方式，發布指導方針進行。改版後的課本，自戰後以來首次包含了讚頌日本戰爭英雄的段落。而且，至少有一間學校（日大松江高校）非正式地重新啟用《教育敕語》。該校校長岡崎功堅持要學生每天早上大聲朗誦《教育敕語》，理由是他認為這些文字「最能讓日本人以真正的日本精神成為日本人」。

一九九二年秋天，我與大約兩百五十人在東京高等法院外等候。法庭內的空間有限，所以我們必須抽籤，決定誰能參加家永三郎最後一次出庭。很多人是家永三郎支持者組織的成員，有些人遠從北海道與琉球來。在場的有男女老少、師生、上班族、家庭主婦。即使大家不看好訴訟案的結果，但是氣氛相當不錯。大家傳閱小冊子，上頭載有各種討論會的訊息，主題包括人權、言論自由、慰安婦與日本軍國主義下其他受害者的補償。大家對遠道而來的人歡呼，也對那些在之前的審判中擔任過證人的人致敬。

不過，最熱烈的歡呼是獻給家永三郎的。當他領著律師走進大樓時，大夥兒歡聲雷動，氣氛熱烈。他脫下帽子致意，眼睛在鏡片後眨呀眨，看起來既脆弱又頑固。

法庭內很嚴肅，沒有什麼展示世俗或宗教權力的視覺象徵。法官群身穿歐洲大陸式的簡單黑袍，他們背後是淺色的大理石牆。律師提出辯詞的方式簡樸到沒加以修飾。家永三郎的辯護律師團中有一位女性；文部省的律師團則清一色是男性。

律師尾山宏提出辯詞，他自一九六五年起就替家永三郎的訴訟案辯護。他侃侃而談，講到教育方法開倒車回到戰前時代、日本人權狀況的低水準，以及與德國相比，日本人在面對過去歷史的黑暗面上，紀錄不佳。他引用了孟德斯鳩《論法的精神》[46]，指出憲法的存在應該是要保護人民不受國家壟斷真相之害。他說，這就是為什麼教科書作者得要能夠自由表達他們的想法，因為沒有思想自由，就不會有民主。

法官群與文部省的某些律師向後靠坐，閉上雙眼，貌似在沉思，或根本就睡著了。或許他們覺得很無聊，因為這些說辭以前就聽過了；或許他們認為這只是徒勞無功，因為他們早就知道這個案子最後會怎麼了結。但這並非徒勞無功，因為家永三郎讓極其重要的討論持續點燃了二十七年。法院裡，一名固執的學校老師與數百名支持者，看起來或許沒有很多，但足以顯示：這次，有人正在回擊抵抗。

第八章

紀念館、博物館與紀念碑

威登堡（Wittenberg）的聖母教堂是馬丁·路德以前講道的地方。站在這座教堂的西南角，你會看到一個奇怪的雕像從教堂牆壁向外凸出，離地大約三十呎，模樣像是哥德式建築上常見的怪獸滴水嘴。那是一頭母豬在哺育三隻小豬的雕像，母豬的後腿被一個帶著尖頂帽的矮小男人舉起，帽子的樣式透露出這個男人是十五世紀的猶太人。在「猶太人與豬」的雕像上方，用希伯來文寫著神的名字。我聽說，母豬代表的是「撒旦的猶太會堂」。這種雕刻裝飾叫做「猶太母豬」，在德國教堂裡常常會看到，象徵對猶太人的侮辱。有一些還留存下來，雖然旅遊手冊上往往不會提到。

要不是教堂裡的告示牌提醒了我，我不會在這個官方名字是「路德之城威登堡」的破舊東德小鎮中，注意到有「猶太母豬」的雕像。告示牌立於一九八八年，就在教堂翻新之後。教堂從一九八三年開始整修，在那段期間，年輕的路德派會眾決定不能讓「猶太母豬」被忽視，得要做點什麼。於是，他們募了款，正式蓋一座紀念碑以提醒世人這個雕像的重要性，預計會是座帶有警告意味的紀念碑。不過，那時還是東德時期，反猶情緒還不是什麼大問題，所以沒有一位政府官員現身剪綵。

這座具有警告意味的紀念碑就在「猶太母豬」雕像正下方的地面上，由四片方形銅板組成，看起來有點像形狀古怪的檢修孔，底下有銅製的手指形狀物將版片微微撐起。一旁的文字頗具詩意：「在十字架下，以神之名虐待猶太人，導致六百萬名猶太人死亡；神的名字太過神聖，以至於猶太人不能在基督徒面前呼喚祂。」銅手指象徵了受反猶主義所害的人從萬人塚裡復活，同時也象徵了更抽象或許與警告紀念碑更相符的事：不能被壓抑的可恥回憶，就像是反覆出現的夢魘，硬是殺出一條血路直抵我們的良心。德國境內有無數的警告紀念碑，威登堡這座是其中之一，但它是我所看過唯一一座指涉回憶本身多過於特定事件的紀念碑。

二次世界大戰前，德國沒有警告紀念碑，只有像耶穌大理石雕像那樣的戰爭紀念碑，紀念為祖國犧牲的陣亡將士。他們的犧牲鞏固了國家社群的連結。在一戰紀念碑中所反映出的戰爭，是神秘的體驗，是英勇、犧牲與重生的髑髏地；德國帝國境內的大型哥德式紀念碉堡，為的是要展現雖敗猶榮。這樣的紀念碑，在二次大戰之後不再出現。相反地，德國人建造紀念碑是為了警告，而不是為了榮耀，也就是說，「紀念碑」（Denkmal）變成了「警告紀念碑」（Mahnmal）。

大多在西德境內各地的紀念碑，像散落一地的珠子，證明了德國人對於記憶的焦慮、神經質似的害怕失憶，以及想把過去銘刻在石頭裡的執念。不過，情況並非一直都這樣，在一九四零年代晚期與一九五零年代，大家還比較想要忘掉。任何讓人憶起過往的東西，不只是與希特勒相關的過去，都被摧毀、拆除、刪掉。集中營的所在地雖然有段時間被蘇聯與西方盟軍拿來囚禁德國犯人，但這些地方很快地都被夷為平地或荒廢掉。第三帝國實際上能保留下來的東西，通常是因為大家漠不關心懶得處理或出於不可抗力之因素，像是由許貝爾所建造的紐倫堡體育館，大到無法被摧毀或是出於政治因素，這在東德時常發生。警告紀念碑與「紀念地點」幾乎都是反抗行動下的產物，由戰後世代在一九六零年代時開始推動，他們對警告與記憶的渴望程度，就跟他們的父母想要遺忘的程度相同。

警告紀念碑有很多不同的形式。以前的集中營變成「紀念地點」，兼具博物館、觀光景點與紀念碑的功能。有些地方或多或少可說是原封不動，比方說東德的拉文斯布呂克集中營；有些地方只不過是個地點而已，比方說西德的伯根貝爾森集中營。

一九四二年一月二十日時，萊茵哈特・黑得利希（Reinhard Heydrich）在柏林城外的萬湖別墅（Wannsee Villa）中，一邊喝著早餐後的白蘭地酒，一邊與幕僚討論「最終解決方案」的運籌帷幄。萬湖別墅在這件事發生的五十年後，重新對外開放為「紀念地點」。開幕式在下午舉行，有一場關於記憶及猶太人大屠殺的研討會，隨後則是香檳酒會。

在「紀念地點：萬湖會議別墅」中的博物館了無新意。牆上掛的照片，大多是受難者，而不是策劃「最終解決方案」的納粹官僚。施虐者鉅細彌遺地拍攝了這些照片。受難者再度凍結在悲慘之中：華沙猶太區裡的男孩舉起雙手、嚇壞的人透過封死的囚車門縫向外窺視、鐵道斜坡上揀選誰是下一個受害者、猶太教士揹著彼此等諸如此類的照片。我瀏覽訪客留言本，讀到一些民族恥辱的自白，比方說：「說自己是德國人實在很難堪、悲傷又丟臉。」、「這種事怎麼可能會發生在大多數人都是基督徒的國家中？」、「參觀這裡之後，我覺得當德國人很丟臉。」……

在西柏林市中心有一座警告紀念碑，正對著幾家最繁華的百貨公司。每天有無數的人手上提著裝的滿滿的購物袋，經過這裡，卻對紀念碑視若無睹。那是個告示牌，上頭列出了主要的集中營，告訴大家絕對不要忘記。在市區其他地方也有這樣的告示牌。

出生於一九四〇年的藝術家尤翰．葛茲（Jochen Gerz）有個主意，他想要創作一個看不見的警告紀念碑。他對傳統的紀念館與紀念碑很有意見，認為傳統的紀念方式把歷史鑄成銅像，美化了過去，把有意義的個人記憶轉變成集體儀式。他認為，這不過是另一種壓抑過去的方式。歷史的再現取代了記憶本身，尤其當證人都不在人世之後更是如此：它阻礙了個人的反省深思。問題是，該怎麼把記憶視覺化？葛茲的回答是：不把記憶視覺化。

葛茲所做的，是追蹤猶太人生活與文化的連續性。首先，他找出德國境內猶太墓園的名字；接著，他帶著學生一起把薩爾布胡肯市（Saarbrücken）某條街上的鋪石一個一個挖出來，那條街位在城堡外面，城堡裡以前有蓋世太保的監獄。這麼做是為了仿效猶太人在拜訪過的墓上置放石頭的習俗；他們在每塊石頭上刻了猶太墓園的名字，以及葛茲發現那座墓園的日期；最後，他們把石頭放回街上原本的位置，確保刻字部分朝下。葛茲的團隊總共挖起了一千九百二十六顆石頭，在上面刻字後再放回原處。在這條街上，有塊牌子指出這裡是「看不見的警告紀念碑」。

在一篇名為〈過去不應該被正常化〉的文章中，尤爾根．哈伯馬斯一如往常地批評德國保守派試圖讓這段歷史看起來不那麼獨一無二，普通平凡到像是在歷史主流裡會發生的事，想要藉此卸下近代史的重擔。哈伯馬斯引用了赫爾穆．杜比耶（Helmut Dubiel）的話來描述這種態度：「大家講到這個國家過去的歷史，就跟講到核電廠一樣，都還沒找到最終地點來放置帶有放射性的核廢料。」[47] 讀到這句話，我想起華特·班雅明（Walter Benjamin）說歷史是一堆瓦礫的堆積。不過，就算有些（可能很多，或許甚至是大多數）德國人希望能掩埋這些「放射性瓦礫」，還是有人竭盡所能的把每塊石頭與每把灰燼保存在紀念碑與博物館中。

比方說，蓋世太保以前在柏林的總部現在什麼都沒有，只剩一堆石頭。希姆勒當初在柏林挑了一些富麗堂皇的地方，作為他的營運中心：蓋世太保的總部位在阿布雷契王子大街上，那裡以前是工藝學院；黑得利希轄下的秘密警察總部，則座落於威廉大街上的阿布雷契王子宮，那是座風格典雅的巴洛克式宮殿，十九世紀早期由費德利希·辛克爾（Friedrich Schinkel）重新翻修。這兩棟建築是集中營與秘密警察組織整個網絡的中心。蓋世太保也在工藝學院的地下室，建造了「自家牢房」。

這兩棟建築物跟柏林其他建物一樣，都在轟炸中損壞。倒不是沒辦法修復，但是就跟其他會提醒大家想起過去的事物一樣，宮殿在一九四九年時被拆掉，以前的工藝學院則在一九五三年到一九六四年間分階段被拆除。這兩個地方甚至沒有設立警告紀念碑，除了沒有好好清掉的瓦礫堆積如山之外，什麼也不剩。

柏林政府在一九八三年時決定要做點事，他們舉辦了場比賽，看看有沒有什麼適合這個歷史地點的藝術概念。結果，概念是有，但沒有付諸實行。六年之後，政府指派了委員會，評估在這裡蓋博物館的可能性，或許也可以考慮蓋檔案中心或警告紀念碑。這一次，依舊沒有什麼實際的行動，不過那時在柏林有個叫做「法西斯主義與反抗行動的行動博物館」的團體，他們在據說是蓋世太保以前拿來當做監獄的廢墟上，蓋了一座臨時博物館。事實上，那些廢墟只是洗手間的破牆，但魔鬼般的傳說很容易在這些地點中滋生。對街的旅館被拆掉，那裡以前是中階黨衛軍官的宿舍。某個當地居民信誓旦旦地低聲告訴我說，那家旅館裡有些家具是從蓋世太保的刑求室拿來的。

蓋世太保自家牢房的地基在幾年前就被挖掘出來了，不過國立考古部把它封鎖起來。這個部門跟負責管理歷史建物的機關有一些科層組織上的爭執。古蹟機關想要把整個地點保留下來變成「黨衛軍的龐貝城」——借用阿弗雷德・肯德爾（Alfred Kernd'l）的話來說。阿弗雷德・肯德爾從一九六八年起就擔任柏林的首席考古學家，他計畫在監獄附近蓋一座紀念碑，用些許植栽把牢房的形狀框出來。

事情到了一九九二年年中時，還是沒有什麼進展。名叫「恐怖地形圖」（Topography of Terror）的臨時博物館還在那裡。肯德爾擔心牢房地基的狀態，而且館外總是有小孩騎著登山車在瓦礫堆爬上爬下。於是出現一些新的想法，比方說，某個政治人物建議在廢墟後方放置從舊柏林圍牆拆下來的石塊，一旁或許可以寫些「兩個獨裁政權的終結」之類的文字。終於，在那年年底，負責文化事務的參議員做出了決定：擴建「恐怖地形圖」博物館，以及建造「國際中心」，可以用來舉辦討論納粹時期歷史的研討會與會議。

當時還爆發了另一樁考古學上的爭論。一九九〇年六月時，柏林人打算慶祝柏林圍牆倒塌，於是請了搖滾樂團平克弗洛伊德在希特勒的舊官邸登台表演。這個位在布蘭登堡門附近的地點，以前是塊荒地，沿著柏林圍牆東側，就像是佈滿地雷的沙地壕溝。逃兵在此被射殺，野兔到處亂跑。在圍牆倒塌前不久，灰撲撲的公共房屋就蓋在希特勒的地堡上。演唱會舉辦前，工人為了找出未爆彈而挖掘瓦礫堆，敲破了某座地堡的屋頂，這是希特勒與隨從在戰爭結束時所藏身的水泥迷宮的一部分。堅持「地底下所有東西都歸我管」的阿弗雷德．肯德爾，騎著腳踏車趕往現場，發現了很厲害的東西：這個地堡內部從一九四五年之後就沒有動過了，蘇聯紅軍不知何故忘了摧毀這裡，雖然噴火器所留下的零星污漬顯示他們來過這裡。

這裡有黨衛軍官的雙層床，木桌上的空瓶、刀叉、瓷碗累積了數十年的灰塵。某個業餘畫家在牆上留下了溼壁畫，內容是穿著緊身褲與黑色閃亮軍靴的黨衛軍軍官，守護著在德國橡樹下玩耍的金髮德國小孩；豐滿的金髮女性與金髮士兵在格子桌布上握著手，一起喝啤酒。基於搖滾樂團經理素有的鑑賞力，平克弗洛伊德演唱會的承辦人很巧妙地搶在肯德爾把門封鎖前，在畫前拍了照。演唱會如期舉行，平克弗洛伊德唱了「坐在牆後的碉堡裡，等著壞東西到來」[48]。之後，關於地堡的爭端再起。

這個令人想起過去的討厭東西，讓保守分子覺得尷尬，很想把它摧毀；有些自由主義者與猶太社群的成員擔憂這裡會變成新納粹的聖地，所以也想把它處理掉。但是，肯德爾堅持應該要把這地方當作重要的歷史遺跡，保留下來。

肯德爾在夏洛特堡宮裡有間辦公室。你一走進這棟建築物，就可以看到埃及王后娜芙蒂蒂（Nefertiti）的珠寶。肯德爾的態度粗魯，一口濃重的柏林腔，在這個城市的西區其實很罕見。他常常把「典型的德國」這個詞掛在嘴邊，總是語帶輕蔑。想要埋葬過去是「典型的德國」做法，他說，日本人把歷史推到一邊，德國人也好不到哪裡去。他還說，在最後一名犯人赫斯（Rudolf Hess）死掉後，思潘道（Spandau）監獄就「碰的一聲被炸成碎片，我們歷史的某部分就這樣又消失了，果然是德國人會做出來的事！」

我問他把地堡保留下來的機會有多大？他說不大：「那些人只想在博物館裡展示歷史。」我又問他，為什麼他覺得地堡值得被保存下來？他說：「說起來真讓人難過，在曾經是皇室情婦的宮殿、俾斯麥的居所、也是浪漫派詩人形容成天堂的地方，唯一留下來的卻只是黨衛軍官的地堡。但我們還是應該要保存這個地方，你瞧，德國人已經沒有什麼可以認同的東西了，為什麼還要摧毀剩下這一點點呢？」

說到認同，我想起了造訪過的所有德國城鎮，每一個都擁有自己的「地方博物館」，每座博物館都拼命地保存民俗工藝品與地方歷史，彷彿這麼做就可以避開改變的摧殘。拿破崙建造博物館是為了吹噓統治勢力與誇耀征戰成果；英國維多利亞女王時代的大博物館是為了讚頌進步與帝國領土的擴張；而德國的「地方博物館」展現的是當地人是誰或曾經是誰，或者更精確地說，是他們覺得自己是誰或曾經是誰。不過，很多歐洲歷史博物館都有一個共同點，至少從法國大革命以來是如此：博物館旨在展現此時此地、我們的習俗、品味、甚至是社會的組織方式，都無可避免且必然是過去所造成的結果。這個目標可以被政治化，好讓革命、國家、政府的某種特殊形式因此取得正當性。政府的意識形態若是依循牢不可破的歷史法則，這樣的狀況就必然會發生。

威瑪城外翠綠的山丘上有某個地點，是歌德和他朋友艾克曼以前常席地而坐的地方。他們會倚著橡樹，一邊享受圖林根鄉間翠綠如天鵝絨般高低起伏的田野，一邊討論文學與人生。艾克曼記下了大師歌德說過的話：「這裡讓人覺得自由自在。」

一九三七年時，為了要蓋集中營，這裡的森林被砍光。不過，納粹政權頒布了特別法案《自然保護法》來保護歌德的橡樹。他們在橡樹周圍建造了圍籬，這棵樹因此得以存活到戰爭的最後一年。後來，在美軍的炸彈攻擊下，樹的一側著火了，納粹這才決定把樹給砍了。某個在集中營醫療單位製作死亡面具的囚犯，用這棵樹的木材雕刻了一張人臉，如今在布亨瓦德國家警告與紀念地點的博物館中還可以看到。

一九九二年冬天我二度造訪集中營時，導遊向我指出了歌德橡樹的確切位置。他是個高瘦的男人，奉承的態度顯現出他很緊張。他對著舊集中營的環境比劃了一下說：「在這裡你可以看到典型的德國人心理狀態：『歌德橡樹』代表了文化與浪漫主義、焚化爐很野蠻、動物園則是很感情用事。」我的嚮導本身就是個德國人。

我之前沒聽說過這個動物園。它就位在鐵絲網圍籬外面，離大門不遠，當初是為了娛樂黨衛軍警衛而建造的。（不用說，園區裡的動物受到的待遇比集中營裡的囚犯還好）。話說回來，我的嚮導對於德國人「心性」的描述很老套。

不過，在這裡，這種老掉牙的說法卻是直到最近才開始頻繁出現，因為布亨瓦德是「赤色奧林匹斯山」，是東德最崇高的聖殿。很多重要的共產黨員當年都被關在布亨瓦德集中營，比方說戰前德國共產黨的主席恩斯特·塔爾曼，就死在布亨瓦德。一九四五年四月時，有一場據說是由共產黨囚犯帶領的最後一刻起義，後來在共產黨傳說中成為偉大的歷史事件。然而，「德國人的心性」現在卻被拿來指責五十年前在布亨瓦德發生過的事，只能說過去兩年來東德的變化著實很劇烈。

一年前，我第一次造訪布亨瓦德，一切看起來還很「普通」，也就是還很正統的意思。我跟大多數的西德遊客一樣，對於豎立在萬人塚所在地的浮誇紀念碑印象深刻，甚至覺得有點恐怖。沿著民族街（Street of Nations）有十八座巨大的石塔，頂端飾有聖杯圖樣，代表了十八個納粹曾在當地圍捕受害者的國家。還有一座高達四十五呎直入雲霄的鐘塔，我的旅遊書上寫說這塔裡的鐘聲會「響徹大地」。鐘塔裡面有個銅盤，上面覆蓋了從各個集中營收集而來的泥土；鐘塔外面的巨型石雕刻劃了一群囚犯，他們掙脫鎖鏈，掄起拳頭；門楣上的帶狀裝飾描繪了英雄人物在懲罰施虐者，或用一九四五年四月解放日所發表的《布亨瓦德誓言》中的話來說，就是「把納粹的邪惡連根拔起」。

我參觀了恩斯特·塔爾曼遇害時待的牢房，他是支持史達林主義的英雄人物。牢房裡頭有塊牌子，上面寫著「偉大的德國人民之子與德國工人階級的領袖，被法西斯主義殺害」。此外，還有聖火與友黨和工會組織獻上的花圈。

然而，布亨瓦德神話就跟整個蘇聯帝國裡類似的神話一樣，都有個漏洞，那就是：幾乎完全不提在這六萬五千名死於集中營裡的男女老少中，有很多人是猶太人。布亨瓦德不是專門設計來殲滅猶太人的死亡營，不像奧許維茲或特雷布林卡集中營（Treblinka）。布亨瓦德的囚犯要不是死於勞役，就是死於生病、飢餓、遭虐、被判死刑。所有囚犯都遭受可怕的對待，但大多數的文字敘述顯示，猶太人是其中最慘。然而，我只找到一小塊牌子紀念這個「特別營」——在一九三八年的水晶之夜中遭逮捕的一萬名德國猶太人，後來在這個營區裡受盡煎熬，淒慘無比。至於從奧許維茲運送來的無數猶太人，很多人的骸骨得從運輸車廂中拖出來這件事，則是提都沒提。

在共產黨的教條裡，不算有反猶戰爭這回事。二次世界大戰被界定為是階級戰爭，發動者是反人民的法西斯主義者與財閥。猶太人跟吉普賽人一樣，在本質上與法西斯主義下的其他受害者沒什麼不同。我的旅遊手冊印製於一九八八年，上面這樣寫著：「德國法西斯主義開宗明義的目標，就是要摧毀馬克思主義，報復上一場戰爭的失敗，以及殘忍恐怖地對待所有反抗者。真正事關重大的是壟斷資本的利益所在，被毫無節制地用來促進納粹運動。」

不過，布亨瓦德博物館的確有展出女性的頭髮、兒童的鞋子、一顆被子彈貫穿的心臟，這些展品由「紀念地點：奧許維茲」慷慨提供。導覽手冊上有兩張照片，內容是在伯克瑙的鐵路坡道上篩選囚犯。但這些照片唯一的說明文字是引述恩斯特·塔爾曼的話，說「資產階級當真要殲滅共產黨與工人階級的所有先鋒」。

如同所有的集中營舊址，布亨瓦德吸引了遊客（其中一個黨衛軍宿舍還被改建成旅館）、生還者，以及喜歡從恐怖事物中取樂的人。我在停車場被搭訕，就在惡名昭彰的鐵製大門外，門上掛著「各得其份」（Jedem das Seine）這句格言。跟我搭話的人是一位美國退伍軍人，他說他一年至少會來參觀一次集中營。他說自己曾是巴頓將軍（General Patton）麾下的海軍陸戰隊隊員，在一九四五年四月十一日時解放了這裡。他故意拉長聲音說：「那時候爐子還是熱著的哪！」

這個版本不太符合東德的正統觀點。正統說法應該是由集中營裡的共黨囚犯領導武裝起義、自我解放，這樣布亨瓦德神話才站得住腳。集中營裡的確是有反抗組織，也確實有人被逮到持有武器，不過這些武器倒底有沒有被用過仍是個問號。有些活了下來、目前住在西德的證人，宣稱是美國軍隊解放了布亨瓦德集中營，過程中沒有發生流血事件。當巴頓將軍的坦克車包圍營區時，黨衛軍警衛不是逃走就是投降了。

不過，這個故事很重要，因為它可以充當德意志民主共和國[49]的開國神話。每一個東德小學生都得要閱讀布魯諾．阿皮茲（Bruno Apitz）的小說《在狼群中赤身裸體》。布魯諾就是拿歌德橡木來刻面具的人。這本小說走社會寫實主義風格，筆法笨拙，內容是共產黨反抗委員會的一群人在策劃最後的起義時，費盡心思，冒著極大風險只為拯救一個猶太小男孩。整本書圍繞著「集體利益或個人利益」這個問題：值得危害整個社群的利益，去維護一個男孩的利益嗎？這個問題讓人大傷腦筋，但沒有真正得到解決。最後，男孩與社群都得救了。在最後一幕高潮處，一群英雄推開營區大門，「在解放的浪頭上，帶領著勢不可擋的人道潮流」。

用《布亨瓦德誓言》（就在解放那一天，在校場裡宣誓）中的話來說，「邁向和平與自由新世界」的奮鬥就此展開。這個「世界」的本質很快就變得清楚明白。一九五八年時，東德第一任總理奧托．葛羅特沃爾（Otto Grotewohl）在布亨瓦德營區舊址舉辦的集會中，對八萬名群眾演講，他說《布亨瓦德誓言》已經在社會主義的德國中實現。為了讚頌這個成就，無數的學童、工人、社會主義青年、士兵、農夫以及外國同志，每年都聚集在這個「赤色奧林匹斯山」，獻上花環，聆聽演說，參加火炬遊行，在在展現出繼續邁向共產主義千禧年的決心。

不過，待我一九九二年二度造訪布亨瓦德時，情況有所改變。浮誇的紀念碑當然還在那裡，在影廳放映的紀錄片也沒變，裡面還是有奧托．葛羅特沃爾、華特．烏伯希特（Walter Ulbricht）與塔爾曼遺孀在「民族街」上遊行的短片。但這次，我在博物館裡拿到一本新的手冊，裡頭有點尷尬微妙的寫道，館方在一九九〇年春天時決定，「只要技術上可行，會開始進行一些改變，以解決展覽中有某種一面倒的狀況」。

這段文字沒有表達出為了要改寫「德意志民主共和國」的神話所引發的爭議。要在歷史地點，特別是充滿象徵符號的「警告與紀念之地」，改寫神話很困難。得要挑戰舊有神話，但又不能用新神話取而代之。布亨瓦德的「聖殿」有些特別的問題，因為有段不怎麼光彩且不為人知的過去重現天日。一九八三年時，工人無意間在納粹營區周遭外圍的樹林中，發現了棄置大量人骨的萬人塚。東德政府立刻把墓穴整理好，火速結案。但在一九八九年之後，有更多人骨被發現，而過去四十年間連提都無法提的事情，如今重啟討論：布亨瓦德跟東德境內其他的集中營一樣，比方說薩克森豪森（Sachsenhausen）與拉文斯布呂克，直到一九五〇年都還在運作。蘇聯軍隊一抵達威瑪，就把布亨瓦德集中營又拿來湊合著用，這次是為了懲罰納粹、階級敵人與反革命分子，包括拒絕被共產黨接管的社會民主黨員。沒有證據顯示蘇聯人像納粹政權一樣，用勞役折磨囚犯至死；但是，三萬名被蘇聯拘禁在布亨瓦德的囚犯中，仍有三分之一的人死亡，多數是餓死與病死的。

我在西柏林與其中一名生還者羅伯．策勒（Robert Zeiler）碰面。他對學生、記者、倖存者組織講了很多年的生命故事，本身就堪稱某種敘事詩般的神話。策勒的父親是交響樂團指揮，是「亞利安人」；策勒的母親則是猶太人。在他十一歲時，第一版的《種族法》通過，不久之後他父母就離婚了。他跟母親同住好些年，藉著自己「混種」的身分保護母親。他姊姊就沒那麼幸運了，她因為庇護猶太裔的未婚夫而被送到拉文斯布呂克集中營。

到了一九四三年時，納粹決定不放過任何猶太人，於是策勒的母親被挑出來送往特雷津集中營。沒多久策勒也被捕了，當時他二十歲，理由是庇護猶太人，也就是他的親生母親。策勒被送往布亨瓦德，很快地他就瘦到只剩九十磅。看到今日體型福態的他穿著慢跑服，實在難以想像。

重獲自由身之後，策勒開著一台美國吉普車，前往捷克斯洛伐克去尋找生還的母親。他倆一同開車回柏林，在波茨坦（Potsdam）過夜。他趁母親在休息時，開著吉普車前往柏林，打算去看看他們的屋子裡還剩下什麼。但是，他在半路上被蘇聯的秘密警察攔下，他們指控他是美國間諜。策勒說自己是納粹政權底下的猶太受害者，秘密警察卻說他說謊，因為猶太人全都死光了。策勒在不同的營區間調來調去，幾個月後，他發現自己居然再次回到布亨瓦德。這次，他在那裡又待上了三年。根據他的回憶，那裡的蘇聯守衛沒特別壞，沒有像以前納粹營裡的年輕共產黨區長那麼壞。蘇聯警衛大多數是一群想家的年輕人，喜歡唱些多愁善感的歌曲。策勒說，蘇聯營區裡最糟糕的事情，是無聊。

我問他，當他終於回到家之後，大家聽了他的故事有什麼想法。他目不轉睛看著桌上的茶巾，上面繡有廣島和平圓頂的圖樣。他說，他跟很多人講了自己的故事，包括德國人與佔領當局。接著他陷入沉默。我仔細看了看他的房間，佈置了各種小玩意，以及會讓人想起他父親的音樂的東西。我又問了一次大家對他的故事有什麼反應。他說，那時候沒有人感興趣，大家在意的還是納粹。當時，有些西德知識分子開始控訴同盟國對待德國囚犯的方式，比方說在達豪集中營。但是在東德，與蘇聯營區相關的主題壓根兒不存在。

我二度造訪布亨瓦德集中營時，伊姆高德．謝德爾博士（Irmgard Seidel）仍是「紀念地點：布亨瓦德」的副館長。她的辦公室位在黨衛軍以前的營房中，那是棟有長廊的大房子，由布亨瓦德的囚犯所蓋。屋內聞起來有蠟與清潔劑的味道。在謝德爾博士辦公室門的隔壁牆上，掛著一幅畫，畫中某個黨衛軍軍官手持鞭子，站在手腕被綁在竿子上的受害者面前。一旁的說明文字寫著：「神啊！請寬恕他，因為他不知道自己做了什麼。」

我問謝德爾博士這件事時，她這麼說：「我對『蘇聯營區』毫不知情，我第一次聽說這件事是在一九八九年十二月的時候。你知道，這裡在一九四五年到一九五〇年間所發生的事，是禁忌，不可能拿出來討論的。」

謝德爾博士的態度雖說不上沒禮貌，但有點暴躁，流露出一絲不悅。她以前是黨員，現在住在由保守派政府統一的新德國。情勢整個逆轉：一群憂心忡忡的威瑪市民所組成的委員會，揚言要把她從位置上拉下來。謝德爾博士的老闆已經被清算，接替他位置的是個西德的歷史學家，但沒多久也被換掉，因為他與西德共產黨之間的聯繫曝光。

謝德爾博士急著給我看些文件，好證明她的真誠善意，尤其是想證明她與共產黨的政治宣傳毫無瓜葛。她很清楚社會主義國家是如何忽視猶太人大屠殺，不過這不代表她就接受保守派敵人說蘇聯比納粹還糟糕的觀點。為了證明自己有適當的支持，她拿出一封由紐約某個猶太人大屠殺倖存者協會寄來的信。信中堅決反對把蘇聯秘密警察，也就是「內務人民委員部」（NKVD），統治下的受害者，跟納粹政權下的受害者混為一談。信裡頭也提到了德國政治犯的英勇行為，「他們的犧牲為德國的道德重生打下基礎……」

謝德爾博士說：「我們當然是忽略了猶太受難者，但關於這點我們正打算要改進。我們的猶太朋友知曉這點，全力支持我。」或許他們真的全力支持，也或許謝德爾博士真的有理由覺得自己被中傷了，但我其實不太相信她的辯駁之詞，我認為她一定知道戰後在這個營區發生的一些事。有一本一九八八年在威瑪印製的小冊子，供人在營區博物館的書店自由取閱，當中提到在把布亨瓦德轉變成紀念地點這件事上，蘇聯當局提供友善合作。冊子上還寫著，這件事之所以能在一九五〇年進行，是因為「關押納粹黨員的拘留營在四週之內被清理乾淨」。

既然現在真相大白，至少接受了部分的真相，那接下來要做些什麼呢？德國保守派迅速指出蘇聯與納粹罪行的相似性。《法蘭克福匯報》的某個撰稿人寫道，現在正是時候再次好好整理一下極權主義的理論，也就是說右翼與左翼的暴政「或許不是完全一樣，但應該用同樣的方法檢視。還有哪裡比布亨瓦德更適合拿來證明這件事的重要性呢」？威瑪的基督教民主黨則是想把營區變成「紀念所有獨裁統治下的受難者的地點」——講得一副第三帝國只不過是某個獨裁政權似的。

於是，自東德政權垮台後，布亨瓦德成為了某種流行觀點中的焦點，很好操作，特別是在右翼的圈子裡：這種觀點把這個共產主義國家當作是第三帝國的延續，且認為東德某種程度上比納粹德國還要糟糕，因為東德政權持續了超過四十年，而希特勒在位只有十二年的時間。這個理論有一定的魅力，因為它把第三帝國的影響降到地方的層級，且沒那麼恐怖。同時，它也非常容易導出「納粹主義僅是反抗蘇維埃暴政的防禦性反應」這樣的結論，這個論點開啟了一九八六年的「歷史學家論戰」。提出這個理論的保守派歷史學家恩斯特．諾特認為，希特勒曾試圖保衛歐洲免遭史達林的「亞洲式野蠻」（Asiatic barbarism）侵略。「歷史學家論戰」發生的前一年，德國總理赫爾穆．柯爾（Helmut Kohl）邀請了羅納．雷根（Ronald Reagan），跟他攜手站在比特堡的軍人墓園中，不過數小時前他們才一同造訪了「紀念地點：伯根貝爾森集中營」。柯爾認為，在偉大的和解時刻把黨衛軍的墓與其他戰爭受難者的墓區分開來，是很粗魯不友善的行為，甚至完全模糊了焦點。該是時候放下這些區分了。用恩斯特・諾特的話簡單說，就是「該讓過去煙消雲散了」。

一群受害者對上另一群受害者、一些人的墓對上另一些人的墓。這樣的區分自一九八八年起，在柏林醞釀了爭執。負責文化事務的議員批准在希特勒官邸的所在地，建造「猶太人大屠殺」的紀念碑。原初的構想是想把這座紀念碑獻給遇害的歐洲猶太人。但是，負責吉普賽事務的中央委員會提出抗議，要求應該紀念所有遭受種族迫害的受難者。計畫負責人反駁說這會讓整件事情變得毫無意義。爭論越來越激烈，甚至到了荒謬的地步，連「四分之一的猶太人遭迫害是否比八分之一的吉普賽人遭迫害來得更糟」這樣的說法都出現了。很快地，兩方人馬說起話來跟拘泥形式的納粹種族理論者也沒啥兩樣。

歷史就是與各種劃分有關。這也是為什麼由一群傑出的歷史學家所組成的委員會，在一九九〇年時被指派負責解決布亨瓦德的歷史爭論。遭納粹迫害的受難者與遭蘇維埃迫害的受難者，應該放在一起紀念嗎？如果不應該，那該怎麼將他們區分開來？該拆掉東德蓋的紀念碑嗎？又該如何處置博物館等諸如此類的問題。這是個需要小心處理的任務，因為委員會的大多數成員都來自西德。東德人向來很不喜歡西德人插手他們的歷史神話。如果把重點放太多在蘇維埃的罪行上，前共產黨員會跳出來抗議，但其他人又會覺得委員會做的不夠多。其中一位西德歷史學家厄博哈特・耶克爾（Eberhard Jäckel）

跟我說，「我們與前東德人民之間的狀況非常尷尬，因為他們把我們類比成一九四五年時戰勝的同盟國。」結果，委員會提出了一些次要的改變，像是把恩斯特．塔爾曼舊牢房裡的牌子，改的比較簡單，寫著：「德國共產黨主席，在此地被關押、遇害。」還有就是計畫蓋一個小型博物館，處理蘇維埃時期的布亨瓦德，好跟處理納粹時期的大型博物館區分開來。

但是，問題仍在於歷史博物館是否可以與紀念地點或紀念碑結合在一起，而不扭曲原來的立意。紀念碑是個宗教性或類宗教性的建築，在這裡緬懷過往是種集體儀式。大家會在紀念碑祈禱、點燃火炬、放置花圈；然而，博物館是世俗機構，在自由社會中，應該要力爭獨立的學術地位。在獨裁統治下，包括政治操作、學術、紀念過程在內的所有事情，都會被簡化成公共儀式，所以兩者不會相抵觸；但在自由民主的社會中就會相衝突了。

一九九二年時，戰爭都已經結束四十七年了，日本卻還是只有一座戰爭博物館，而且可以說是非常奇怪的博物館。當然，在廣島有「和平紀念館」，但主題僅限於廣島。在南九州有座小型博物館，座落在以前空軍基地的所在地，收藏了神風特攻隊的相關紀念物。但是，只有位在東京的「靖國神社博物館」涉及了整場戰爭的歷史。

靖國神社本身充滿爭議，它是日本傳統信仰神道的神社，祀奉自一八六八年明治維新以來為天皇捨命的靈魂。博物館裡發放的手冊上寫說這些愛國者是為「國家」而捨命，但毫不質疑地把天皇與國家劃上等號是這裡的特色，事實上根本是這個地方存在的理由。靖國神社裡祀奉了數百萬名靈魂，包括在東京大審後以甲級戰犯的罪名被絞死的將軍與政治人物。保守派政治人物每年造訪靖國神社，紀念在戰爭中亡故的日本人。他們宣稱靖國神社與美國維吉尼亞州的阿靈頓公墓或倫敦的慰靈塔沒什麼不同。但是，其實是不一樣的。

在一八六零年代推翻德川幕府的新政府，讓天皇復位成為有名無實的政治領袖，其中過程血流成河。為了那些在戰鬥中站在皇室這邊對抗幕府而犧牲生命的人，明治天皇奉獻了這座神社。所以，靖國神社可說是座革命分子的神社，或更好的說法是座「波拿巴主義者」的神社。武士階級發起了維新運動，而直到一九四五年，只聽命於天皇的武裝部隊通常也在日本指揮體系的中心。當你走近神社龐大的大門時，第一眼會看到的是大村益次郎的銅像，他是軍事策略家，也是日本帝國陸軍之父。他在一八六九年時被政治上的敵人暗殺，同一年，靖國神社開社。

儘管史上記載每一個日本政權，不管是不是出於自願，都確保自己有受到當時天皇的祝福，但是軍國主義式的天皇崇拜（有時也被稱作「國家神道」），是明治天皇時代的創舉，事實上是日本版的現代民族主義。執行這種崇拜儀式的神社以靖國神社為首。戰爭是「為了天皇」而打、「為了天皇」而遵命、「為了天皇」捨命之後被供奉為神明。

戰爭結束後，美國佔領當局為了實施政教分離，堅持日本人必須廢除神道的國教地位。包括靖國神社在內的神道神社，從今以後將會是私人組織。大多數的日本人很樂意接受這項改變，因為能藉此擺脫軍隊的壓迫。但是到了一九五一年時，以前的軍官組成了右翼團體，要求釋放所有戰犯與恢復靖國神社的名譽。從那之後直到現在，這件事一直是右翼團體關注的焦點。支持民族主義的知識分子至今仍義憤填膺，寫書批判「民族認同」的喪失；各種壓力團體亟於恢復某些戰前價值。在一篇關於靖國神社的文章中，評論家江藤淳認為日本人不同於其他民族，「是與死者生活在一起的」[50]。因此，他總結在靖國神社裡的崇拜儀式對於維持日本民族的延續性，不可或缺。

「日本遺族會」是重要的壓力團體，有超過一百萬的會員，他們大多把票投給保守派的自民黨。右翼的政治人物希望能改寫憲法、重新恢復天皇的神聖地位、恢復日本發動戰爭的主權，自然也就會堅稱靖國神社是官方參拜之地。於是，包括首相在內的日本政治人物，既是因為右翼分子的煽動又出自個人信念，每年都會前往神社參拜。

為了讓爭議降到最低，他們會以「私人名義」參訪，雖說他們的集體祭祀在晚間新聞中會被報導成公開事件。然而，一九八五年時，中曾根康弘首度以官方名義前往參拜，他在訪客簿上簽下的職業為首相。他供奉給神社的祭品是從神木上取下的帶葉枝條，非常昂貴，是用公費支出的。基督徒、左翼人士和平主義者、中韓雙方的政府都對此提出抗議。某個日本佛教團體的成員控告中曾根首相「用我們繳的稅造成了精神傷害」。但中曾根堅持自己到那裡只是為了祈求和平，靖國神社的官方手冊上也寫了同樣的東西：神社致力於和平。「靖國」二字，意思是「為國家帶來和平」。

這樣的和平概念還真獨特。神社前方的櫻花樹上，繫滿了寫有陸軍軍團名稱與知名戰役的白色布條；神社後面有座球型的石頭紀念碑，用來紀念憲兵隊，也就是日本版的黨衛軍；一旁有塊長長的水泥版，上面佈滿了孔洞，洞裡塞了不同顏色的石頭，是從雷伊泰島、瓜達爾卡納爾島、關島、威克島的戰場上拿回來的；還有一座〈母親紀念碑〉，用白色大理石雕刻成喉嚨的形狀，有水汩汩湧出，題辭寫道：「這是渴死的人心目中的母親形象」。

在通往主神社的礫石路上，停著幾台藍棕色的卡車，上面掛有民族主義的口號。裝在車頂上的擴音器隆隆作響，播放著戰爭時期的軍隊進行曲。這些卡車屬於某些極端右翼組織，他們希望能恢復戰前秩序，在裕仁天皇過世前他們稱之為「昭和維新」（昭和是裕仁天皇的國號）。穿制服的年輕男性理光頭，整齊劃一地怒吼，並且朝皇居的方向敬禮。

博物館前展示了維護得很不錯的古董機關槍、二戰時期的坦克車、榴彈砲、魚雷與第一個在緬甸鐵路上運轉的火車引擎。這就是博物館手冊上形容為「聖地」的地方；「這座神社裡的神靈曾愛惜使用過」這些展出的武器；他們「神聖的遺物」如今在這座博物館裡展出。

在第一個展間裡，訪客會看到一幅有鍍金厚框的大型油畫，畫的是一九三零年代裕仁天皇參拜靖國神社。畫中的他穿著軍服，兩旁穿著白袍的神職人員行禮如儀。房間裡也展示了一把由靖國神社的神職人員所打造的神劍。此外，還有在世紀交替之際，打過日俄戰爭與中日戰爭的士兵所遺留下來的各種物品。

其他展出的遺物還有「人體魚雷」：那是一個用鋼鐵打造的圓柱體，裡頭的空間可容納一人，好讓他犧牲生命載著炸藥衝向敵艦；有些戰旗上面有士兵用血簽下的名字，那些名字如今看起來僅是褪色的褐色污漬；有一架「櫻花戰鬥機」的複製品，當年神風特攻隊就是用這種飛機出任務；士兵寫給母親或妻子的信被保存在玻璃櫃中；戰死在菲律賓的某個士兵，身上穿過的破衣血跡斑斑，與褪色的戰旗一同展出，同時還有他直到死去那一刻都還隨身攜帶的母親相片，上面已有裂紋。

還有更多的油畫，全都是浮誇的十九世紀風格，就跟之前那幅天皇在靖國神社的畫一樣。油畫的內容包括：日本部隊在中國萬里長城與心懷感激的蒙古人結盟、人體魚雷或櫻花戰鬥機出毀滅任務。現場還有一個大型的模型，像是個袖珍花園，刻畫了在緬甸與菲律賓那些毫無勝算的戰役，小小的塑膠自殺坦克推滾著跌落山崖。展覽也大大關注了戰爭結束後被蘇聯俘虜的日本兵，他們的處境悲慘，被關在西伯利亞的戰俘營。整個展覽最後的部分，是一個玻璃櫃，裡頭展示了尼溫將軍致贈給日本的緬甸國旗，一旁的文字寫道，贈送這面旗的人「把自己國家的解放歸功於日本」。尼溫是緬甸的軍事獨裁者，戰前在日本受過訓練。印尼總統蘇卡諾則是送了一隻天堂鳥的標本，以示感激。

展品之間的文字解釋戰爭發生的背景，純粹就是戰爭時期的宣傳：一九三一年併吞滿洲是必要之舉，理由是為了保衛亞洲大陸不受蘇聯的共產主義與中國的強取豪奪所威脅；在中國的戰爭是無法避免的，因為中國的反抗活動被英國人與美國人煽動成反日行動；對美國開戰是攸關民族存亡的大事；而日本戰俘所遭受的苦難，以及無數死在共產黨手上的人，在在證明了日本一直是正義的一方。簡言之，引述博物館書店裡販售的歷史手冊上寫的話：「大東亞戰爭不是一場『侵略戰爭』，恰恰相反，這是一場從共產主義手中解放全世界的聖戰。」

綜合以上所述，很容易導出「靖國戰爭博物館歌頌軍國主義」的結論。事實上，情況卻更加複雜，因為這裡用類宗教態度所歌頌的，並非戰爭行為或憎恨，而是自我犧牲。「榮耀特別攻擊隊協會」所放置的大型銅製告示牌，總結了博物館及整座神社的調性。這塊告示牌在一九八五年時揭幕，就在珍珠港事件的紀念日。牌子上用頗具風格的字體，刻著協會主席竹田宮恆德王所說的話：「六千多人在自殺攻擊中陣亡，他們充滿悲劇性的勇氣舉世無雙，也讓我們的敵人心存恐懼。舉國上下為他們慷慨的忠誠與無私的犧牲，流下感激的淚水。」

在主神殿旁有個小房間，我在那裡跟一個年輕的神職人員說話，他身上整潔的白袍表示職務上的純粹。他沒超過三十歲，父親以前也是神道的神職人員。我倆交換了名片，寒暄一番後，我問他對太平洋戰爭的想法為何。他說：「首先，把二次世界大戰稱作太平洋戰爭是完全錯誤的，應該說是大東亞戰爭。再者，把大東亞戰爭當作是侵略戰爭也是錯的。我們別無選擇，這純粹就是攸關國家存亡的大事。而且，重點是要解放亞洲，亞洲人民至今還是很感激……」

他一定有注意到我的不耐煩，因為他停下來問我說我確切想知道什麼。於是，我問他這個博物館的立意為何。他給了我一個非常誠實且貌似合理的說詞：這座博物館沒打算提供教育意義。只要戰爭的倖存者還活在世上，這裡就會拿來保存那些在靖國神社受到供奉的人的遺物，而不是真的博物館。不過，假以時日，這裡的確應該成為一個真正的戰爭博物館。

我問他，該怎麼做？該怎麼挑選及解釋展覽的素材？會指派歷史學家來做這件事嗎？

他說他得要思考一下，不過沒花太長時間。他說：「重點是，一旦把歷史學家扯進來，就會有扭曲的問題。作為神社，我們得要考慮這些神靈與遺族的感受，得要讓他們開心。這就是為什麼歷史學家會造成一些問題。拿所謂的『侵略戰爭』來說吧，其實應該是『生存戰爭』。我們並不想要讓遺族覺得我們供奉的神靈，當年打的是場侵略戰爭。」

如果暫時忽略神道與基督教在作風上的差異，那麼有「遺物」、「聖地」、「刻在銅板上頌揚高貴犧牲的讚歌」的靖國神社，其實與一次大戰後很多的歐洲紀念碑相差不遠。整體上來說，歐洲與美國（在蘇聯則不然）的二戰紀念碑不再歌頌陣亡將士的犧牲。崇拜犧牲行為與把戰爭浪漫地提升到更高的精神層次，在奧許維茲之後似乎不再合宜；背負著國王與國家十字架的基督教騎士，不會起死回生。但是在日本，戰爭仍然是戰爭，不是「猶太人大屠殺」，各種象徵符號仍舊瀰漫著宗教狂喜的氣息，像是靖國神社這樣的地方仍然高舉十九世紀民族主義的火把。因此，全靠陣亡將士的犧牲，民族形象才得以恢復。

「紀念神風特攻隊隊員的和平博物館」位在九州南端的知覽，博物館外的木牌正好為我所說的提供例證，牌子上寫著：「我們非常感激，因為他們高貴無私的犧牲，讓我們活下來……謝天謝地，我們的國家正邁向繁榮，日本今日擁有和平……相信（神風特攻隊的隊員）祈求恢復和平與繁榮。」

他們很可能是真的企盼和平。我接著往博物館走去，穿過供奉觀音菩薩的小神社的花園，我還是想不透神風特攻隊在和平一事上貢獻了什麼。神社沒有給我答案。由退伍軍人協會所捐獻慰靈用的石燈籠之間，有一架神風特攻隊隊員駕駛過的銀色自殺飛機。這些隊員也被稱為「櫻花」，因為他們的生命同樣美麗又短暫。

神社與博物館都蓋在神風特攻隊空軍基地的舊址，飛往琉球的自殺攻擊任務就是從這裡出發的。離這裡最近的城市是鹿兒島，座落在美麗的海灣旁。那個海灣因為很像珍珠港，所以在一九四一年時被日本海軍拿來當作訓練場。就在我要走進博物館時，我拿到了一本手冊，上面寫說這座博物館「成立的宗旨在於保存二次世界大戰的事實真相，留下紀錄，為真正的世界和平盡一分力」。博物館是一棟單調的現代大樓，蓋於一九八五年，用的是公款。館內收藏大多是如櫻花般的神風特攻隊隊員的遺物，包括由一千位女性手縫的「千人針」，說是能給戴著的隊員力量；還有破碎的制服以及從海床上打撈起來的飛機殘骸。不過，最重要的遺物是這些隊員留下來的信件與日記，讓人讀了非常揪心。

寫遺書給摯愛的人是慣例。這些信裡有意料之中的陳腔濫調：像是為天皇與他的神聖領土而死是光榮的、很驕傲能盡忠職守之類的愛國措辭。但這些都是規矩俗套，像是因為無法盡為人子的義務而悲哀地請父母原諒，都是應要求而寫下的。很多信裡也請求父母與手足不要哭泣或哀傷，要舉起一杯清酒，為兒子或兄弟光榮的陣亡深感欣喜。

笑容無比重要。不只在這些信裡，牆上所展示的年輕人照片也一再強調這件事。這也是那個時代媒體紀錄的特點：這些必死無疑的年輕人臉上，展現出男孩氣的笑容，就跟愛國情操一樣傳統，也一樣備受讚譽。博物館中有張照片是一群特攻隊隊員歡欣地準備起飛，其中一位還只是個小男孩的駕駛，正在跟他的狗狗道別。旁邊的文字說明寫著：「在必然的死亡面前，這些人的笑顏綻放無比的美麗。」

當然，這種對年輕英雄氣概的讚頌並非日本獨有，英國轟炸機的隊員也經常笑容滿面。非常年輕的人對光榮死亡有種浪漫的想像，這是他們的弱點。但是，在今日的和平博物館中看到這點被抬舉成美麗的事物，讓人很不舒服，因為愛國口號與年輕的笑容無法掩蓋生命被白白浪費的悲劇；相反地，更添令人心寒的辛酸，因為在這些歡欣的情緒背後是絕望，僅剩歇斯底里。

一個十八歲的年輕人在給雙親的訣別書裡這樣寫著：「母親啊，我不是個一心哭喊呼喚著您的懦夫，雖然我好想這麼做哪！母親，請原諒我，您一定覺得很寂寞吧！但現在我將盡全力大聲呼喚您：母親哪！母親！」

還有這一封，是某個名叫阿茂、年齡不詳的男孩寫的：「是時候出發了。乘上神聖飛機的神風隊員如櫻花般盛開。我將加入他們的行列，燦爛盛開。父親、母親、大夥兒，請別為我擔心，你們要好好照顧自己，我只希望你們在這個世界裡快樂地活著……」

這些信與照片深深影響了訪客。男性沉默不語，快步走去看模型飛機；年長的女性啜泣，用折的小小的手帕一邊拭淚，一邊說：「這麼年輕哪！」只比神風特攻隊員小個幾歲的小學生，魚貫前行，有些在笑、有些小聲說著話、有些一言不發。

這是場悲劇，不只是因為這些敢死隊員年紀輕輕就死了，畢竟不管在哪裡的戰爭，都有士兵（與平民）年紀輕輕就死掉。關於他們死亡的記憶之所以可怕，是因為當中有過度的感情用事，努力把他們的自我犧牲正當化。我們沒有理由去設想他們不相信櫻花殉道的愛國情操，這是當時的慣例。這也正是重點所在：他們被迫要為自己的死亡喝采。整件事之所以如此邪惡，是因為他們年輕的理想性格被利用了。這個觀點在今日的和平博物館內，依然付之闕如。

這個地方的氛圍，依然充滿了假惺惺的理想與過度美化的詩意：通往博物館的街上種著櫻花樹；「笑顏之美」受到吹捧；博物館導覽上寫著「淚之廳」之類的東西；還有一幅拙劣的油畫，尺寸是三呎乘以四呎，畫中陣亡的飛行員被六個白袍天使從燒毀的機身中舉起，升上天堂；而最重要的是，不承認自殺任務就只是浪費生命，拖延了戰爭結束的時間。無數的死亡反而被賦予了虛假的重要性：這些年輕人為了和平與繁榮而死，他們的犧牲是愛國情操的高貴榜樣。

當地的公務員松本先生負責管理這座博物館，他站在大廳內的綠白紅相間的自殺攻擊飛機前，對著大約三百名坐在地上、穿著海軍藍與黑色制服的小學生說話。松本先生用古早奇幻燈秀裡說書人會有的輕快鼻音說話，他問這些小學生從哪來，小學生回答了他。松本先生接著說：「那麼，這位就是你們的學長了。」他拿出一張照片，照片中的飛行員與這些小學生來自同一個城鎮。然後，他舉起一張張對著鏡頭微笑的陣亡士兵的照片，述說著他們的命運，那是關於犧牲、勇敢、純潔、無私與美麗夢想的高貴故事。最後他總結說，有些人可能會批評他把戰爭理想化了或是提倡軍國主義，但這樣的說法完全不正確。他說：「戰爭很糟，糟糕透頂，我們絕不能再打仗。」

稍後在他的辦公室裡，我問他，如果擁護戰爭的人是英雄、他們的理想如此純潔，那小朋友怎麼會得出戰爭很糟糕的結論？他回答：「因為特別攻擊隊的飛行員真心相信和平。」

我知道跟他爭辯沒有意義。松本先生與這座博物館的創辦人都不嗜血，也不擁護戰爭，但是他們對理想的信念，正是戰爭宣傳總愛用的那招：犧牲、真誠、神聖的理由──如此之深，難以動搖。

測量改變一直都是件不怎麼精確的事，因為改變持續在發生中，而且大多在沒人注意的時候發生。不過，說到與戰爭記憶相關的事情，一九九零年代初期在日本發生了巨大的變化，或至少看起來是如此。退伍軍人自一九八零年代末開始在公共場合講述他們的回憶。一九九一年時，南韓以前的慰安婦與一些倖存的中國奴工，開始向日本索賠。另外，在大阪與京都有兩座新的戰爭博物館，重點都擺在日本的侵略行為。總之，感覺像是有些窗被打開了，讓新鮮空氣得以流通。裕仁天皇在一九八九年時駕崩是原因之一，另一個原因則是一九八五年時希夏德．馮．魏茨澤克在國會下議院的演說。這場演講被翻譯成日文，廣為流傳。「無視於過去的人，對當下也是盲目的。任何拒絕記得那些不人道之事的人，很有可能會再次墮落」。很多日本人把這段話當作學習榜樣，引述給我聽。

不過，近來對日本侵略行為的重視，還有另一個更政治的理由。受到波斯灣戰爭的刺激，有些辯論開始認真探討日本武裝部隊未來的角色。一項新的法案（《聯合國維持和平活動法案》）通過，讓日本自一九四五年來首度得以派遣部隊到海外，作為聯合國維和部隊的一部分。這件事其實沒有聽起來那麼戲劇化，因為日本部隊只能擔任側翼，且不能參與任何戰鬥。不過，對很多日本和平主義者而言也算是夠驚心動魄了，他們把這件事當做軍國主義復甦的另一個徵兆。推動在和平博物館中設立「侵略者角落」的廣島行動者這麼認為，作家與前政治行動者小田實也是。「大阪國際和平中心」與「京都世界和平博物館」兩座新的戰爭博物館，背後都有非常強大的和平主義支撐。兩者都不是由中央政府出資建造的。大阪的博物館是由大阪縣與大阪市政府興建，京都的博物館則隸屬於立命館大學。

這兩座新的博物館都是世俗機構，沒有祀奉聖靈的義務，沒有「遺物」、「聖地」，當然也不歌頌犧牲。不過，和平主義不是沒有自己的宗教氣氛。在「京都世界和平博物館」的入口大廳中，有兩幅漫畫家手塚治虫畫的大型壁畫，內容都是展翅飛翔的鶴：一隻驚恐地從黑暗與殘酷的過去飛來，另一隻則是朝向光輝的未來飛去。用手冊上的話來說，畫家設法「對洋溢著生命力的宇宙唱讚美詩，禮讚讓萬物盡情生長的上蒼」。

「大阪國際和平中心」是棟氣派的現代大樓，最後一個展覽廳位在三樓，展出了我們依然面臨的核能、生態與社會危機。展間裡播放著空靈的音樂，讓人聯想到「新世紀」小眾浪潮；在影片中，來自世界各地的人表達對和平的想法，一名美國女性說戰爭是陽剛的，唯有透過女性的治癒力量，才能帶來和平，因為女性編織與養育。

除此之外，這兩座博物館的概念就是那麼一清二楚：把日本在戰爭時期的形象，從受害者改變成侵略者。日本人遭逢的苦難並沒有因此被忽略，大阪博物館中有個區塊，鉅細彌遺地展示燒夷彈如何摧毀了這座城市，以及成為被攻擊的目標是什麼感覺，尤其是從小孩的視角出發。當年，有個小朋友畫了幅彩色的畫，畫中的人驚恐地奔逃過橋，炸彈爆炸了，有個嬰兒的斷頭飛向空中，血跡拖曳。不過，這裡不像廣島博物館；這裡小心翼翼地展示這些事之所以發生，是因為日本先發動了戰爭。

這間擺滿了物品、文件與「十五年戰爭」照片的房間，很清楚地表達了這點。在這裡，沒有什麼事情被粉飾掩蓋，包括南京大屠殺、化學戰部隊、慰安婦，這些主題一樣不缺。不過，除了最簡單的字句外，也沒有多加解釋。顯然，重點不在深入探討戰爭宣傳的本質，因為一點也沒提到「國家神道」，重點是要讓年輕的參觀者對戰爭的殘酷留下深刻印象。我聽說，年輕參觀者大多數是中學學生，因為高中生忙著準備考試。

相較之下，京都的博物館更具啟發性，因為它更著重在呈現當年對日常生活的嚴格管控、箝制言論自由與民族主義者的宣傳。這裡更加政治化，而且用常見的左派結論為戰後時代的簡史作結。比方說，給小學生看的圖文書中寫著越戰是美國發動的「侵略戰爭」，但是「渴望自由與獨立的越南人民，努力奮鬥，贏得了勝利。」

然而，重點不在於培養反美情緒，而是要展現所有戰爭都是糟糕的，用「大阪和平中心」發行的小冊子上的話來說：「我們生活在自由繁榮的日本，但戰爭的烏雲仍在我們頭上盤旋不去。十五年戰爭給了我們許多教訓，其中最重要的是讓我們知道沒有『好的戰爭』這回事。」

勝部元教授是大阪博物館的創辦人之一。在他寫的小冊子《日本的角色》中，這種和平主義的政治背景更加具體明確。他討論了《美日安保條約》與《聯合國維持和平活動法案》。在他看來，政府故意扭曲或壓抑日本戰爭時期的歷史，是為了要替日本軍事力量的復甦找正當理由。他希望日本能斬斷「當今與美國聯手的全球霸權夥伴關係，成為和平的民主地區中的一員……」，「要選擇這條路，日本就得承認『十五年戰爭』中的罪行，補償戰爭中的受害者」。

勝部元教授是誠實正直的人，他似乎一直如此。從一九四三年到終戰這段時間，他在牢裡蹲了兩年，罪名是在某個私人研究團隊中，質疑戰果。他指出，自己就跟所有的政治犯一樣，是被美國軍隊釋放的，而不是被自己國家的政府。這段經歷讓他有心理創傷，從那之後，他就覺得日本政府什麼壞事都幹得出來。他的穿著打扮跟年長的進步人士一樣，自由隨性：灰色的運動衫、窄版領帶與長褲。他跟我解釋「大阪和平中心」的象徵符號：紫色環中一個綠點。他說，那個綠點代表大阪，向全世界散播和平的訊息，而紫色環代表世界其他地區。

參觀完博物館後，館長帶我去屋頂。我們凝望著環繞大阪城的大型公園，那裡以前被帝國陸軍拿來當作軍事演習場。我細細思索了在大阪、京都、九州的前神風特攻隊基地、廣島、靖國神社參觀過的日本戰爭博物館。的確，戰爭結束後日本有些改變，但基本的論調依舊沒變。一方面，是「已經從罪行中學到教訓，絕不會再參戰」的日本；另一方面，則是「應該再度自由擁有『正常』軍事力量」的日本。只要其中一方拿歷史罪行來支持自己對於和平的願景，另一方就會跳出來否認。

我在德國見過的人當中，迪特・舒特（Dieter Schulte）是數一數二心懷怨念的。他在波茨坦的歷史博物館擔任了七年的館長。波茨坦位在前東德境內，有很多宮殿與兵營。兩德統一之後，舒特被解僱。繼任者是個來自西德的中世紀史學家，她奉命前來改造這座博物館。她形容舒特是個「頑固的黨員」，也告訴我說東德的秘密警察在舒特的辦公室正上方，有一間辦公室。

我跟舒特約在基諾咖啡館碰面，那是老舊的宮殿側廂裡一個充滿現代風格的地方，有點髒。舒特看起來乾淨俐落，穿著熨過的藍色牛仔褲、有圖樣的毛衣與無扣帶便鞋，一頭白髮梳整的一絲不苟，指甲呈現不久前修剪過的光澤。他說話的時候，眼睛會繞著室內打轉，不說話的時候會噘著嘴。

他說，要放下這座博物館還真不是件容易的事，因為這曾是他生活中很大的一部分。他不喜歡事情的走向。他談到了波茨坦這個城市的歷史重要性，解釋說打從腓特烈大帝的時代開始，每個政權都拿波茨坦來投射自身的形象。一九二零年代時，波茨坦是右翼政治圈的中心，希特勒的高階將領在戰爭期間駐守在這裡，包括一九四四年那場失敗的政變的籌劃者。他說，可是這些事情在博物館裡都沒有被充分提及。他認為，博物館最重要的功能是「呈現歷史法則」。

接他工作的畢爾申克小姐帶我看過了舊博物館裡還沒被改變的部分，包括有二次世界大戰陳列品的展間。兩德統一後，這些房間就沒對外開放了，房間裡面聞起來已經有股霉味，類似爛掉的蕈類那種味道。新任館長把燈打開，從玻璃櫃上拿起白色防塵布，讓我看「新政權的象徵」，意思其實是在

「共產黨德國」誕生之前的舊政權。排成一列放在那裡的展品有：上面帶有尖刺的一戰時期頭盔、有錢人的大禮帽、納粹衝鋒隊員的棕色帽子。歷史法則，就是這麼合乎邏輯，整齊的像是骨牌向前倒。在這個展間裡，我也了解到法西斯主義何以是「威瑪共和中民主制度與帝國主義衝突之下」的必然後果。

寫這些說明文字的人是舒特，我問他是否還相信這些。他噘著嘴，不願直視我的眼睛，然後用近乎耳語的聲量說：「那些是將近七年前寫的東西，科學知識在那之後有些進展……」

我問他，那他的想法變成怎樣呢？他說：「我依然相信社會主義必定是追溯關係與脈絡的基礎。歷史不能只是各種細節的拼湊。僅僅展示物件的博物館，稱不上是博物館。」

接著，他突然改變話題，講起他在共產黨政權下的種種難處：每一場展覽都得經審查通過，不然連最簡單的東西，像是印刷用紙，都別想拿到。

我問他會不會覺得德國現在更自由了。他說：「才沒有！我們從來沒自由過！」我又問，即使相對上來說也沒有嗎？他說：「沒有。你瞧，就像我們之前得要妥協才能拿到紙張或經費，現在只要不符合資本主義體系的要求，你什麼事都別想做。得要有看頭之類的。呃，歷史博物館以後或許會更有娛樂效果吧……」

我不是很喜歡舒特這個人，他跟前幾任的館長一樣，都是忠貞的共產黨員。他講話的方式就像剛剛發現自己的世界在一九四五年時就已經崩解的小官員。我問他關於坐鎮在他辦公室樓上那些秘密警察的事，他說他什麼都不知道：「沒人跟我講過，我不知道，我怎麼可能會知道？我什麼都不曉得。」

不過，他對博物館的看法倒是有點道理。一座博物館不能只是隨機地展示物品，尤其是歷史博物館。物件的挑選擺放，必須依據概念與想法進行；沒有故事，就難以理解歷史。這並不是說真相不存在，也不是說所有的故事都是宣傳手段；然而，要捕捉真相就一定會有衝突、辯論、詮釋、再詮釋——簡言之，是永無止盡的論述。問題是，要如何在博物館中呈現這點。

東柏林倒是示範了一個可能的方法。在東德政權垮台前，每一個建案、學校、工廠與軍事基地都有所謂的「傳統房」（Traditionskabinett），像小型博物館，展示了一模一樣的罐裝歷史，內容包括德國的工人運動、共產黨員的反法西斯主義抵抗行動、蘇聯紅軍解放了易北河以東的德國，以及「德意志民主共和國」的建國。這是以最純粹的形式呈現出來的歷史「傳統」，為共產黨國家增添了正當性。這些地方跟曾經無所不在的列寧銅像一樣，在一九九〇年後大多被拆除了。不過，在東柏林某個公園的角落裡，還有一座被原封不動地保留下來。然而，重點已經不是歷史，而是政治宣傳。展示品上貼滿了標籤，要嘛詮釋要嘛批評展出的內容，某種程度上可以說是解構了舊政權遺留下來的神話。

我想起了漢堡那座著名的警告紀念碑，雖然兩者不太一樣。位在漢堡的紀念碑是阿弗雷德·赫爾德利奇卡（Alfred Hrdlička）的雕刻作品，他用殘破到嚇人的屍體與骨瘦如柴的囚犯，批判就在隔壁的舊紀念碑。舊紀念碑是個很醜的塊狀物，像是超大型地堡，在一九三六年時為了向「漢莎第七十六步兵師」致敬而建造：長得一模一樣的士兵浮雕，圍繞著方塊體行進。在他們頭盔上方有一排用歌德體寫的字，是海因利希．列爾區（Heinrich Lersch）寫於一九一四年的詩句：「就算我們得死，德國也一定要存活下去。」。納粹蓋的其他紀念碑都被拆掉，然而這一座卻被保留下來，並且用赫爾德利奇卡雕刻的石頭屍體作為更恰當的回應。這是個把「警告紀念碑」拿來當作論述的例子。

不過，這樣的例子很少見，也沒辦法為歷史博物館或紀念碑提供務實的解決之道。德國總理柯爾在一九八三年提議西德應該要擁有屬於自己的德國歷史博物館時，他心裡想到的肯定不是這些。博物館的建造計畫預定從一九八七年開始執行，以便慶祝柏林建城七百五十週年。

赫爾穆．柯爾受到如保守派學者米哈爾．史都默顧問群的啟發，對歷史很感興趣。柯爾跟其他保守派分子一樣，也很擔心西德人缺乏某種歷史上的認同。博物館計畫開始進行時擔任柏林市長的希夏德．馮．魏茨澤克注意到，東德人對過去的歷史至少比較有共識。東柏林也有一座德國歷史博物館，像是個超大的「傳統屋」，位在豪華的巴洛克式軍械庫裡。米哈爾．史都默寫道，「尋找我們佚失的歷史」[51]在「道德上是正當的且在政治上是必要的，因為德意志共和[52]的內在延續性與外交政策上的可預測性，出現了爭議」。基督教民主黨的下議院議員阿弗雷德．德雷格（Alfred Dregger）則是擔憂，年輕人要是對「德國完整的歷史」沒有足夠知識，就不會全力支持「民主國家」。「完整的歷史」其實是個通關密語，他要表達的意思，在某些場合他也的確說過，其實是大家過於關注納粹時期的歷史。簡言之，某個年紀以上的德國保守分子擔憂西德公民會覺得自己不夠像德國人，這可是一個分裂的民族的半數人口。歷史，也就是「完整的歷史」，能幫住他們，讓他們覺得自己像個德國人。

所以，當一九八五年柯爾為了這個博物館計畫在國會發表演說時，他談論到「身為德國人，我們有必要了解自己從何而來、身在何處、未來要走向何方」。[53]不過，他也談到東西德的關係，也就是處理「我們民族認同的核心，是國家命運也是歐洲命運」的「德國政治」。

於是，由歷史學家與博物館專家組成的委員會被正式指派，隨之而來的是場論戰。左派的政治人物與知識分子不喜歡這整件事，他們不信任保守派政府計畫背後的動機，更深深懷疑保守派對於民族認同的想法。事實上，他們認為認同這檔事根本不關政府的事。社會民主黨的政治人物弗黑姆．杜維在一九八六年時說：「歷史不屬於政府，也不歸政治管。在民主國家中，政府不能也不應該用古時候封建領主的態度蓋博物館。」[54]於是，事情就一直這樣來來回回，沒有定論。直到一九九〇年時，兩個德國統一，再度成為「德國」，整件事情也就沒什麼好討論的了。

今日，位在柏林的德意志歷史博物館，是最接近官方版的德國歷史博物館。它座落在東柏林的軍械庫裡，前身就是共產黨的德國歷史博物館。一九八九年時，政府就已經打算改造共產黨的博物館，那時柏林圍牆剛被突破。門上有塊告示牌，寫著：「我們現在了解，這個博物館妨礙了我們跟過去與現在產生積極的連結。它所反映出的史觀，替日益壯大的官僚威權社會提供了正當理由……一切都該被修正，我們得從新的角度來看待事情。若您能提供協助，讓歷史能以真正理想的方式呈現，我們會很感激。」

這段話裡有種拼死一搏的決心，暗示著擁有全世界最堅強意志的東德人，無法獨自處理這件事。結果，西德人被請來，軍械庫的內部被拆除，一座新的博物館成立。這座新的德國歷史博物館沒有常設展，反而是用特展的方式呈現歷史主題。按照館長克里斯多夫．舒多茲（Christoph Stölzl）的說法：「這樣的設計是為了要讓大家思考。」

舒多茲是來自慕尼黑的自由主義者，舉止優雅，整齊俐落的穿著充滿英式風格：絲質蝴蝶領結與花呢布西裝。他有運動員的體格，同時也是經驗老道的管理階層，如同廣告界人士一樣善於辭令。舒多茲正好出生在戰爭結束時，不過他沒有道德上的罪惡感偏見，六八學運世代中許多知識分子都飽受那種罪惡感折磨。我們一開始談話時，他就強調：「從心理學上來說，你無法哀悼那些你沒做過的事。」他指的當然是那個老問題：在奧許維茲之後，身為德國人的種種。

他說：「你唯一能做的是象徵層面與儀式層面的事。若是每年能挑一天作為『奧許維茲日』，或是捐錢給『國際特赦組織』，那會很棒，那會比這些『自我反省』之類的事情更有建設性。但是，這就是典型的德國理想主義——總是渴求不可能之事，而忽略了可以做的事情。」

我來找他，是為了要問博物館的事情，但他反而談論起紀念碑了。不過，他有試著把兩者區分開來，他說：「我認為要用象徵與藝術的方式處理過去的事，但在德國有很多人認為應該用論述取代儀式。問題是，他們把討論變成了某種偽宗教活動，而不是政治活動。」

在博物館裡，美學與政治論述的結合可以行得通，即便有些人會一直抱怨論述犧牲掉藝術，或者藝術犧牲掉論述。在紀念碑，儀式與分析根本就不能混在一起。舒多茲可能會被指責在終究是歷史博物館的地方，太過強調藝術。他擔憂的是形式。他擔心的事或許應該是在紀念碑，而就連他也把博物館與紀念碑搞混了——雖然在某些情況下這是無法避免的。

比方說，舒多茲批評「萬湖別墅」裡的猶太人大屠殺博物館選錯了形式。用他的話來說，這個博物館把大屠殺中的猶太人「放在永不止息的受害者位置上」。他反對放置死亡營與猶太區的照片。對他而言，重點不在寫實。他所希望的記憶形式是能激發人心的，所以他偏好天主教墓園裡呈現亡者的方式：亡者墓碑上的照片，讓大家能記得這個人活著的樣子。舒多茲說：「這個，比較像是重生。記得亡者曾經是活生生的人，而不是工業化的殺人機器中的骨骸或屍體，我覺得比較好。」

然而，「萬湖別墅」的問題就在於它的定位不清：到底是博物館還是紀念館？看起來像是兩者兼具，但這就是問題核心所在。你可以透過藝術、儀式或透過分析與論述，來記憶猶太人大屠殺，但你不能同時全用上，或在同一個地點這麼做。我對舒多茲說，用儀式與藝術的方式處理歷史，是天主教的做法；對道德論述的需求，則是清教徒的傳統。他同意有這個可能性。後來，我認為這個一般性的結論或許可以再延伸地更遠，因為在德國與日本的紀念博物館，在本質上都有一樣的問題。記憶可以是宗教或世俗的，兩者都行得通，但不應該混為一談。德國在避免混淆這件事上，沒有比日本高明到哪裡去。宗教精神籠罩在這兩片土地上的程度，旗鼓相當。

第四部

第九章 正常的國家

一九八八年十一月十日是「水晶之夜」的五十週年紀念日。在波昂，德國眾議院主席菲利普·耶寧格（Philipp Jenninger）堅持要親自對西德國會發表演說，以紀念「水晶之夜」。他不願讓其他人上台演講，就連猶太社群的領袖海因茨·葛林斯基（Heinz Galinski）也不行。之後他在維也納跟我說，如果他讓葛林斯基上台，就也得讓天主教大主教演講，還有新教徒也是。不行，這樣會沒完沒了，眾議院不是他們的舞台。再說，菲利普·耶寧格博士，同時也是主席，堅持應該由侵略者的後代發表演說，紀念「水晶之夜」這個日子，而不是由受害者的後代做這件事。

於是，他起立演講，應該說是照著稿子唸。他正式而單調低沉的聲音，就像是官員在宣讀調查報告一樣。我摘錄他的演說如下：

> 我們今日聚集在德國眾議院，是爲了紀念在一九三八年十一月九日與十日發生的集體迫害。

因爲我們犯下了那些罪行，所以是我們，而非受害者，得要牢記且說明這件事。我們德國人得要搞清楚自己對歷史的了解，以及爲了建構當下與未來的政治活動而學到的教訓……

受難者，也就是全世界的猶太人，在遭逢苦難的過程中，清楚知道一九三八年十一月意味著什麼。我們也搞得清楚嗎？

（德國）人大多很被動，就像早些年他們在面對反猶太的行動與措施一樣。眞正積極從事過分之舉的人不多，但也沒人抗命。當年沒有什麼值得一提的反抗行動……

各位女士、各位先生，回首過往，我們清楚地看到在一九三三年到一九三八年之間，德國發生了一場眞正的革命，這場革命讓法治國家變成罪犯國家，變成毀滅的工具，摧毀了法律與道德的準則基礎，那是這個國家在定義上應該要維護與捍衛的……

對德國與歐洲的全體猶太人而言，希特勒的成功甚至比他的罪行還更具災難性。即使隔了這麼久之後從後見之明來看，一九三三年到一九三八年那幾年間還是很有魔力。希特勒最初那幾年在政治進展上的勝利，幾乎是史無前例……

對於認爲「威瑪共和」充滿一連串外交羞辱的德國人而言，這些事看起來鐵定像是奇蹟。大家甚至開始有工作，擺脫了失業，愁雲慘霧轉變成興盛繁榮……

至於那些猶太人，他們難道不是愛擺架子又有點自大嗎？那年代的說法就是如此。他們起碼該學著謙虛點吧？難道不該挫挫他們的銳氣嗎？撇開誇張到不能當眞的部分不說，最重要的是，那些宣傳難道不是跟大家的臆測與信念一致嗎？結果當事情走火入魔，像是發生了一九三八年十一月的事時，套句當代的說法，大家就說：「我們幹嘛在乎？你如果被嚇到，轉頭不看就是了。這不是我們的問題。」

各位先生、女士，遠在希特勒出現前，德國就有反猶思想了，其他國家也一樣……的確，國家社會主義黨人煞費苦心想要掩蓋大屠殺的眞相；不過，事實上每個人也都知道《紐倫堡種族法》、今天大家都心知肚明五十年前發生過什麼事，而猶太人就在眾目睽睽下被驅逐……

很多德國人讓自己盲目地被國家社會主義給誘惑；很多人的冷漠，讓罪行發生；很多人自己就成了犯罪者。每一個人都必須要捫心自問罪責與壓抑罪責的問題。

質疑歷史眞相、把某類受害者與另一類受害者兩相比照、否認事實，這是我們得要全力抵抗之事。誰要是希望能減輕我們的罪惡，誰要是說當時狀況不算太壞或沒有那麼糟，就是試圖爲難以寬恕之事辯護。

為了闡述論點，耶寧格引用了一九四二年一場猶太人大型處決的目擊者證詞。他不帶情緒，用平板的聲音重述所有細節，包括流血的嬰兒身體抽搐、光著身子的母親、年輕的劊子手在射擊間抽菸。耶寧格引用了希姆勒訓誡手下之語，要他們看到成千上萬堆積如山的屍體時不可退縮；他也引用了那年代流行的口號，說猶太人是「寄生蟲」之類的話；他還引用了尼采與杜斯妥也夫斯基。但傷害已經造成，說這些都於事無補，這場演講是個大災難。

演講開始沒多久，大多數的綠黨代表就已經離場以示抗議；到了結束時，百分之四十的社會民主黨代表也離開了。根據某篇報導指出，耶寧格自己的基督教民主黨同志，「羞愧的無地自容」；年邁的猶太女演員伊達·艾蕾（Ida Ehre）在耶寧格的演講前，才剛朗誦完保羅·策蘭的詩〈死亡賦格〉，引起很大的迴響。聽完耶寧格的演說後，她把臉埋在雙手中。耶寧格獨自離開，汗水從他蒼白的額頭流下，連他最親近的政治盟友都沒有跟他握手。耶寧格想要給大家上一堂歷史課，但說好聽點被認為是離題的不得體之言，說難聽點則被認為是想讓德國人脫罪的粗魯之舉。

演講一結束，基督教民主黨代表就大喊「好丟臉！」；自由民主黨代表說：「黑暗之日。」；社會民主黨代表說：「大災難！」；還有人說：「哀痛逾恆！」外媒則是同仇敵愾，義大利某家日報的頭版報導：「德國國會裡的反猶主義」；某家荷蘭報紙的頭條則是：「希特勒崇拜在德國眾議院引發混亂」；倫敦的《時報》（*The Times*）稱之為「西德的國家級災難」。兩天之後，耶寧格引咎辭職。一年多之後，稍微有點微妙，他被指派出任維也納大使。

就像耶寧格之前可能說過的，「隔了一陣子後」，再把他的講稿拿來讀，很難理解為什麼會引發那麼大的風波。他的用字遣詞或許不夠小心，引述的部分也很笨拙。但要想理解眾怒何來，單從字面上來看是不夠的，必須要勾勒出當時的背景，或說這整件事發生的舞台。

耶寧格在維也納的辦公室很現代，強調實用性，沒什麼個人風格。他在那裡向我承認自己犯了大錯：他不應該在伊達．艾蕾朗誦保羅．策蘭的詩之後出場，他說：「她的朗誦太感人了。」「所以？」「呃，對於一場嚴肅的歷史演講來說，不是什麼理想的前奏。」我說我認為確實不是。

破曉時的黑乳汁
我們夜裡喝著
我們白晝喝著
死亡是來自德國的大師……

很難不為之動容，《法蘭克福匯報》寫道：「她強而有力的聲音顫抖著，你可以聽到她的呼吸聲，與紙張在她手裡沙沙作響的聲音。她話語中的力量與悲傷，感動了現場所有人。接著，耶寧格踏上講台，用公事公辦的態度說：『各位女士、各位先生……』」

耶寧格不是很討人喜歡，也不是可以輕易感動聽眾的那種人。他身材矮壯，是萊茵地區的人，農民出身，白手起家，是在德國任何一間啤酒館裡都可以看到的那種人。他的笑聲刺耳，身上穿的西裝看起來太緊。以上這些特質都無法為他當天的表現加分。他看起來笨手笨腳、不得體、粗心。

某個社會民主黨人抱怨說，耶寧格根本沒用到「Trauer」這個字。這個字可以被翻譯成「悲慼」

或「哀悼」。不過，真正犯了眾怒的是耶寧格演講時的語調，不夠「令人動容」。曾在華沙舊猶太區下跪謝罪的西德總理威利・布蘭特（Willy Brandt），擅長擺出道德姿態。他說耶寧格演講的那一天，是「德國戰後歷史上，黑暗的一天」，他認為耶寧格「之所以失敗，不是因為他是個壞蛋，而是因為他無法勝任」。

耶寧格的演講被拿來和三年前希夏德・馮・魏茨澤克著名的演說相比較，當時也是在眾議院。魏茨澤克的演講沉浸在「哀悼之情」中，他提到「牢記這些事情的必要性如此純然誠實，以至於將成為我們內心的一部分」。耶寧格的演講甚至被拿來跟他朋友赫爾穆・柯爾前日的演說相比較。柯爾素來不以風度或圓滑著稱，但即使是他，在法蘭克福西區猶太會堂演說時也是游刃有餘，而他也說了猶太人大屠殺是「讓人深感羞愧的理由」。所以，幾乎每個人都認為，耶寧格的失敗在於誤判場合，因為這個場合需要的是紀念儀式，而不是「嚴肅的歷史演講」。

然而，耶寧格並非在猶太會堂裡，以一個德國非猶太教徒的身分對猶太人說話。他是在世俗的眾議院、同時也是德國政治的會堂上，以一個非猶太教徒的德國人身分，對其他德國人演說。他在維也納的辦公室裡回想起那個痛苦的日子，大吼了起來：「我們得要出聲！但不是用普通的方法。光是說我們覺得很可恥、不會讓舊事重演，是不夠的。我想要拿鏡子照照這些德國人！」

我有點同情耶寧格。很妙的是，很多從受害者角度看事情的人也這麼想。德國猶太社群中央委員會的成員米夏爾・弗斯特（Michael Fürst），就不覺得耶寧格有必要辭職。他說，畢竟耶寧格說了實話。紐倫堡大審的檢察官羅伯特·肯普納甚至說耶寧格的演說「好極了」。

所以，德國人為什麼覺得這麼不舒服？為什麼那麼多人堅持要誤解耶寧格引述的話？為什麼他們認為耶寧格，而不是他所列舉的那些人，把希特勒視作是有魅力的政治家而猶太人是「寄生蟲」？當時的背景或演說時用的字眼，或許都無法完全解釋這場混亂；整件事也和當時德國政治上的猜忌氛圍有關。綠黨、自由主義者與左翼人士懷疑保守派無所不用其極想漂白戰爭；而保守派懷疑綠黨、自由主義者與左翼人士在奧許維茲事件中揭德國人瘡疤，讓德國人難堪。猜忌的氛圍在「水晶之夜」五十週年紀念日達到最高峰，因為過去十年來保守派企圖改寫歷史，閃避罪責包袱；六年之前，右翼基督教民主黨員阿弗雷德·德雷格號召全體德國人「擺脫希特勒的陰影！我們必須要活得像個正常人。」

四年之前，赫爾穆·柯爾造訪了以色列，說「幸好自己生得晚」，意思是生得太晚而沒有積極地殺害猶太人。他也用了「正常」這個字眼，說德國與以色列應該建立「正常的關係」。三年之前，是比特堡。而兩年之前，恩斯特·諾特發動了「歷史學家論戰」，提出「猶太人大屠殺是仿效史達林『亞洲式野蠻主義』（Asiatic barbarism）的防禦行為；換言之，沒那麼獨一無二，只是人類可怕的歷史上另一樁可怕的普通事件罷了」。

耶寧格用結巴咕噥的方式，直直闖進這個戰後德國的戰區。固守在其中一方的人，希望德國能夠正常化、蒙受「生得晚」的恩典、無罪；另一方的人，則是把奧許維茲內化成自身認同的一部分。結果，耶寧格裡外不是人，因為他說了太多罪責的事情，卻又表現得不夠有罪惡感。

耶寧格跟赫爾穆・柯爾一樣，幸虧生得晚，所以沒有成為活躍的納粹分子。他出生於一九三二年，是希特勒掌權前一年。他父親是名印刷工人，據耶寧格回憶，很反對納粹統治。耶寧格的哥哥都在軍隊裡服役，其中兩位不想要從軍，但一位立刻在義大利陣亡，另一位則死在俄羅斯。

耶寧格只比出生於一九二七年的鈞特・葛拉斯小沒幾歲。他們那個世代很微妙：出生太晚以至於沒變成納粹，卻又生得夠早以至於有接受過像是「希特勒青年團」那樣的納粹教育。這讓很多那個年紀的人對於過往的事絕口不提（談論過往的是他們的孩子那一輩）。「生得晚」或許讓他們在所有世代中，對於過去發生的事持有最複雜的觀點，也就是：說要負責的話太過年輕了，但也不是全然清白。像葛拉斯那樣談論與寫作戰爭的人，常常不停地從孩童的觀點出發，近乎執念，葛拉斯的作品《錫鼓》（Tin Drum）正是如此。他們的包袱在於要解釋自己父母的行為。這是全天下最困難的事，因為要解釋自己父母的所作所為，你得先試著從他們的角度想像這個世界。這暗指著認同感，哪怕只有在心裡，而認同感很容易會變成情有可原。這也是為什麼與耶寧格年紀相仿的人，大都寧願三緘其口。

某個自由民主黨的政治人物批評耶寧格的演說，說耶寧格試圖「解釋無法解釋的事情」。這種指控很常見。普立摩・列維寫過（關於猶太人大屠殺，而非針對耶寧格）：「或許我們無法理解發生過什麼事，尤有甚者，我們不應該理解，因為試圖理解幾乎就等於試圖辯解。讓我來解釋一下：『理解』某個計畫或人類行為，意思就是『容許』它的存在，『包容』它的始作俑者，把自己放在他的位置上，與他產生共鳴。現在，將沒有任何人類能夠和希特勒、希姆勒、戈培爾、艾希曼與其他無數的納粹分子產生共鳴。這讓我們沮喪，卻也讓我們鬆了一口氣，因為或許我們所希望的，正是無法理解他們所說的話（不幸地，還有行為）。那些沒有人性的言語與行為，實際上是反人類的，而且史無前例……」[1]

沒有人會想要和像是列維這樣的證人唱反調。但是，把「水晶之夜」以及更進一步把「猶太人大屠殺」推定成無法解釋的、「反人類的」，或者說是潛伏在陰暗深處某些反基督之徒的所作所為，會減輕責任問題。當然，我們無法讀希特勒的心，而且人類兇殘行徑的泉源或許神秘難解，但是這樣的殘暴之所以會發生，可以用政治原因來解釋。這些原因可以而且必須被拿來解釋，尤其是在德國議會當中。耶寧格是個政治人物，不是詩人，也不是上帝的僕人。

對於過去發生的事，展現出「哀慟之情」，或用宗教詞彙述說都是比較簡單的選擇。耶寧格或許很不聰明，想要解釋父母的行徑，或至少是與他父母年紀相仿的那輩人，也就是教導他如何變成納粹的那群人。「希特勒上台時，那些教授與作家跑哪去了？」他在辦公室裡跺腳大吼，腳上穿著看起來很廉價的淺沙色鞋子。「為什麼我老是聽到大家說自己當年真的有反抗過希特勒？是什麼讓他們全都團結合作？我認為，唯有透過事實，我們才能與自己的歷史和解。解釋，意思就是要說實話！」

耶寧格的領帶看起來像套索一樣勒住他的粗脖子，他調整了一下。小小的汗珠在他的額頭閃閃發亮。他告訴我，在演說之後他收到大約三萬封信，正面的回應不是來自很老的人，就是非常年輕的人。老一輩的人感謝他終於說出「當年事實究竟是怎樣」；年輕一輩的人則是感激終於聽到事情發生的真正原因。

去除過去的迷思、把歷史講成是一連串或多或少有條理的事件卻不受限於固定法則，以及謹慎地解釋與評估那些事件，是歷史學家的重責大任。這個任務很艱難，在大家對於事件的記憶猶新、罪行與恥辱問題仍然事關重大的情況下，或許是不可能達成的任務。一九三三年到一九四五年之間，在德國與它所佔領的其他國家中所發生的事，不是「正常」歷史的一部分。這段期間發生的事，被拿來當作政治道德寓言教給德國小學生，也被拿來用於警告紀念碑揭幕或紀念像「水晶之夜」那樣的事件。從受害者的觀點來看，這段期間獨一無二，承載著絕對邪惡的重量，不在時間之流當中。但是，從一九六零年代晚期開始，有些行動試圖把一九三三年到一九四五年之間發生的事，當做「正常」的歷史，不是道德預言，而是歷史中的一段時間，在結構上、政治上、文化上與之前之後發生的事相連結。拿來形容這個過程的德語用字是「歷史化」（Historisierung）。「歷史化」內建的自相矛盾之處，在於這個過程原本的目標是從客觀角度看待過去，但事實上卻導致越來越分歧的主觀觀點。正常的歷史，意思是百家爭鳴的詮釋。

比方說，保守派的民族主義者可能會辯稱猶太人大屠殺雖然可怕，但仍屬於滅族屠殺的標準模式，應該用當年的脈絡去理解，而很不幸地，那個年代滅族屠殺相當猖獗；或者他們可能會說第三帝國裡的德國人在當時的情況下，行為舉止算是相對正常了，畢竟希特勒確實提振了德國人的士氣；而且，希特勒堪稱儀式大師，把傳統上愛好歌劇般場面的浪漫民族迷得神魂顛倒，倒也不難理解。事實上，以上這些論點都有人提出過。耶寧格倒楣，是因為他的聽眾相信他在為這些論點背書。

「歷史化」的另一個自相矛盾是認同問題。「歷史化」的目標是跟過去保持冷靜的距離。然而，有些保守派歷史學家，像是安德列亞斯・希爾格魯伯，之所以想把納粹歷史視為嵌在德國正常歷史的連續之流中，原因在於這樣會更容易認同經歷過那個時代的人，也就是那些非猶太裔的德國人；也就是與侵略者，那些罪魁禍首的觀點產生共鳴。如果一九三三年到一九四五年這段期間被當作是自成一格、史無前例、邪惡的化身、與主流無涉，那麼除了少數極端分子之外，認同事實上不可能發生。太過關注「那區區十二年」，會剝奪了德國人的歷史驕傲。所以，如果第三帝國看起來比較「正常」、就只是一個時代，那麼希爾格魯伯想要藉由強調德國士兵對抗「亞洲式野蠻主義」，保家衛土，來提振德國人的認同與驕傲，就比較說得過去了。但是，在這個有意識的認同過程中，客觀性被削弱了兩次：第一次是被說故事的人自己，第二次是被故事中主角加上去的觀點。

於是，認同感妨礙了「歷史化」。受害者與加害者之間仍然存在著鴻溝，而兩者的記憶對比之大，讓任何想要尋求客觀觀點的人（尤其是德國人）都冒著掉進這條鴻溝的危險。泰歐・桑默在《時代週報》上寫了篇憤怒的社論[2]，批評耶寧格的演說，標題是〈身為德國人的包袱〉。桑默寫道，所以耶寧格想說實話，「呃，我同意。那麼請讓我們得知全部的真相，受害者的真相就跟謀害者的真相一樣剴切；還有感受，獵物的命運所引起的憤慨，應該比對獵人動機產生的移情作用，還要來的令人動容。」

用字強烈、情操高貴，但依然沒有抓住重點。因為耶寧格無法替受害者的真相發言，也沒有透過展露一絲羞愧感以祈求憐憫。他想談論的是歷史，努力隔著一點距離來理解歷史。這不是什麼卑鄙的事，但他應該要認知到「歷史化」依然充滿高風險，即便戰爭已經結束四十三年了。因為光是透過「正常化」歷史或揮舞著十字架與大蒜驅魔，無法造就一個「正常的」、不鬧鬼的社會；恰恰相反——唯有當社會夠開放自由，能夠從批評者的觀點回首過往，而不是從受害者或加害者的角度出發，那麼，鬼魂才能真正安息。

一九八八年十二月七日，珍珠港事件的四十七週年紀念，在長崎：天皇正非常緩慢地邁向死亡，他罹患癌症，每天都大量失血。但是在「自我約束」的氛圍下，日本媒體絕口不提這件事。在日本，昭和時代即將結束的那段日子裡，氣氛沉默而壓抑，彷彿山雨欲來。傳統的新年慶祝活動被取消，向來花俏的櫥窗裝飾也變得低調許多。十二月七日時，某位共產黨代表在長崎市議會問了市長本島等一個直接的問題：天皇的戰爭罪。

本島等是這樣回答的：「戰爭已經結束四十三年了，我認為我們已有足夠的機會深思那場戰爭的本質。就我所讀過的各種外國文件來看，以及我本人也是受過軍事教育的軍人，我的確相信天皇該為戰爭負起責任……」

一九八八年十二月八日：一群長崎市議員與自由民主黨的區黨部要求市長撤回他的言論。

一九八八年十二月十二日：本島等市長說事情到了這個地步，他不能「違背自己的心」。但他會辭去自民黨協會法律顧問的職務。他的辭呈沒被接受，而是被解僱且終止未來的合作機會。本島等在記者會上說：「我不是說天皇該獨自為戰爭負責，很多人都有責任，包括我自己在內。但我確實覺得當前的政治狀態不正常。一提到天皇的事，大家都變得很情緒化。言論自由不該受限於時間或地點。在民主國家中，我們尊重異己。」

一九八八年十二月十九日：二十四個極端右翼團體開著三十輛配有擴音器的卡車，在長崎市內兜轉，揚言要讓本島等遭「天譴」。自民黨要求長崎縣長停止跟本島等市長的政治合作。縣長答應了。

一九八八年十二月二十一日：從日本各地前來的六十二個右翼團體，開著八十二輛配有擴音器的卡車，在長崎示威，威脅要殺死本島等。

一九八八年十二月二十四日：新近成立的「支持言論自由的長崎市民會」在市政廳遞交一萬三千六百八十四份連署書，支持市長。這些連署僅花了兩個星期就完成。各種保守組織的代表，包括神道神社的縣辦公室，則要求彈劾市長。

一九八九年一月七日：天皇逝世。

一九九〇年一月十八日：右翼極端分子從背後槍擊本島市長。日本媒體引述右翼分子的話，宣稱本島遭「天譴」了。

本島市長勉強活了下來，子彈貫穿他的肺[3]。在咳血之後，他坐在車內等待救援。當時他身旁沒有警力保護，因為保守派議員不滿這項支出。

表面看來，「本島事件」與「耶寧格的潰敗」天差地遠。耶寧格被指控是辯解者，而本島指責（天皇）；一方的罪惡感太少，另一方則是太多；一方掩蓋真相，另一方讓事實曝光；漂白與弄髒；耶寧格觸怒了自由主義者與左翼分子，本島則是惹惱了右翼分子。對本島眾多的支持者而言，他是英雄；耶寧格則是屈辱地離開前往維也納。不過，這兩個人，事實上是這兩件案子，有些相同之處，而這些共同點可能透露出德國與日本的某些狀態。

本島等比耶寧格年長十歲，心思較為縝密，不過兩人都有地方政客常有的粗魯與務實態度。兩人都崛起於戰後的保守派政治圈中：耶寧格是基督教民主黨的，本島在惹上麻煩前是自由民主黨的。本島在一九七九年時當選市長，當時幫助他的正是後來把他攆出去的組織。即使他遭槍殺瀕死，他後來仍然打算跟保守派合作。

一九九二年時爆發了一個爭議事件：建築工人偶然發現一座舊監獄的地基，就在長崎和平公園的旁邊，鄰近原爆的中心點。（與廣島和平公園相比，長崎公園的規模小多了，這塊地幾乎可說是滿載歉意，上頭佈滿了形形色色的中國人捐贈的紀念碑，現今大都荒廢了。）戰爭期間，韓國籍與中國籍的囚犯死在那座監獄裡，有些是被日本人所殺，有些則死於原爆。一群長崎市民想要把這個地點保留下來，好證明日本人不只是受害者，原子彈轟炸是有原因的。保守派人士反對這個主意，他們說和平公園是個「快樂的地方」，「觀光客怎麼會想來這裡看監獄呢」？本島等選擇站在保守派這邊，他需要他們的支持才能連任。他與建築業關係良好，於是監獄的遺跡就被埋在一座新的停車場之下。所以，不管促使他評論天皇的原因是什麼，總之不會是左翼的激進主義。

本島等與耶寧格實際上講的內容，比較少被批評。受到較多批評的反而是他們不夠隨機應變，因為他們挑錯時間、選錯場合。耶寧格挑了個紀念場合給大家上歷史課，本島則是在天皇臨終之際犯下大不敬之罪。自民黨黨紀委員會在處理本島的案子時表示，雖然個人有權利發表意見，但「身為一個政府官員，公開發表這樣的言論實在極度欠缺考慮」。[4]我甚至從公開支持本島市長的人口中聽到類似的話，其中一位是本島市長在長崎市政廳的部屬。

我跟這人在天皇葬禮那週碰面，那是一九八九年二月的某個寒冷冬夜。我們都被邀請參加一個共同朋友的晚宴。這名公務員是個胖胖的中年人，臉上掛著和藹可親的笑容，樣子就像是學校老師在面對學習緩慢的小朋友。他從藍色西裝的衣領上取下工作名牌，啜了一口清酒，說：「現在，我可以用個人身分跟你說話了。」接著他狂搖頭，表達自己百思不得其解：「坦白跟你說，我不懂市長為什麼要講那樣的話，簡直就是匪夷所思。」

跟我一起去的朋友是美國人，他問這位公務員，市長說的話不是事實嗎？這位公務員咂咂嘴，閉上雙眼，彷彿備受煎熬或正在沉思，轉了轉他短短的脖子，然後依然閉著眼睛說：「嗯……不是，不能說不是事實……」我朋友又問：「所以市長說的是實話囉？」他回答：「呃，沒錯，你的確可以這樣說，但我還是無法理解市長為什麼要講那些。」我朋友表現出不耐煩多過於禮貌，繼續問這位公務員，這樣的話他是覺得市長應該要說謊才對嗎？這位公務員的眼睛再度消失在多肉的眼皮後面，他臉上的表情與其說是煎熬，還不如說是聽天由命，他說：「在日本，我們全都知道真相是什麼，但我們不會說出口。你得要了解我們的文化……」他拉了拉襯衫的領子，邊緣有點溼了，接著他嘆了口氣。我們的文化啊……這讓我想起一個住在日本的澳洲人聽到本島等的言論時的反應。他在電話中跟我說：「本島顯然不了解日本文化。」我沒跟他爭辯。他所說的不偏不倚符合露絲・潘乃德對文化範疇的區分：罪惡感文化與羞恥感文化[5]。飽受罪惡感折磨的德國人，覺得有必要懺悔他們的罪，藉此來擺脫罪惡感與得到寬恕；日本人則是希望保持沉默，甚至也希望其他人噤口，因為重點不是上天眼中的罪行，而是眾目揆揆下的丟臉尷尬，也就是「顏面」。總之，耶寧格懺悔的不夠，本島又說得太多。這是兩人用不同形式表現出來的不得體的本質。他們沒有照規矩來，破壞了自己所處的文化中的規則。

還有一件重要的事，讓潘乃德的文化範疇解釋起這個案子來更有幫助：本島等是基督徒。這也正是他的某些對手反對他的原因，批評他的人說他「表現得不像日本人」。

本島市長收到一封來自神道神職人員的信，信中指出，要求天皇承擔比現在更多的道德責任，「不是日本人會做的事」[6]；每年在日本投降紀念日時，天皇難道沒有表達沉痛悲傷嗎？而且，正當舉國上下都深深擔憂天皇的健康狀況時，用這種態度發表跟天皇相關的言論，就更不對了。接著，他寫到重點：「基督徒與有西化傾向的人，包括所謂的知識分子，常犯的錯誤是無法理解西方社會與日本社會的基礎，來自完全不同的宗教概念……他們忘了這個前提，試圖把西方的結構建築在日本的基礎之上。我認為這種錯誤解釋了為何要天皇全權負責。」

本島等出生在九州附近的小島，那裡是日本唯一還留有天主教傳教士足跡的地方。早在十七世紀時，西班牙與葡萄牙教士讓長崎大多數的人都改信基督教了。後來，幕府對此相當不安，下令折磨與屠殺基督徒。就像是一九三零年代時的共產黨員，基督徒被迫叛教、踐踏聖母圖像。但是，在日本南方的基督徒活了下來，雖然迫害依舊不斷。本島等的祖父被迫跪著在膝蓋上放置石板，骨頭因此都碎了，警察在他跪著時對他咆哮：「誰比較重要，基督還是天皇？」

一九三零年代，當時是小學生的本島等被迫在神道神社敬禮。每逢天皇生日，老師就會因為他不夠恭敬而懲罰他。他們會拿幾乎擊垮他祖父的同樣問題來折磨他：「誰比較重要，基督還是天皇？」

在日本，長崎是個奇特的城市。它在歷史上是面向全世界的窄窗並以此自豪。長崎有規模很大的中國城，有些地方名菜的名字看得出源自中國。日本在十七與十八世紀的全面鎖國期間，荷蘭商人獲准住在長崎灣裡的一個小島上，只有官員與妓女能造訪。（有些長崎人至今還有高鼻樑，也算是他們祖先的特徵）。在長崎，費了很大的勁兒從字典與醫書中勤奮學習所挑揀出來的「蘭學」，讓日本人首次接觸了歐洲科學。長崎曾有「外國學」學校、大修道院與華麗的大教堂。（由羅馬天主教徒駕駛的飛機）對日本投下的第二顆原子彈，就在大教堂正上方爆炸，把修道院夷為平地。關於長崎原爆最著名的書是《長崎和平鐘聲》，作者是永井隆，他是醫生也是基督徒。他相信冥冥中自有註定：原子彈在大教堂上方爆炸是神的旨意，而七萬三千八百八十四名亡者是殉道烈士，這個數字沒有比數世紀前在山區被釘上十字架的基督徒祖先少。

對本島市長來說，正義是基督教的概念。他相信這讓他的生命觀與其他日本人不同，那名澳洲人與寫信給他的神道神職人員也是這樣想的。我在他被槍擊的一年前左右，跟他碰面，他解釋了這個觀點。他說，讓日本人為戰爭期間的野蠻行徑負責很重要。責任是道德層次的問題，而道德歸宗教管。日本人的問題，在於「他們崇拜大自然，但是他們沒有宗教或哲學上的道德基礎。」

我仔細思考這段話的同時，看了本島市長一眼。他穿得像個體育老師，一身運動服，在日本是很常見的休閒打扮，但就市長接受訪談時這麼穿可就不尋常了。他看了我一眼，直視我的眼睛，不是不友善，但眼神中有一絲強悍。他飽滿的嘴唇緊閉，讓微微歪一邊的嘴角看起來很固執。日本官員中常見的緊張缺乏自信或戒心很強的自大，在他的神情中完全看不到。在我面前的，是一個很堅定的人，他就是知道自己是對的。

他繼續說：「在歐洲，人的感受以幾世紀來的哲學與宗教為基礎。但日本人只崇拜大自然，這是他們內化了的東西。在一個大自然統治的國度中，沒有什麼個人的責任問題。」

我問，那這件事該如何解？所有日本人都應該信基督教嗎？他回答：「我是個基督徒，所以，是的，我的確這樣想。」

他聽起來就像是遠藤周作小說裡的角色。作家遠藤周作是天主教徒，他的作品深受格雷安・葛林

（Graham Greene）喜愛。遠藤跟本島市長一樣，也認為相信萬物有靈的日本同胞欠缺道德基礎，無法分辨正邪，他甚至認為他們永遠也學不會，也就是說，他們絕對不會成為基督徒。遠藤所有的作品中都充斥著這種絕望，當中著名的小說《沉默》寫於一九六六年，故事是一個放棄讓日本人改信基督教的耶穌會傳教士，自己也放棄信仰了。在遠藤的故事裡，西方與東方從不相遇。雖然他或許是日本小說家中，唯一從基督教觀點探討個人的戰爭罪責任的人，他作品中的日本角色倒不是全都沒有良知，他們只是欠缺言詞形容，無法為之命名。作品《海與毒藥》中的戶田醫生[7]，在美國戰俘營中協助致命的實驗，他為此深感不安。當他回到作為犯罪現場的手術室時，卻「沒有覺得特別痛苦」。「我猜我沒有良知。但不是只有我，他們當中沒有人對自己在這裡的所做所為有任何感覺。」

或許那位神道神職人員說對了；或許得要是基督徒才能打破日本禁忌（本島市長在廣島的同僚荒木市長不是基督徒，他雖然慣於發表崇高的言論，但在一九八八年時卻拒絕支持本島市長）。無論右翼民族主義者與神道的神職人員有多想假裝天皇崇拜不是宗教，而是日本「習俗」，但它千真萬確就是宗教。看來似乎要拿另一種信仰、另一位「天皇」，如佛陀、馬克思、耶穌基督，才能挑戰日本天皇崇拜的政治制度。或許這是為什麼批評天皇體系與其政治手段最激烈的，是基督徒與馬克思主義者，就像數世紀以前的那些佛教徒。但是，事實沒那麼簡單。

因為大多數的日本人在昭和天皇過世之際，已經沒什麼信仰了，所以民族主義者極力想要復興的是宗教。他們把天皇病危視為機會。天皇崇拜是他們所主張的日本「正常性」，他們經常使用「正常」[8]、「自然」這類的詞彙。大約在天皇過世之際，文化評論家江藤淳在頂尖的月刊裡寫了篇文章[9]，主張美國人把虛假的天皇形象強迫灌輸給戰後的日本人。他寫道，日本人被美國人鎖在「戰後民主的遊樂場與僅作為象徵的天皇制度中」。他繼續說，但是當天皇病重垂危時，就連被西方洗腦多年的自由派報紙，也遮掩不了日本人民表現出的個人憂傷，顯示了「我們皇室家庭神聖莊嚴的本質」被保存下來，而且會永遠持續下去。右翼的自民黨政治人物石原慎太郎在同一本雜誌中寫道，天皇與日本人民的連結，超越了國家元首與人民之間的連結，「展現了日本與日本民族的獨特性……」

前駐華盛頓大使之子、同時也是知名政治評論家的加瀨英明（湯尼），在日本版的《花花公子》雜誌中寫了篇引人注目的文章。他描寫了神道儀式「大嘗祭」[10]。在這個祭典中，太陽女神會在前任天皇駕崩後，造訪新任天皇，讓他進入祂的子宮中，然後重新出生成為神聖的統治者。加瀨英明說：「日本的民族性早在有歷史紀錄前就已經形成……日本這個國家誕生時，天皇就已經是最高祭司與國家元首了。皇室家庭無法跟日本神話切割開來。這些神話跟日本的誕生完全一樣。天皇之所以神聖，是因為他的血液與創造出我們這個民族的諸神連結在一起。」

這是浪漫主義者想要讓日本人民相信的事。就像世界各地很多知識分子一樣，甚至就如同很多德國保守人士一樣，他們對物質主義與經濟繁榮所導致的精神真空，感到憂慮。對日本修正主義者來說，讓日本重新成為一個正常的國家，意思就是要復興民族神話與皇室神話（兩者其實是同一件事）。本島等的言論挑戰了他們理想中和諧的天賜之福，在本質上是反自由、反民主的理想，是極權政治的完美宣傳。

各種心態如此衝突，日本修正主義或許多少也跟年齡有關。最活躍的修正主義者是五十歲上下的男性，他們在戰爭時期接受教育，對美國佔領感到震驚。跟耶寧格的情況一樣，支持本島等的信件要嘛來自年紀很大的人，他們在國家沙文主義達到歇斯底里般的高峰前就出生了；要嘛來自非常年輕的人，他們從未受到國家沙文主義的影響。或許，從小所接受的宗教被歷史給剝奪了的那些人，最害怕精神上的真空。耶寧格與本島等講的話非常不同，以至於增加了兩相比較的複雜度，有人甚至可能覺得這樣的比較無效。畢竟，耶寧格讓人聯想到的是修正主義者、想漂白歷史的人與新民族主義者。不過，我認為兩相比較還是可行的，因為耶寧格與本島等都用了世俗詞彙來處理歷史，因此觸怒了尋求填補精神空虛的團體，縱使兩邊的團體截然不同：在波昂，是左翼人士與綠黨成員的懺悔式和平主義；在長崎，則是試圖復興天皇崇拜的一群人。

這就是為什麼我認為本島等的基督徒身分沒有表面上看起來重要，而他面臨的挑戰也不只是信仰上的衝突。他個人的動機毫無疑問出自宗教，正義對他而言可能也是基督教的概念。但他的言論與所造成的影響，都是世俗的。他的支持者中，有些人是馬克思主義者，有些是基督徒；但是從他們的信中看來，所有人都清楚明白重點在於政治，而非宗教。

本島等在發表言論的兩星期後，收到了超過一萬封的支持信；幾個月之後，更是超過了三十萬封，來信支持的有家庭主婦、年長的退休人士、退伍軍人、高中生、上班族和平運動者、導演、大學教授等。自由派知識分子在公開場合倒是異常地保持沉默，沒有日本版的左拉寫〈我控訴！〉[11]，只有少數幾位例外。不過自由派報紙《朝日新聞》中的讀者來函倒是充滿了辯論。我僅需引述一封很具代表性，而不是例外的信，寫信的人是一位七十三歲的退休技師：

> 天皇體制導致軍事統治，造成了日本史上最慘烈的悲劇。保守派當局現在又再度轉向傳統君主制度，攻擊民主權利……用科學方法分析從明治時代以來形塑大眾意識而導致戰爭的機制，是我們對歷史的責任……唯有如此，「我們日本人民自己」才能徹底解決領袖的戰爭責任問題，而不是透過「勝利者的正義」。[12]

這不是神明、馬克思或神聖祖先的聲音，而是理性之聲。

在實際上廢止了政治行動、甚至個體對任何事情只要遵命不用負責的政權底下，政治責任的問題當然有點棘手。如同我們之前所見，天皇是立憲君主又是上天派來的祭司國王，這個曖昧不明的角色，也讓日本領導人物的責任問題變得很複雜。直到這些領導人物把國家帶向自殺式戰爭時，一切當然為時已晚。卡爾·雅斯培在論及戰爭罪的文章中，認為人民應該集體為社會體制負責。國家若是被犯罪政權統治，人民不能逃避責任。雅斯培心中所想的應該是一九三零年代充斥在德國城鎮廣場的那些暴民，他們為元首尖叫吶喊。不過，雅斯培的見解中有些問題，像是：犯罪政權是由什麼組成的？

根據什麼法律去定義犯罪？人民能夠為自己無從選擇的事態負責嗎？

事實上，德國人比日本人有更多選擇。推翻威瑪共和的不只是希特勒與他的褐衫衝鋒隊，很多德國人在一九三三年的時候，都把票投給了納粹黨。但是戰爭結束後，既然希特勒死了，一切便可以推到他頭上，穩當安全。越是把責任推到希特勒頭上，德國人民就越能為自己除罪：一切都是希特勒的錯，他們只是被迷惑了，這在當時的情況下是可以被理解的。這是耶寧格從未認真挑戰的看法，也因此他的演講被解讀成是種辯解。

另一方面，本島等對於天皇的看法呈現了相反的效果。在日本，沒有納粹黨可以投，天皇更是從未參選。天皇沒有離去，而且撇開極少數的圈子不論的話，他也沒被妖魔化。一九四五年戰敗後，無論是脫下軍服改穿西裝，或是在東京大審中躲避指控，都讓他貨真價實地成為了自己國家的象徵符號。他的無辜代表了全日本人民的無辜，他們就跟天皇一樣，都被軍事領袖給「欺騙」了；從來沒有人告訴他們發生了什麼事；他們所嚮往的不過就是和平而已；他們被騙去打仗。

事實上，天皇知道的可多了，雖然他的政治影響力或許很有限。而且，打從世紀之交以來，很大一部分的日本人時不時就甘願被挑釁好戰的宣傳給操弄，程度遠超過他們戰後願意承認的。但是，天皇受騙、無辜、愛好和平的形象必須被維持住，因為這是戰後日本社會的團結要素之一，另一個則是和平主義。只要清算了那些將軍、上將，日本人民就能夠跟他們的天皇這個千變萬化到幾乎像是變形蟲的國家象徵，一起無辜地順風前行。

有些人批評這真是做戲。導演伊丹萬作在一九四六年時，寫了篇關於戰爭罪問題的文章[13]，嘲諷「大家都是被騙的」、「被騙的人必定是無辜的」之類的見解。他認為，被騙者應該跟騙人者一樣負責，因此「戰爭責任在不同程度上，落在雙方身上。」他寫道，那些被騙的人只因為讓自己被愚弄就說自己無罪，不對，整個國家的人都該為欠缺批判、只會盲從、無能力思考而負責。伊丹跟很多左翼知識分子一樣，對於「日本人無法擺脫封建制度與鎖國狀態、無法不在外國勢力的幫助下取得基本人權」，感到非常厭惡。

伊丹寫道：「我們現在在政治上是解放了，但是只要日本人執意把責任盲目地推卸給軍隊、警察、官僚，他們就永遠不會認真思考自己讓這些人得以呼風喚雨所犯下的過錯，那麼日本人民以後也沒什麼希望了。」

所以，伊丹萬作做出的結論跟卡爾·雅斯培一樣：人民得要為他們所處的社會負責。這種看法很嚴厲，要奴隸為自身的狀態負責或者更糟地是要為他主人的行徑負責。但是，這個想法很重要，因為沒有這樣的想法，維持一個開放自由的社會所需要的制度就無法存在。這也是為什麼本島等的發言那麼重要，也那麼挑釁。要天皇對戰爭負起責任，也就是沒有要赦免日本人民的意思。相反地，藉由揭發不負責任的最高祭司的虛偽，本島在挑戰的是追隨者的自我形象、百依百順的受害者形象、在某些令人費解的遊戲中身不由己的棋子形象。

雅斯培跟本島等一樣，都是虔誠的基督徒，他對正義的想法也是來自於信仰。不過，伊丹萬作不是基督徒，贊同他的觀點的其他人也不是。一如羞恥感文化與罪惡感文化的區分，基督教特質，從來就不是真正的重點所在。本島等打破日本人的禁忌，捍衛一個更開放更正常的政治社會，卻差點因為這樣丟掉性命。我情願把耶寧格想成也是為了捍衛同樣的事，卻失敗了，丟了工作。或許是因為他無法勝任，也或許是因為連西德社會都還沒正常到可以聆聽他想傳達的訊息。

第十章

兩個平凡小鎮

帕紹

帕紹（Passau）如同德國許多大河邊的小鎮，與其說是美麗，還不如說是秀麗可愛。它讓人覺得太感性而無法稱之美麗。這個小鎮像是個漂亮的小珠寶盒，座落在多瑙河、伊爾茨河與茵河的匯流處。如詩如畫的青翠風景，漂亮的房子散落在樹林蓊鬱的山坡上，就像身處德國童話故事中。十二世紀的時候，帕紹大主教沃夫格（Bishop Wolfger）要人把北歐傳奇故事《尼伯龍根之歌》抄錄下來，原因是故事中齊格飛的遺孀克里姆希爾特曾經路過帕紹。這裡有巴洛克式大教堂、鋪著鵝卵石的狹窄街道、低矮的拱門、街角隨處可見粉飾灰泥的聖人像與胖胖小天使。城裡的建築才剛重新上漆，維護得很仔細，以至於給人一種模糊的印象，像是美麗地躺在那的屍體，做工精緻，栩栩如生。

如同所有受歡迎的旅遊地點，帕紹的可愛很容易就崩壞成做作。在這裡，做作指的是過度誇張的德國民俗風格：紀念品店販賣戴著尖帽飽經風霜的農民木雕、有骨製把手的獵刀，上面刻的文字是歌德體、超大容量的啤酒杯、繪有聖人像的雕花玻璃。遊客搭乘名字是「尼伯龍根」或「克里姆希爾特」

的船遊河，甲板上還會傳來提洛爾地區的山歌。我在露天咖啡館點了杯有濃厚奶油的咖啡，一邊閱讀當地的報紙。當地報紙用了整整一頁的篇幅在講射擊俱樂部的聚會。（在那種俱樂部裡，大家會穿著綠衣服、戴有羽毛的帽子。）德國與奧地利遊客走經過我身邊，手裡拿著冰淇淋甜筒與塑膠杯裝的啤酒；男人都穿短褲、及踝襪與涼鞋，女人則是穿著花布連衣裙。

河堤牆上的塗鴉，展現了這座「尼伯龍根之城」感性中的黑暗面與激進面。有些文字實在怪的可以，像是：「為愛焚身或為恨焚身」、「恐懼尾隨在死亡之後」、「旬胡伯（Schönhuber），你一定要喊冤！」（指的是德國右翼政黨共和黨的領導人），不過最奇怪的當屬這個：「我們不等聖誕老人。」

我踅回旅館房間，那裡可以看到很棒的茵河河景。沿著茵河而上的幾哩之處，就是希特勒的出生地布勞瑙（Braunau）。他童年時在帕紹待過一陣子。我轉開電視，正好看到一部德國電影的結尾。影片拍攝於一九四〇年，是部浪漫喜劇。故事情節設定在一八七零年代，主角是一群普魯士軍官與穿著硬襯裙的年輕小姐。我轉到另一個正在播放紀錄片的當地頻道，影片名字是《家鄉》（*Our Home*）。靜止的畫面中，是一個巴伐利亞青翠山谷中的小鎮，紅屋頂的房子散落在奶油白的教堂四周，天鵝在湖裡游，山坡上一陣輕嵐飄下，背景音樂是貝多芬的奏鳴曲。旁白用聽起來刻意帶點詩意的聲調說：「雲朵之後的大地，如此遼闊、如此陌生、卻又如此熟悉，就像是我童年時的國度……」

我來帕紹，是因為數月前在倫敦看到的一部德國影片。那部片的片名是《Das Schreckliche Mädchen》，譯成《我不是壞女孩》（*The Nasty Girl*），譯得有些拙劣。故事內容根據真人真事改編，描述一個高中女生參加國家作文比賽的故事。作文比賽的題目是「在第三帝國統治下，你家鄉的日常生活」。女主角向來很乖，是老師眼中的模範生，跟保守的天主教徒父母也處得很好。因為這場比賽，她開始到處詢問，與高級教士、報紙主編、她的奶奶、檔案工作人員等人談話。但是，當她偶然發現一些證據，顯示這些她本來一直以為是反納粹、甚至是「反抗鬥士」的人，事實上以前很同情納粹、甚至本身就是納粹軍官時，她開始遭遇麻煩。大家要她停止這個計畫，他們說：「你幹嘛不寫更重要的主題，像是歐洲？」、「妳怎麼可能了解過去發生的事？」數年之後，她決定把調查結果寫成一本書，結果碰到更多麻煩：圖書館與檔案室不再對她開放；對她與她家人的死亡威脅，從電話中像毒藥般汨汨流出；她的貓被殺掉，釘在她家門上；炸彈從她家窗戶丟了進來；鎮上所有有頭有臉的人物都敵視她；她母親是主日學老師，父親是校長，有一定的社會聲望，他們因此覺得很丟臉。然而，受到她奶奶與一個以前是共產黨員的老人家鼓勵，她堅持下來了。她完成了書，成為全國知名人物，讓她的家鄉或至少是城裡那些名人難堪。

這部電影很引人注目，故事是關於被壓抑的歷史，但是潛藏在下的主題是世代間的衝突。雖然女主角本身出生在一九六〇年之後，電影卻傳達出早先那個世代的憤怒，也就是導演米夏爾．凡赫文（Michael Verhoeven）所屬的六八學運世代。有趣的是，在德國對第三帝國歷史的描述中，常會出現年輕人與他們的祖父母協力合作，也就是對長崎市長與菲利普．耶寧格表達支持的那些人。「壞女孩」太年輕了，不可能是希特勒的兒女那一輩，而她奶奶代表了納粹出現前的理性聲音。喪失記憶是父母那輩人的通病。這個論點在另一部關於記憶的德國電影中也有出現，片名是《家鄉》（*Heimat*），由艾德加·海茲（Edgar Reitz）執導。在那部片中，出生在十九世紀的祖父母也代表了古老的美德，包括正直、誠實、自立自強、家庭價值，沒有被現代物質主義與極權主義的宣傳所玷污。

某個程度上來說，海茲的《家鄉》與凡赫文的《我不是壞女孩》來自同一個根源，是一九七零與一九八零年代眾多德國藝術家與學者致力尋找的：「地方歷史」。在沒有靈魂的現代性持續威脅下，對於失樂園的老式懷舊、童年時代的村莊、「雲朵之後的大地」，被賦予了新的意義。歷史，不再是由大人物的意志推進的偶戲，而是日常生活的紀錄；過去，是由無數平凡男女的生活所構成的，而這些「小歷史」的舞台在城鎮與村莊，不在大城市。某個程度上而言，這類型的歷史是種反抗，對抗常常了無新意地試圖拿結構與系統來解釋歷史的理論。當然，埃曼紐·勒華拉杜里（Emmanuel Le Roy Ladurie）對法國農民生活的描述也有推波助瀾之效。但是，德國地方歷史中有某種懷舊風格，像是十九世紀浪漫派音樂一樣動聽。這讓第三帝國的歷史紀錄增添了某種奇特的角度。

海茲執導的《家鄉》是個有趣的例子，展現了這種怪異性。片中充滿對於老派價值的懷念之情，像是童叟無欺的手工業、溫馨的家庭生活，對於一九三零年代的「平凡」日常生活也充滿懷念。片中虛構了一個位在萊茵地區的可愛村莊，叫做沙巴赫（Schabbach）。小鎮裡的娛樂活動純樸簡單，但也會跟流行在晚上播放莎拉·朗德（Zarah Leander）主演的電影之類的。富有的地主兒子後來成為黨衛軍軍官。片中匆匆帶過奴工的存在。鎮裡頭有個小人物參加了納粹黨，後來變成鎮長，不過他向來很正派。所以，納粹的崛起在這部片中沒有被忽略，但從來沒有毒害當地溫馨平凡的生活。納粹主義中獨特的現代性，像是高速公路那類的事物，對傳統價值的威脅還大過於片中完全沒出現的「水晶之夜」。沙巴赫是個村莊，或許沒什麼重大事件在那裡發生，但影片中大家幾乎沒有提到其他地方發生什麼事。

這部片事實上處理的是認同，因為我們用生活在那個時代的人的眼睛看待過去。這部片就是回憶，而且對於沙巴赫那些好人來說，一九三零年代大致上可說是充滿了快樂的回憶，那時戰爭還沒有帶走他們的兒子、有些人還沒陣亡。戰後那些年，大家總是否認有一個在地的德國認同存在，《家鄉》看起來就像是為了反駁這件事而拍攝的。六八學運世代的知識分子以往總是取笑懷念故鄉這種做作的品味，他們可是歐洲人呢！現在，換他們回顧過往與尋根了。《家鄉》這部片，光榮而優美地設法挽救了「家鄉」；或者，重述海茲對影集《大屠殺》的評論，這部片也奪回了一度被美國人偷走的「我們的敘事」。

在年紀更輕的「壞女孩」身上，情況正好相反。她關注的主題也是「故鄉」的歷史，但她其實一直留在家鄉。她從來沒有否認過自己的在地認同；是她的對手想要把「故鄉」從她身邊奪走，想讓她覺得沒有歸屬感，說她是個「猶太婊子」，在那些寄給她的仇恨信中常常看到這個字眼。她設法從故意被掩埋的爛泥堆中所挖出的過去，可沒有海茲重新創造出的田園牧歌那麼溫和親切。

影片《我不是壞女孩》比較像是一本由地方攝影師拍攝的相片集。攝影師來自的小鎮，和海茲片中的沙巴赫也沒差多少。一九三二年時，奧托．韋伯（Otto Weber）在克萊沃（Kleve）成為攝影師。他拍過許多當地的照片，直到一九四四年時一場轟炸摧毀了他的工作室。攝影集在一九八七年時出版，題名為《絕對平凡的一千年》[14]（第三帝國本來應該要持續那麼長的時間）。一開始，一切都很尋常，有些下雪之後的舊鋪石路的照片；大家在城鎮廣場一邊寒暄、一邊拿鐵鏟幫忙清除積雪；天主教教堂裡的小男孩合唱團排成一列經過。在這些早年的照片裡，城鎮居民看起來很快樂、無害、令人尊敬、有點呆。漸漸地，事情起了變化：褐色的污漬[15]一點一點地蔓延在相片中。剛開始，是某個權貴站在廣場上，有點遲疑但是驕傲地穿著制服；接下來兩個、三個、四個，最後整個廣場終於全都是穿褐色與黑色納粹制服的人，還有納粹卍字黨徽的旗幟與踢正步的軍靴，以及在火炬遊行中閃閃發亮的無數眼睛。這些也是在地歷史。這些人不是窮凶惡極之徒，他們是校長、教堂司事、公務員、記者、牙醫、工廠領班、印刷工人、屠夫與烘焙師傅。「家鄉」的這一頁歷史，「壞女孩」不被允許看到。

與「壞女孩」一起坐在客廳，一開始感覺很奇怪。我說的是她本人，而不是飾演她的演員。她的名字是安雅．侯斯穆（Anja Rosmus），有一頭金色的鬈髮與一雙熱切的藍眼睛。她的穿著打扮很仔細，但有點土。她現在不再是學生了，而是帶著兩個小孩的離婚媽媽。自從寫了第一篇作文之後，她已經出版了幾本有關帕紹「褐色」歷史的書。她的起居室牆上，掛著幾幅她自己的畫作，有猶太拉比與蓄鬍的猶太人、還有幻想中荒蕪的家鄉裡一些土黃色的小村莊。牆上還掛著德國諷刺作家克特．圖霍斯基（Kurt Tucholsky）的死亡面具。圖霍斯基逃離了納粹德國的魔掌前往瑞典，但是在一九三五年時因為絕望而自殺。這個面具是他的遺孀贈送給侯斯穆的禮物。

侯斯穆說，電影內容大部分都是事實，只有少數的細節不是，比方說炸彈丟進她家窗戶那件事，並沒有真的發生。不過，她拿一些仇恨信給我看，「猶太婊子」居然還不是裡頭最更具攻擊性的字眼。除此之外，有人威脅要用毒氣毒死她與她那兩個年幼的小孩。很多夜晚裡，她驚恐地警醒著，聽著有人在敲打她的門窗。她被控告毀謗，告她的是艾米爾．亞尼克（Emil Janik）的兄弟。艾米爾．亞尼克是當地天主教教會的台柱，在戰爭期間因為和納粹走的很近，所以大家都叫他「褐色艾米爾」。事實上，他過去的所作所為遠比侯斯穆所指出的還糟。有一次在公共場合裡，侯斯穆被問到是否覺得亞尼克真的是個納粹，她回答說就算不是，亞尼克肯定也不是個反抗鬥士。亞尼克的兄弟因此控告她，於是她只得找出文件來支持自己的說法。結果，證據顯示亞尼克不只反猶，還叫所有天主教徒要把票投給希特勒，對於侯斯穆的指控這才總算撤銷。不過在審判期間，還有人打算用情治單位來對付她，說她是「危害國家的分子」。

這些仇恨信當然都是匿名的，不過當中最耐人尋味的那封信卻是有署名的，而且也不是謾罵。寫信的是以前的軍官，在戰爭期間待過西歐，也待過東邊前線。他曾申請擔任「我們的菁英」武裝黨衛隊隊員，但是沒被核准。他說在戰爭那些年間，他「從沒看到過任何不尋常的營區或不尋常的人」。戰後，美國人拘禁他，把他「像罪犯一樣對待」，即使他「從未犯下罪行，也沒看過什麼罪行」。他只是「盡忠職守」而已。

這封信之所以有趣，是因為當中的用字遣詞跟耶寧格很像，只不過寫信的這個人是真心相信耶寧格引述的那些話。這名老兵描述了威瑪共和當年黯淡的景象：失業、國家被羞辱、「猶太資本摧毀了小型企業」。所以，當納粹上台時，「顯然大多數的德國人都很開心，因為總算有人開始做點事了」……

「我們當然不要那些滿腹牢騷的人、自稱萬事通的人與擋路的人，他們得被排除在外，所以我們把這些人送去所謂的『預防性羈押營』，也就是後來的集中營……要讓德國擺脫《凡爾塞和約》的魔掌，有件事得先說清楚講明白：你要嘛跟我們站在一起，不然就是反對我們了

我必須說，當我年輕時，事情是朝對的方向前進的。我們彼此教育，保護我們自己不受反常的事情侵擾，我們沒有受到任何負面影響……

在德國，猶太人沒有做到讓自己眞正受人喜愛，事實證明他們也不想這麼做。不過，沒有任何一個正常人會容忍仇恨被挑撥起來，以及所謂的『水晶之夜』。畢竟，我們以前也是很寬容猶太人的……

經歷過那段時間的我們，必須捫心自問：為什麼我們得要一直糟蹋自己的名聲，我們當然不想抹黑事情。我覺得，葛林斯基先生（德國猶太社群領袖）與賽門．維森塔先生（Simon Wiesenthal）這些人火上加油，簡直就是傷天害理。我不覺得自己有做錯過什麼事，所以我無法忍受我的兒孫被迫覺得內疚。」

照這種說法，安雅．侯斯穆就是在抹黑自己的家鄉，甚至更進一步來說是在糟蹋自己的國家。然而，事實上她發現有些人的行為比他們為人所知的還良善許多。比方說，戰爭時期的市長被醜化成魔鬼般的納粹分子，所有壞事都算在他頭上；但事實上，他試圖阻止過驅逐令，讓猶太人可以逃亡。侯斯穆發現有些人冒險幫助被迫害的人：市政廳的職員簽發護照、她自己的奶奶帶食物去給當地營區的囚犯、家庭主婦提供避難所。這些人默默行善，從未受到表揚。沒有人對這些事蹟感興趣，而侯斯穆發現這些行善的人自己本身也不願意多談。

我問她覺得原因是什麼，她說他們行善純粹是出於人道理由，與政治一點關係都沒有。不過，還有另一個原因是：「大多數人不想被批評違法。這裡的人對反抗行動的感覺非常矛盾，他們把愛國主義跟法律混為一談。這是為什麼反抗行動從未真的被接受，即使是針對納粹也一樣。在帕紹，百分之九十六的人都信天主教。有人為了宗教理由而反抗，比方說有個神父因為在禮拜中為猶太人辯護而被殺害、另一個神父拒絕效忠希特勒也被殺。但是，大家講起這兩個人時，從未表示過絲毫尊敬，因為他們是破壞規矩的人，他們不服從。公民不服從被認為是壞事。我自己的奶奶到現在還因為違法幫助別人，而覺得有罪惡感。這就是為什麼在這裡大家這麼痛恨我。就算我說的句句屬實，我還是在跟當局作對。」

我想知道她的宗教情感是否對她的行動有所影響，她笑了，然後說：「我二十五歲的時候離開了教會，這對我爸媽來講是很大的衝擊，因為他們為教會而活。即使到現在他們還是無法理解，他們不接受我沒有宗教信仰這件事。」我還是有點疑惑。我一直被牆上那些畫著正統猶太教徒的畫作給吸引。安雅．侯斯穆太年輕了，不可能跟她父母那輩一樣有近乎神經質的親猶思想。話說回來，也不是不可能，或許親猶思想是超越年紀的。我想起了在柏林看過的一些年輕德國人，他們在殘破的猶太會堂遺址附近新開的猶太咖啡館啜飲著茶；他們不是猶太人，卻在脖子上戴「大衛之星」。

安雅．侯斯穆彷彿能讀懂我的心思，她說：「我的確有參加猶太教的一些活動。我覺得耶穌是個非常典型的猶太人。畢竟，你也知道，基督教裡面很多東西沒那麼宗教，耶誕節與復活節都是古老的德國習俗。同時，每逢星期天我們在教堂裡慶祝的很多儀式都屬於猶太教。我後來讀了佛洛伊德，他寫出了我一直以來的心聲，他認為人出自深層的心理需求而創造出自己的宗教理想。」

把她努力的成果歸結為宗教衝動，對這名勇敢的女性來說很不公平。我沒有理由懷疑她為了尋找真相而做出的奉獻。而且，她精明的很。她常看起來很享受自己的盛名，或者該說是臭名，並不會讓我覺得有何不妥。這樣子的虛榮心無疑幫助她在極度不順利、甚至危險的情況下，還能夠繼續前進。不過，在她言談之中，還是有種熱忱的成分在，如果不是被宗教所激勵，肯定也是道德層面的。她在講家鄉裡那些令人震驚的故事時，眼中閃爍著光芒。比方說：一四七六年時，帕紹有了第一幅印製版畫，內容是摧毀猶太會堂；以前猶太人聚集的會所，現在是煤氣廠；有個鄰居以前是奧許維茲的警衛，他在那裡藏了一批珠寶，後來他還回去拿，而且射殺了幫助過他的朋友，只因為他得知他朋友是猶太人。最後這個故事有改編成電影，片名是《亞伯拉罕的黃金》（*Abraham's Gold*）。侯斯穆對真相的追求很嚴謹，我沒有理由懷疑她。不過，荒誕的說法流傳到一個程度後，會自己衍生出一些傳奇故事。

比方說，卍字麵包的故事。故事是這樣的：極右派組織「德國人民聯盟」（German People's Union）與一群光頭黨、各種邊緣人、充滿怨念的老戰友，每年都會在帕紹的尼伯龍根大廳集會。他們激昂咆哮、唱歌、喝啤酒，當然也少不了重溫以前的故事，或許也交換一些納粹紀念品。但是，彷彿做這些事看起來不夠邪惡一樣，還有個故事四處流傳，說是有一條條做成卍字形狀的麵包，烤的香酥溫熱，在市集廣場上販售。記者聽聞這件事，把它寫了出來，為帕紹這個無可救藥的小鎮，希特勒在此生活過、艾希曼在此結婚，更添一點辛辣的形象。結果，這個故事並不是真的。安雅．侯斯穆沒有散播這個故事，但它很能代表從暗處生長出來的那類荒誕說法。

然而，侯斯穆跟我說了另一件事，無庸置疑就是真的了。帕紹城外以前有一個小型集中營，是毛特豪森（Mauthausen）集中營底下所謂的「附屬營」（Aussenlager）。在安雅．侯斯穆成長的過程中，在帕紹沒有人會拿這種事出來討論。附帶一提，希姆勒的父親以前在她就讀的高中教過拉丁文。在帕紹，大家討論過該用什麼方式紀念戰爭才合適。一九四六年時，大家決定要重新命名市中心，以紀念國家社會主義下的受難者，同時也計畫蓋一座紀念碑。不過這兩個計畫後來都沒有實現，取而代之的是在多年以後，在因斯塔特墓園（Innstadt cemetery）裡立了一塊紀念石。士兵葬在那兒，還有更多是納粹政權下的直接受害者。市長表示這樣就夠了。要不是社會民主黨的當地支部在一九八三年時決定要贊助設立紀念石，集中營的所在地恐怕會被大眾完全遺忘。

那個地點不太好找。有個被大水壩切割開來的湖，我走近看，經過一塊告示牌，上頭寫著：「長遠來看，只有權力有用。」唯一的聲音是鳥兒啁啾與牛群在長長的木槽裡低聲哞叫。（那些木槽以前或許是營房？）一個老人在水壩附近工作，頭上戴著有帽簷的藍帽。我問他這個水壩是不是「那時候」的囚犯蓋的。他說是，然後繼續埋首工作。我又問他是否恰巧知道那塊紀念石在哪？他頭也不抬地說他不知道。就在我快放棄尋找時，我找到了。紀念石藏在灌木叢後，幾乎看不到。那是一塊簡單的灰色石頭紀念碑，埋在土裡，上面刻著：「獻給在一九四二年到一九四五年間，奧柏利茲穆爾（Oberilz-mühle）『毛特豪森附屬營』的受難者」。這段文字底下有五個十字架與立碑日期一九八三年。字體設計成仿北歐古字，那是納粹偏好的條頓字體，形式古老，據說有神秘力量。

選擇這種字體實在白目，肯定是出自好心人士之手。不過，在德國到處可見某種形式的仿古主義。政權或組織越新越不穩固，就越會捏造傳統。十九世紀的德國很大一部分可以用偽造的中古世紀風格來標記，而納粹用自己的方式延續了這種傳統。戰後，很多德國城鎮在重建門面時，也繼續這樣做。畢竟，「區區十二年」哪能夠跟神聖羅馬帝國、條頓騎士的榮耀或巴洛克、洛可可風相提並論？

帕紹市政廳的確是有晚期哥德式遺風沒錯，不過該建築大部分是十九世紀時蓋的。斐迪南・華格納（Ferdinand Wagner, 1847-1927）取材自《尼伯龍根之歌》，繪製了建築內部的壁畫。面對多瑙河的外牆屬於晚期哥德風格。我跟敵視安雅．侯斯穆的某個人約在這裡，他的名字是哥特菲德．多明尼克，經營一家旅行社，就在市政廳旁邊。

多明尼克大約四十多歲，蓄鬍。他粉紅色的額頭在日益稀疏的金髮下，微微發亮。他穿著巴伐利亞式的套裝，上面綴有牛角釦。他的表情並非不友善，但糾結在一起，好似正苦於消化不良一樣。情緒激動的時候，他的臉會漲紅。

我坐在他辦公桌正前方，他指了指牆上一幅鑲了框的座右銘，上面有某個德國樞機主教的簽名，多明尼克說：「那是我的人生座右銘，」上頭寫著：「那些敢於做夢、且準備好為了達成夢想而付出代價的人，是快樂的。」我點點頭，詢問他關於安雅．侯斯穆的事情。他的臉上立刻呈現痛苦的表情，然後跟我解釋：「這件事當中有兩個問題，一個是帕紹的好名聲，另一個是侯斯穆女士的性格。帕紹座落在巴伐利亞邦中很獨特的區域，這裡的人多少都有點驕傲與保守。然後，出現了這位侯斯穆女士，說帕紹是納粹城鎮，侮辱了左派與右派的人，上演了一齣『精彩的獨角戲』。這對帕紹來說實在很糟，不意外地造成了很多問題。」

我說：「是啊，看得出來。但是侯斯穆所說的是真的嗎？」多明尼克嚼了下他的鬍子，打開放在桌上的棕色檔案夾，拿出一張倫敦《星期日時報》（*Sunday Times*）的剪報給我看，內容是侯斯穆與帕紹。他用食指輕輕敲打著剪報，臉色倏地漲紅，說：「全都是謊言！一派胡言！」我請他講的更精確點，他說：「這個卍字麵包的故事！哪來的卍字麵包啊？」我問他，可是這是侯斯穆說的嗎？多明尼克其實不太清楚，但他說他很確定侯斯穆是藏鏡人。

我希望暫時先不要講到卍字麵包這件事，於是問他覺得侯斯穆寫戰爭時期的帕紹，是否符合事實？他的激動情緒稍微平緩下來，臉上再度出現痛苦的表情。他說，這個問題對他來說有點難回答，因為他自己本身不是來自帕紹，他的家人才是。接著，他指著牆上用銅板紙印刷的兩張照片，那是旅遊局印製的巴伐利亞風景照。他說：「看看這個，真相不僅僅是細節問題，而是色彩與格調。」然後，他回到剪報那件事上，說：「但這些是存心捏造出來的謊言，糟糕透頂，抹黑了我們城鎮的形象。而且，侯斯穆熱愛她的國際知名度：好女孩對抗壞城市。」

我冒險一問：或許問題肇始於長時間壓抑歷史的這種態度？多明尼克回答說不是，這麼說不太對。他說：「我一直都知道很多過去發生的事，我見過亞伯特．許貝爾，也認識戈林的女兒。哎呀，我甚至還見過希特勒的秘書呢！我對歷史事物一直很感興趣，讀過許貝爾的回憶錄，也讀過安妮．法蘭克的書。我自己的祖母被納粹毆打過，我媽媽還目擊過死亡行軍。你得了解這對我們來說更困難。我在一九四六年時出生，我們那時代的老師沒有告訴我們很多事。但是，侯斯穆女士那輩就不同了，她們那個時代沒有什麼事情是被壓抑的。」

我跟多明尼克描述了我造訪集中營地點的事，問他難道他不覺得在一九八三年才正式紀念那個地點，有點嫌晚了嗎？他做出個手勢表示友善，邀請我到隔壁喝杯好喝的當地啤酒。在路上，他說那些集中營是很糟糕沒錯，糟透了，但是當中也有很多胡說八道，比方說大家一直都說達豪集中營是死亡營，「完全不是！達豪只不過是個勞動營！」

我們喝了啤酒。多明尼克的鬍鬚上沾了泡沫，讓他看起來比實際年紀老。我又再次問他那個當地集中營以及埋沒在草堆中的小紀念碑的事。他看起來很苦惱，坦承說：「這的確非常困難，我懂你的意思，但是讓我跟你說說我個人的觀點：要是你的手有殘疾，你不會想要到處展示。那段時間是我們歷史中的低潮，但那只是數千年歷史中的短短十二年。所以大家會想要隱瞞，就像是手有殘疾的人不太可能穿短袖襯衫一樣。」

我看了看多明尼克粉紅色的臉龐與沾滿白色泡沫的鬍鬚。他不是壞人，只是特別缺乏想像力。他與那些激進的反法西斯知識分子，同樣屬於六八學運世代。但是，當其他人在抗議或揭發法西斯主義的持續性或者批判自己的父母時，哥特菲德．多明尼克就跟很多人一樣，是乖小孩、當地天主教青年組織的成員，也是習慣使然成為保守分子。他沒有批判父母，他講話就跟他們一個樣。

我們也客氣得差不多了，他問我我在忙些什麼？我跟他聊了我在寫的書。他說他去過日本一次，去東京，但是他覺得跟那邊的人無法溝通，他們無法理解德國人面對歷史的方式。他說：「日本人把我們誠實面對過去的態度視為是種弱點，認為這是在以前的敵人面前丟臉。我完全不懂他們在想什麼。他們的天皇還在位掌權呢！他們對歷史有完全不同的想法，處理歷史的方式跟我們截然不同。」

花岡

一九四五年的夏天，戰爭就快結束了，谷地田恆夫當時年僅五歲。但他到現在都還記得「花岡事件」。當然，那時的他不會知道後來這叫做「花岡事件」，也不知道在六月三十日那晚確切發生了什麼事，但他記得那時看到一大群人，圍著瑟縮地跪在村子聚會所前的中國籍奴工。有人尖叫喊著「殺了清國奴！殺了清國奴！」據說，這群「清國奴」殺了一個日本人，還把他吃下肚。谷地田記得，在他媽媽把他迅速帶離現場之前，匆匆一瞥有人拿竹棒狠狠教訓光著身子的中國人。這種場面不適合小孩子。

實際上發生的事情是這樣的：六月三十日那天晚上，在日本東北的小鎮裡，有超過八百名中國籍奴工逃往山區。由農民與店家組成的當地民兵，手持竹槍棍棒，協助警察把他們獵捕回來。他們把這叫做「獵兔子」。這些中國人被趕到村子聚會所前的場地，被迫跪在地上。他們的雙手被綁在身後，上半身赤裸，長達三天三夜沒有食物或水。那是一年當中最熱的季節。谷地田後來聽說當時有些中國人試著喝尿。大概有五十個人在聚會所裡被折磨至死：有些人的大拇指被綁在天花板上，懸吊在半空中挨打；有些人從喉嚨被灌水，然後被踹肚子。老師叫小學生在「清國奴」身上撒尿，還給這些小孩木棒，讓他們打中國人。在離谷地田看到這些囚犯的地方不遠的村莊裡，當地青年組織裡的一些少年，拿棍棒把幾個中國人活活打死。

這些奴隸在一九四四年時，從中國被帶來秋田縣的花岡。這在當時很普遍。日本帝國陸軍收錢，把戰俘與綁架來的平民送交給日本企業當奴工使用。戰爭期間，大約有四萬人因此來到日本，其中約有七千人死亡。與納粹統治下七百八十萬名在德國工作的外國人相比的話，這個傷亡人數或許相對少，不過這些中國人所遭受的殘忍對待好不到哪裡去。大約有兩百萬名韓國人住在日本，但因為韓國在形式上是日本帝國的一部分，所有韓國人都被視為日本臣民，地位自然不同，雖然不代表就比較好。這些韓僑中，將近半數是徵召來的工人，在戰爭期間充當臨時工，通常被虐待。統計數字顯示，「花岡事件」的規模算是小的，可能是許多類似「事件」中的其中一起而已，卻在因緣際會下成為唯一一起細節為人所知的事件。

在花岡的中國人被迫為大型建設公司「鹿島組」工作。「鹿島組」那時與「同和礦業」簽了約，所以這些中國人在銅礦坑裡工作。仲冬時，公司命令他們在河裡蓋一座水壩，好讓河流改向。在秋田被大雪覆蓋的冬天裡，這些工人身上只穿著薄薄的破布。他們以爛掉的蘋果皮與每日一碗水狀的稀粥果腹。某個衛生部官員造訪花岡時，還覺得這些工人所受的待遇太好了，他說：「應該要像擰乾濕毛巾一樣，把他們榨的一滴不剩。」在這九百八十六名大多是農夫與戰俘的中國人中，只有五百六十八人撐到戰爭結束。

在六月三十日的起義背後，有個籠統的計畫：希望能和附近小營區裡的美國籍與澳洲籍戰俘取得聯繫，然後一起想辦法抵達海邊，搶奪漁船，前往他們以為已經被解放了的北海道。如果這個計畫失敗，他們打算投海自盡。事實上，他們還沒有離開勞動營附近的山區，就被逮到了。戰爭結束後過了很久，營區所在地附近才有座紀念碑，把這場起義形容成「為了保衛人性尊嚴」的一記重擊。一九四五年九月，日本投降之後，秋田市法院還審判那些活下來的中國人，以破壞國家安全的罪名將他們定罪，因為他們在戰爭期間暴動。他們被判處無期徒刑。

要不是美國佔領當局逮到鹿島組的員工在挖掘亂葬崗，好隱藏他們對待這些中國人的證據，「花岡事件」根本不會成為一個「事件」；也就是說，這件事會跟日本戰爭時期大多數的奴工故事一樣，被世人遺忘。「花岡事件」是在日本所舉行的戰爭罪審判中，唯一一件針對私人公司的案子。拘禁在秋田監獄裡的那些中國囚犯被釋放出來，在審判他們以前老闆的法庭上擔任證人。一九四八年時，八名「鹿島組」的當地員工被橫濱的同盟法庭判刑，其中有些人被判處絞刑。這些人都不是重要角色，而且在一九五六年時全數被釋放，就像幾年之前的岸信介一樣。岸信介在戰爭時期正式負責奴工事務，而如我們所知，他後來成為了首相。「鹿島組」現在是「鹿島建設」，是世界上數一數二的大型建設公司，對中國非常感興趣。

事件中的中國倖存者，有些人還留在日本。一九七二年時，周恩來與日本政府簽署協議，免除日本在戰爭中所有行為的責任，以及支付賠償金給中國受害者的義務。「花岡事件」中一位倖存者因而自殺。直到幾年前，中國政府都還有效地阻止倖存者為此事抗議，畢竟中國需要日本的便宜貸款。受害者不只是無法取得日本的賠償金，而且在毛澤東統治下的中國，極度仇外，戰爭時期待過日本的中國人無論如何都會遭受懷疑。在文化大革命期間，以前的奴工被指控是日本人的間諜。難以想像紅衛兵是如何對待他們的。

儘管大多數資料都在美國人的檔案中，但至少是存在的。這些資料大都在一九八零年代晚期，因為《資訊自由法》而釋出。大約也在那個時候，僅存的幾位中國奴工比較能自由前往日本，堅決提出他們的訴求，這個訴求就算不是針對日本政府，至少也是針對鹿島建設。一九九〇年時，由四名倖存者組成的小團體造訪花岡，這是戰後頭一遭。他們幾乎認不出什麼，因為所有的地標都不見了。他們能夠倚賴的只有記憶。少數幾個日本人在花岡接待他們，現在這裡是大館市的行政區之一了。當中，包括兩位無懼種種困難，拒絕讓回憶消失的日本人，其中一位正是谷地田恆夫。

谷地田在工會工作，他請假帶我在城裡到處晃晃。他講話帶著濃厚的東北腔，是那種發音簡短的土腔，據說這種腔調反映了寒冷的氣候。他的穿著隨意自在，這種風格展現了日本男性因為獨立於公司生活之外而感到得意的姿態：色彩鮮豔的開領衫、長褲、運動外套。前一天晚上，我們在一家韓國餐廳喝酒，因為他想介紹我認識韓裔店主夫婦，聽聽他們講反韓歧視的事。他們是城裡為數不多的韓國人，也是谷地田的朋友。整整一晚上，谷地田好幾次指出日本人沒把韓國人與中國人當人看。他記得求學期間有位韓國女同學，他自己和他的日本同學都沒真的把她當人看，而這是在戰後發生的事。

中國營以前所在的區域，現在仍屬於「同和礦業」。有塊紀念石碑標示了舊營區的位置。在通往紀念石碑的土路上，有塊告示牌寫著：「危險！請勿穿越。」我們才不管這塊告示牌，逕自往前，接著就看到一輛「同和礦業」的車保持距離地尾隨我們。谷地田笑了，說每次都這樣。地貌有種帶著毒性的美感：紅土上覆蓋了綠黴色澤的燧石板。有個很大的湖，被「同和礦業」拿來傾倒有毒物質。湖的表面有層橘色薄膜，但你若是把石頭丟進水中，厚重的黏液上會激起黑色的泡沫。中國營的舊址就在這個湖底下。

谷地田站在舊營區附近的山頂，向我指出一些主要的地標。花岡町座落在一個群山環抱的大型寬廣盆地中，周遭的山頂長年積雪，從遠處看就像上頭綴有奶油的巧克力蛋糕。改變的不只是平原上的城鎮與村莊，連地貌本身也不再是一九四五年時的模樣：那個湖泊是新的；河流改道了；為了築路或蓋新的建築物，有些丘陵被剷平；也有一些新形成的小山，由板岩和爛泥組成；以前的湖現在是一片潮濕的灌木叢。町公所不見了，舊的聚會所在一九六零年代時被徹底夷平，改建了另一棟單調的水泥建築，位置就在中國工人被囚禁的場地的另一邊。以前是村莊商店的地方，現在是一個大型超市。大館市雜亂無章地擴張到以前是水稻田的地方。

不過，不是所有東西都不復存在。谷地田指著一排看起來很破爛的營區，說這是以前美國戰俘住的地方。我問他這些美國戰俘也在礦區工作嗎？他回答說：「沒有，我們日本人一直都對白人很好。」他的嘴巴緊閉，微微露出猙獰的笑容。我也衝著他笑了回去。我想起聽說過的那些故事，關於修築緬甸鐵路與荷屬東印度群島的「小日本營」。不過，相對而言，谷地田所言不假。

他也指出當年中國人逃往山區的那條路，現在那裡依然還有一大片木屋。谷地田說，老一輩的人仍然記得那晚奴工逃離經過，赤腳踏在土路上悶悶的聲音。他模仿那個聲音：啪踏啪踏，啪踏啪踏。一九四五年時，中國工人連鞋都沒得穿了。

我們去墓園參觀，那裡有兩座醒目的紀念石碑。一座是紀念日本陣亡將士的「忠魂」，另一座則是紀念「殉難的中國英雄」。後者建於一九六三年，在一陣議論紛紛後，由大館市政府、「同和礦業」與「鹿島建設」共同設立。一九八五年時的大館市長是社會主義者，決定要把六月三十日訂為「和平日」，並且每年在紀念碑這裡舉辦紀念儀式。不過，這座紀念碑看起來年久失修，一束用塑膠紙包著的花散落在地上，已經枯萎；紀念碑底座前擺放著裝在塑膠容器裡的飯糰，已經爛掉了。

在河的附近，還有另一個小一點的紀念石。中國人與韓國人在那裡工作過，常常因為被毒打、飢餓、精疲力竭而死去。石頭上的文字幾乎無法辨識，石頭本身也破損的像碎玻璃。供奉給亡靈的食物殘骸與鋁罐散落一地，銘文寫著：「獻給中國亡者的佛教紀念碑」。這個紀念碑的故事就跟它所紀念的歷史一樣悲慘。當年「鹿島組」的員工被逮到挖出中國工人的遺骨，因此被要求要建造一座正式的佛教墓穴，埋葬這些工人。「鹿島組」拒絕了，反而把遺骨埋在佛寺後面的這座小山丘。一九四九年時，在中國營區舊址附近，有更多的遺骨被發現。這些新出土的遺骸與其他遺骨合葬，並且草草地設立了這個紀念石碑。近年來，「鹿島建設」提出要興建一個更大型的新紀念碑。不過，為中國倖存工人爭取權利的小型團體拒絕了這項提議，除非「鹿島建設」正式給付賠償金與設立博物館。谷地田說，「這些人倒是很擅長蓋紀念碑，但是一講到歷史研究與賠償金，就完全沒有商量的餘地。」

從東京搭火車到大館市，大概需要七個半小時，差不多就是從柏林到帕紹所需的時間。與日本中央地區與南部地區相比，東北地區尤其是秋田，現今依然破舊的嚇人，甚至很窮。城鎮中心陰鬱灰暗，沒什麼吸引力：粗糙的水泥建築、髒兮兮的商店街上面有塑膠屋頂，以防止冬雪堵住店家出入。垃圾亂倒在郊區的木造房子周圍，房子僅稱的上是小棚屋。除了全日本都可以看到、無所不在的廣告紙外，大館市唯一的色彩是那些賣酒的小店。夜裡，男人常在這種地方喝到爛醉。

東北地區雖說是日本的糧倉，卻一直都很窮。戰前，特別是在經濟蕭條的那段時間，農夫常常窮到得賣女兒。日本妓院中一直有很多來自東北地區的女孩，甚至連東南亞的妓院也是。而且，因為只有長子能繼承田地，所以其他兄弟經常會從軍，軍中生活雖然很苦但至少有飯吃。東北地區艱辛的生活，造成當地人民憎惡政治人物與商人，覺得這兩種人既貪婪又腐敗，而這種看法不是完全沒道理的。小說家小林多喜二是共產黨員，出生在花岡附近，在更北邊的北海道成長。一九三三年時，他因為「散播危險思想」，被警察折磨至死。我覺得，谷地田恆夫的左翼思想，以及他韓國朋友在政治上認同北韓（雖然他們都出生在南韓），都來自這個傳統。他們不是教條式的馬克思主義者，他們反抗的是以權謀私、歧視與貪婪，認為這些就是「資本主義」。出於同樣的理由，右翼激進的「農業主義」，在戰前也非常得人心。

寒冷的北方孕育出具有堅忍不拔品行的自我形象：忠誠、誠實、勤勞工作等等。在大館市火車站前，有一座日本人最喜歡的〈忠犬小八〉雕像。小八每天傍晚都會忠實地到車站接主人，某日他的主人在抵達車站前就過世了，但小八不願意離開他平常待的位置，就一直等在那裡，直到死去的那天。小八石雕的脖子上，還裝飾著新鮮的花朵，供奉給小八的花朵與祭品，比放在中國工人紀念碑前的，更加新鮮也更豐盛。

東北地區的城鎮村莊以地方歌謠聞名於世。日本的「家鄉」故事也特別鍾愛這個地區，尋根的電影製作人經常會拿東北地區當作場景。秋田與青森至今仍有種純樸的神秘感。套句都市知識分子常用的說法，東北地區「散發著泥土的氣息」。出生在那裡的人通常很渴望逃離，而且也真的這麼做了。但是，東京的作家、藝術家、詩人卻是透過溫暖的懷舊之霧，凝視著這個失散多年的泥土「故鄉」。

日本有史以來最受歡迎的電視劇《阿信》，劇中女主角阿信就出生在東北地區的小村莊。這部電視連續劇在一九八四年與一九八五年間，由半國營的電視台NHK播出，那時電影《家鄉》正好也在德國上映。長達兩百九十七集的十五分鐘晨間劇《阿信》，每天早上播出，收視率達六成三；每天下午會再重播一次，收視率達兩成。就風格而言，《阿信》與《家鄉》截然不同。德國電影《家鄉》是個人的藝術作品，《阿信》則是製作精緻的情節劇。雖然《阿信》跟《家鄉》一樣，都在歌頌傳統的農村價值且哀悼這些價值的流失，但是女主角阿信在家裡養不活她的狀況下，很早就離鄉背井。阿信是真的「失去故鄉」，就跟日本工業化過程中的很多人一樣（德國與世界上其他地方差不多也是這樣）。不過，家的概念未必是地區性的，在《阿信》這部連續劇中，整個國家都變成是某種「家鄉」。從家鄉的角度出發，看待戰爭那些年，這點在海茲的《家鄉》中亦然。德國電影與日本電視劇都用在地觀點回應了好萊塢版本的歷史，而這些事情之所以是歷史，是因為「我們」這個國民家庭記得這些事。這正是這兩部片的魅力所在。

就像在電影《家鄉》中，母親是家族史的根基，阿信也扮演了保存所謂傳統價值的角色。她代表了保守的日本理想：吃苦耐勞、勤奮工作、誠實、爽朗、有禮貌、態度溫和、規規矩矩。她和藹可親，令人尊敬，但也很強悍，大家都很依賴她。若說艾德加·海茲的電影是左翼分子懷舊潮流的一部分，那麼《阿信》或許可被稱作是官方認可的過往回憶。阿信是性情平和的女性，反對戰爭，但是她無能為力。如同旁白不只一次告訴我們，她的職責是「照顧家庭」。這部連續劇大肆宣揚和平，同時卻也讚頌大多數日本人支持戰爭的真心誠意。

劇中所有的日本士兵都是長得好看、真誠、客氣、正直的人，連阿信丈夫的哥哥也是，他是個好戰的愛國者，催促阿信把兒子送去軍校就讀。阿信的丈夫龍三也受到軍國主義宣傳吸引，他沒有遮掩自己的投機，他因為做軍需生意而發達了。但是，他對待妻兒的方式，越來越權威，看事情也越來越「本國至上」。就某個程度而言，日本的官方電視劇對角色的要求，比海茲的電影還嚴格。在海茲的電影中，沙巴赫那些好人既不狂熱也不會抱持「本國至上」的想法，那是只有黨衛軍那些壞人才會做的事。不過，阿信的丈夫不是個無情的人，他是好人，真誠地相信自己的國家。（要扮演一個善良真誠的納粹，難度顯然比較高。）當阿信反對軍需生意，認為這意味著協助戰爭時，龍三告訴她，既然日本參戰了，每個日本人都得要盡自己的本分。

片中，攻陷南京城是值得慶祝的大事。在一個用慢動作拍攝、精心策劃的場景中，我們看到整個城鎮的人都出來參加燈籠遊行。那些緩慢移動的笑臉看起來詭譎到幾乎嚇人。儘管抱持著和平思想，阿信此時也很開心。女性旁白的聲音告訴我們，阿信「感覺到一股巨大的力量，正在開創日本的未來。她不知道這股力量的本質是什麼。南京被攻陷了，整個家族的人都出來參加遊行。阿信，也在這群快樂的日本人之中」。

就在接下來的那一集中，我們得知阿信完全不知道在那片大地上發生的戰爭，有多麼殘酷。（電視機前的觀眾也不知道，因為敵人從來沒有上場，更別提在日軍手中那些敵人的下場了。）阿信的兩個兒子變得跟他們的父親一樣狂熱極端，表達出為國家而死的意願（注意：不是為天皇而死。NHK版本的過去中，天皇被小心翼翼地抹除了），她因此擔心又鬱悶。我們看到了阿信作為母親的悲慟，但應該也會被她兒子的年輕熱忱、真誠與純潔情感所感動。他們在家裡餐桌上高談闊論愛國思想時，好看而坦率的臉龐閃閃發亮，就像好萊塢電影中詹姆斯·史都華（James Stewart）打算去華盛頓時一樣。

這裡跟沙巴赫不一樣，這裡沒有敗類，沒有像黨衛軍的那種壞人。

或許，這是德國版《家鄉》與日本版《故鄉》最大的差別：日本村莊裡沒有納粹，只有士兵；這裡沒有驅逐令，附近也沒有集中營；沒有「水晶之夜」；鄰居不會在半夜消失。大家或許不喜歡戰爭與戰爭帶來的經濟困境，也不喜歡村子裡的老師與軍隊裡的惡霸大搖大擺的惡行惡狀，但每個人真的都盡了本分。至於戰爭本身嘛，那是發生在其他地方的事，離家鄉很遠很遠。

只有一個例外，就是琉球。對於不幸居住在琉球的人來說，戰爭在一九四五年時來勢洶洶，近逼家門口。琉球人被當作次等公民，日本帝國陸軍不信任他們。在與美國海軍交戰的過程中，很多琉球平民犧牲。大約有十六萬名平民在兩軍交火時被殺，這個數字超過當地總人口的三分之一。此外，還有上百名平民死於大規模自殺。雖然炸彈轟炸的是東京、廣島與長崎，但這段經歷讓琉球比日本其他地方，充滿更多悲慟的情緒。

不過，廣島與長崎也是奴工營的所在地，就像在花岡的那種營區。日本各地都有這樣的營區，所以日本百姓一定知道有這件事。每天，花岡的「好人」看著工頭在路上鞭打骨瘦如柴的中國奴工，催促他們上工；也正是這群「好人」，在奴工逃跑時協助警方「獵兔子」。有一次，我跟谷地田恆夫在大館喝酒時，他告訴我他父親的故事：他父親恨透了戰爭，為了不要從軍，甚至喝下一整瓶醬油好讓體檢不合格；之後他待在家，想辦法躲避跟戰爭相關的工作；然而「獵兔子」那時，他人在現場，跟民兵一起追上山；他就跟其他人一樣，盡了自己的本分。這是為什麼戰爭結束後，大家不願意談論當年發生什麼事。在一九七九年之前，當地歷史課本甚至沒有提到發生過這個「事件」。

野添憲治是當年被吩咐在「清國奴」身上撒尿的小學生之一，他從沒忘記過那次經驗，他說：

「每當我詢問大家關於『花岡事件』的事情時，我腦中就會閃過一些回憶，然後發現自己無法開口說話，全身顫抖了起來。我意識到自己當年也是侵略者。」不過，野添從未停止問問題，他花了三十年的時間，把當晚確切的事發經過一點一滴拼湊起來。結果，他的家人被威脅、小孩晚上無法出門、他家的窗戶被打破、他常在大半夜接到威脅要置他於死地的匿名電話。一九七五年時，他出版了一本書講述調查成果[16]，情況變本加厲。沒有人否認這些事實，但他被指控背叛同胞，以及毀謗「故鄉」的名聲。

我到野添憲治家拜訪他，他家位在離大館市不遠的小鎮裡。那是個很普通的東北小鎮，有空蕩蕩的街道、波浪狀的鐵皮屋頂與亂七八糟的房子。野添家的大門面朝窄巷，在一家乾貨店後頭。屋子裡頭的氣味有點潮濕，聞起來像是舊木頭或是下水道塞住了的味道。他的書房在二樓，我們就在一堆書、文件檔案與期刊之間的榻榻米地板上，席地而坐。野添穿著舊和服，圓圓的大頭上冒出一大叢沒有梳理的灰髮。他看起來有教授的樣子，但是事實上他連高中都沒畢業。他靠打零工維生，終生窮困，現在則是靠書寫花岡事件的書勉強維持生計（至今已寫了四本）。這是他畢生的心血，他只想寫這個。

跟野添聊天的同時，我想起了把我介紹給他的人：一個五十多歲的中國人，住在大阪的單房公寓中，名字是朱八戒（日本官員強迫他把名字日本化，於是他採用了這個名字）。朱八戒在垃圾場裡開卡車，把賺來的錢都花在收集戰時中國奴工的歷史資料上。他跟野添一樣，背後都沒有機構支持。我聽說，沒有任何日本歷史學者研究過這個主題。所以，跟野添一樣，朱八戒得自己去中國尋找文件檔案，跟倖存者聊一聊。

一開始，野添面臨極大的困難。因為花岡事件沒有可以參閱的文獻紀錄，所以他能做的只有追查目擊者。他說，剛開始的四到五次，大家會當著他的面把門甩上，有些人會叫警察來趕他走。後來，有些人會左顧右盼確定鄰居沒看到，然後才勉強地請他入內喝茶。一開始，他們只會講些微不足道的事，但漸漸地，又拜訪了四到五次之後，事實會慢慢浮出水面，名字與故事開始出現。整個過程非常緩慢，以至於他花了超過二十年的時間才彙總足夠的資料寫第一本書。

他說：「我沒有真的被打過，不過同和礦業雇用了黑道，確保我不會在舊營區附近出沒。這些黑道背後有警察支持。」

公司當然沒有協助野添，不過工會也不希望涉入此事。我問他是否有跟其他調查戰時歷史的人保持聯繫。我知道有這麼一個聯絡網存在，因為那裡頭的成員擁有的人脈幫了我很大的忙：中學教師森正孝認識朱八戒、朱八戒提供給我中國倖存奴工的代表律師的資訊、而這個人認識長崎的某個人……諸如此類的事。野添說：「沒有。直到大概三年前我都還是單打獨鬥。」

這可能稍微有點誇大其詞了。畢竟，官方主動開始紀念花岡事件，大約是一九八零年代中期的事，就在這個鎮上；而且谷地田恆夫也在研究這個主題，雖然時間上來說沒有野添憲治那麼久。不過，跟這個聯絡網中各式各樣的成員說過話後，很快就會發現他們之間的關係未必和諧，他們的言談間不經意會透露出妒忌、不友善的反對意見。當然，這種事在不屈不撓追擊冷門事件的激進團體中，一向如此。無論如何，情況在一九八零年代晚期時，稍有緩解。當時，中國人與戰後被遣送回南韓的韓國人，比較能自由前來日本。秋田廣播公司製作了一部花岡事件的電視紀錄片，有得獎，在全國播映。

不管怎麼說，野添憲治真的是個勇敢的人，因為他知道他的畢生心血會導致他被社會排斥。很少日本人能夠為了奮鬥目標而接受這樣的命運。我再次猜想，是什麼樣的力量驅使了谷地田恆夫、野添憲治、家永三郎、甚至是安雅・侯斯穆這些人？究竟是什麼原因，激勵他們繼續在這條孤獨的路上探尋？我問野添這個問題，他回答的很籠統，說希望能把真相傳遞給下一代。要他說的更詳細點很難，不過他寫過自己的學校生活：那個命令學生在中國人身上尿尿的男老師，是個以強凌弱的人，當年很常見。他會強迫小男孩拿棍棒互毆，好鍛鍊他們的精神。但是在日本輸掉戰爭後，這個要求絕對服從、以前總是大放厥詞說要跟盎格魯美國魔鬼戰到最後的人，卻繼續瞎搞蠻幹，完全不覺得自己有做錯或說錯什麼。其他支持戰爭的老師也一樣，他們背後有村子裡的大人物撐腰。野添寫道：「因為這個原因，我後來發自肺腑地不信任自稱為老師的那種人。」[17]

我想，是這種基本的不信任、拒絕被當局干涉思想、這種堅持問問題與聽到真相的執拗，連結了野添、侯斯穆、與其他像他們這樣的人。在日本，這樣的人不多，在其他地方其實也是。我想，他們不管住在哪裡都不怎麼受歡迎。若說在德國的侯斯穆跟在日本的野添與谷地田相比，比較沒有那麼被孤立，那也只是因為西德以前是、現在也還是一個比較開放的社會。在德國，一直都有律師、報紙、學者支持侯斯穆奮鬥的目標；但在日本，個別的學者很難得到機構的支持。

然而，在大多數人眼中，這兩個國家間的差異其實沒有想像中那麼大。直接面對不愉快的真相時，日本人跟德國人的反應都差不多：大多數人不是別過臉去，就是公開懊悔自責。我看過一份問卷，是為一九九〇年在大館市舉行的花岡事件小型展覽所設計的。問卷中要求參觀者寫下自己的年齡、他們從何得知花岡事件，以及他們的感受。參觀者的反應，跟德國紀念地點訪客簿上的留言很像，同樣表達了這是「民族」之恥。

一名三十多歲的男性這樣寫著：「日本人是世界上最野蠻的民族！身為日本人，我深深感到抱歉。」他是從父母親那邊聽說了花岡事件。另一名六十多歲的女性參觀者，在事發當時就知道這件事的存在，寫道：「身為花岡人與日本人，我覺得很丟臉。有一件事，與花岡事件相比或許微不足道，但我想讓大家知道。我自己的父親以前就用中國工人幫他生產物品，而且他還狐假虎威。」公開坦承，或者用中國共產黨的說法是「自我批判」，並不局限於基督教文化。

谷地田從小就是個基督徒，但他說這樣講他會「很不好意思」。他認為自己是個世俗的人，是社會主義者。在東北地區的城鎮裡，基督徒並不罕見。就像在世界其他地方，傳教士對窮人來說有吸引力。谷地田的妻小都不是基督徒，對他在做的事情也不感興趣。他太太對他常去中國旅行頗有微詞，她希望谷地田能帶她去歐洲度假；谷地田的女兒小時候有幫忙發過工會的小冊子，但長大之後與她父親所從事的活動漸行漸遠；他兒子則是從來都沒興趣。谷地田跟我講這些時，臉上掛著微笑。

有基督教背景的社會主義者，通常具有宗教性格，無論他們覺得自己有多世俗化。我在谷地田身上卻沒有看到這點，他沒有什麼宗教狂熱的特質。野添憲治也沒有。為什麼谷地田這麼投入在「花岡事件」上？這段歷史為何緊攫著他？像是野添，我問谷地田時，他給我的答案也是很模糊。不過，在隨後的閒聊中，就在我以為他已經忘掉我的問題時，他重新講到這件事。他說，他二十幾歲時在京都待過幾年，當時他在郵局工作。有人告訴他不要拿某個特定的杯子喝東西，因為那個杯子只給「部落民」用，他聽到後覺得很震驚。「部落民」是以前賤民的後代，他們從事污穢的工作，像是屠宰與皮革染色。在中部與南部地區，對這類人的社會歧視特別嚴重。在北部，或許是因為近年來才開始屯墾，這個問題幾乎不存在。谷地田後來沒有待在京都，但這個經驗讓他下定決心：「我要永遠站在被歧視者這一方。這是為什麼我想要找出花岡究竟發生過什麼事。不僅是幫倖存者拿到賠償金而已，更重要的是我要讓日本人承認真相，並且重新恢復那些受害者的自尊。」

谷地田載我去聚會所的舊址，也就是當年中國人被綁在院子裡、被吐口水、被揍、有些人被折磨到死的地方。院子裡有些漂亮的樹，地面又黑又硬。谷地田指著看起來最老的那棵樹，說：「那棵松樹，肯定見證了謀殺。」有三座顯眼的雕像面對著新的社區活動中心：一個男性的半身銅像，旁邊有塊大石頭，拋光的表面上刻著一首歌；半身銅像旁邊是把一群鴨子趕到銅製平台邊緣的裸女雕像；有一塊超級小的牌子，藏在樹後面，如果你不認真看肯定是看不到的，上頭刻著花岡事件的始末。

谷地田說，〈趕鴨裸女〉那個雕像的所在位置，就是以前聚會所的地點。沒有任何文字敘述指明這一點，雕像上也沒有任何銘文。我從大館市發行的小冊子《和平城市：大館》上發現，這個雕像叫做〈和平雕像：中日友誼的誓言〉。同樣在這本英日雙語的小冊子裡，解釋道：「『和平』是安居樂業最根本的準則。基於這個概念，大館在一九八三年十二月十二日，成為秋田第一個宣布成為『反核和平城市』的城市，為每一位居民促進和平城市的目標。」不是每個人都想要這座和平雕像，也不是所有人都買單反核政策。不過，這些是社會主義的市政團隊施政的成果。

那座男性半身銅像吸引了我的注意，倒不是因為它看起來有什麼不尋常之處。這種傑出地方人士的半身像，在日本隨處可見。但是，這一座看起來特別浮誇。這是畠沢恭一的銅像，面向院子微笑，像是深深自滿於他的斐然成就似的。銅像下方，刻著他擔任過的各項職務與頭銜。這個人以前是重要的地方官員，熱心推動相撲事務，也是各種奧運委員會的成員，獲頒過一些日本最高等級的榮譽勳章。刻在拋光的石頭上的那首歌，是為了讚美他豐富的一生而做的。只不過，在畠沢雕像上的生涯敘述有段小小的空白：一九四一年到一九四五年的那段時間消失不見了。不過，那時他可沒在偷懶，因為當時他負責管理花岡礦區的勞工。

谷地田說：「日本人關心過去的程度大概也就這樣了，我沒辦法帶中國訪客來看這個，這實在太丟臉了。」其實他不需要這樣覺得，但我能理解他的尷尬。不過，對我而言，畠沢恭一的銅像代表的不只是大眾對於痛苦真相的漠不關心。我再次瞧了一眼這位成功的地方人士自命不凡的笑容，便明白了驅使野添憲治與谷地田恆夫這類人那樣過活的原因是什麼。

第十一章 清理廢墟

若說《錫鼓》是全世界最知名的二戰虛構編年史，那麼當中的主角，從三歲開始就停止成長的奧斯卡·馬策拉特，就是文學世界中最出名的戰爭見證者。擁有一個錫鼓與能震破玻璃的尖銳嗓音的奧斯卡·馬策拉特，很適合當傳記作者。他有早熟孩童的神奇力量，所有事物都逃不過他的法眼，不管那些事讓大人有多難堪，而他的鼓聲見證了他所瞧見的恐怖景象。同時，奧斯卡體現了大人的害怕與渴望，尤其是想要躲在奶奶安娜·布朗斯基寬大裙擺下的渴望，坐在卡舒比亞馬鈴薯田邊上的奶奶，寬大裙擺下的世界黑暗、溫暖、像子宮一樣。在那裡，對小孩來說還沒有發生什麼需要記得的事，對大人來說可以忘掉所有發生過的事。

鈞特·葛拉斯大師級的小說，是從孩童視角看待過去的作品中最享有盛名的，但絕對不是唯一的。經歷過第三帝國的德國成年人，很少人願意詳述他們的自身經驗，所以，以那個時代為背景的小說，很多是由當年還是小孩的人寫的。就像在日本，軍事上的描述大多是由退伍軍人所寫。但是講到納粹獨裁政權底下的日常生活，大多數情況下我們必須轉而從孩童的視角出發，這樣的視角有時候很魔幻，有時候則是飽受苦難。

描述日本戰爭時期日常生活的作品就少多了。即使如此，有些以戰爭最後階段為背景的出色小說，也就是說兵臨城下之際，是以孩童為主題或者是從孩童視角出發的。井伏鱒二寫廣島原爆的傑出作品《黑雨》，內容是關於一個天真無辜的年輕女孩；大江健三郎早期的小說《毀芽棄子》是關於一群被疏散到偏遠鄉間的孩童，故事情節像是反面版本的《蒼蠅王》：在殘酷野蠻的成人世界中，溫和天真的孩童是受害者。大多數以戰爭中的孩童為主題的書，都會拿天真無邪來對比邪惡，在日本與在德國皆然。

這樣的小說提供了感性且經常是說教的觀點，來看待一個靜止的世界、一個本質上邪惡的成人世界。儘管這些書大都富有政治意涵，書中的故事卻跟政治無關。因為成人的世界很邪惡，除非在一些遙遠的烏托邦裡，不然無法真的被改變。這不能真的算是孩童的觀點，而是大人對於童稚天真的渴望，以及渴望「祖母裙子」的保護。

戰敗之後，奧斯卡決定要長大。他把錫鼓埋在沙堆裡，然後開始成長，但他無法自然地生長，於是長成了一個駝背的怪物。雖然他活到三十歲，但他從未脫離著了魔的童年世界。在那個世界裡，惡魔一直糾纏他：「黑巫婆，一直在我身後某處。現在也在我前方了，面對著我，黑……」[18]

在日本東北地區的某個小鎮裡，有座紀念石碑，兩呎高，一呎寬，由退伍軍人協會的成員在一九六二年時設立，當時日本的經濟奇蹟正要開始。然而，立這個紀念碑的不是一般的退伍軍人，而是在美國佔領期間被當作戰犯清算過的人。石碑正面的銘文刻著：「愚者之碑」。「愚者」指的是誰並不清楚：是指這些軍官自己嗎？還是那些任意清算與起訴戰犯、有時甚至很不公正的勝利國同盟法官？或是指放任自我毀滅的人類？也有可能以上皆是，大家都是愚者。當然，天真無邪的孩童除外。

檀香山市長在「珍珠港事件」的五十週年紀念日時，要求布希總統，只有在日本官員為戰爭道歉的前提下，才能邀請他們前來參加典禮。他說，唯有如此，「一個新的時代」才能展開。日本政府拒絕了，且內閣官房副長官石原信雄更進一步表示，「全世界都該為戰爭負責」，美國也應該要道歉，他說，「因為戰爭無法被避免，所有參戰者都應該要反思……會花上很多年，才能夠正確評斷誰應該為戰爭負責。」

日本人不及格，所以他們沒有被邀請。「珍珠港生還者協會」的主席始終認為日本人仍是危險的民族。當他得知邀請日本退伍軍人這個計畫時，他說：「你會期待猶太人邀請納粹去參加討論猶太人大屠殺的活動嗎？」

把珍珠港事件跟猶太人大屠殺相提比論，當然很荒謬，而且日本帝國海軍的退伍老兵遠稱不上納粹。但是，美國人心中的疑問是可想而知的：我們能相信「一個官方發言人仍然拒絕承認自己國家該為發動戰爭負責」的國家嗎？日本人那些遁辭，聽起來很像蠻不講理的小孩，跺腳大吼著自己又沒做錯事，因為大家都做了同樣的事。這種宣稱「自己跟其他人沒什麼不同」的說法特別奇怪，因為大家非常習慣聽到日本人說自己在文化上、種族上、政治上與歷史上有多麼獨一無二。

把這種孩子氣當作文化特質有點似是而非，這或許不是日本獨有的特質，但在日本很顯眼。戰後的日本文化中，有些讓人極為厭煩的幼稚行為：假裝成女孩的女人，嘰嘰喳喳的聲音無所不在；日本主要街道上的建築，都蓋得活像迪士尼樂園，把一切都簡化成甜蜜的可愛；電視上的綜藝節目藝人發出尖銳刺耳的聲音，像是幼稚園裡的小丑一樣在地上滾來滾去與胡鬧；電車上，穿著藍色西裝的大批上班族，拉著吊環站立，讀著少年漫畫，對懷舊老歌與和藹的媽媽桑充滿多愁善感的愛。

有時候，與其說日本看似是個「十二歲的國家」（引用麥克阿瑟將軍之言），還不如說這個國家中的人，渴望自己是十二歲、甚至更小，渴望自己活在一切充滿安全感、毋須負擔責任與遵守社會規範的黃金歲月。日本人就坐在小鋼珠店裡，長長一整排，目光呆滯地瞪著小鋼珠機台，對過去與當下都不聞不問，只是看著小銀珠傾瀉落下，一邊聽著〈戰艦進行曲〉的嘈雜樂聲在背景裡叮咚作響。

然而，我不認為日本人天生是幼稚的民族，就像我不認為他們本質上是危險的民族。沒有什麼危險的民族這種事，只有危險的狀況。導致危險狀況的，是政治籌劃，而不是自然法則、歷史法則或民族性格。這些政治籌劃誠然會受文化與歷史環境所影響，但從來不是因此被決定。若把政治脈絡放進「施了魔法般的迪士尼樂園似的」戰後日本社會中來看，可以看的更清楚明白。麥克阿瑟將軍所言甚是：一九四五年時，日本人民深受政治力左右。在那之前，他們被迫完全臣服於一個由極權官僚與軍方所統治的國家；完全服從某個宗教信仰，其最高祭司同時也是三軍統帥與帝國君主。

在那之後，情況改變了，但改變的還不夠多。日本人被判定是危險民族，因此被迫脫離邪惡的世界，拜麥克阿瑟將軍所賜，躲進美國的保護傘。事實上，日本承受了寬宏大量版本的《凡爾賽條約》：失去主權，但沒有財務壓迫。鼓勵日本人致富的同時，也把戰爭事務從他們危險的手上拿走。

統治國家的官僚，事實上就是當初統治日本帝國的那一群人，而舞弊的選舉系統讓同一個貪腐的保守派政黨掌權近四十年。這種安排對美國有利，也對日本官僚、自民黨政治人物與財閥有利，因為它確保了日本的富裕穩定，讓日本依然是對抗共產主義的盟友。不過，這種安排也助長了對公共辯論的鎮壓，讓日本人在政治上無法成長。只要一講到二次世界大戰的歷史，爭論就會卡在一九四零年代晚期，大約就是冷戰開始的時期：官僚與保守派政治人物一直在替過去發生的事找正當理由，或至少是忽略不提，好合法化他們緊握權力這件事；少數且大多是左派的異議分子，則是把矛頭指向軍國主義的陰魂不散與人類的邪惡。

很多人認為日本人無可救藥，注定永遠是個危險、難以理解、與世隔絕的民族。有些日本人也抱持這樣的想法，坂口安吾在戰爭剛結束時寫道，日本人「以前面對歷史時，就像是順從命運的小孩」。[19]唯有退化到只剩人類基本的慾望，剝去故作謙虛、習俗、傳統與理想時，他們才可能發育成人類。他說，日本人的確短暫地退化了，但人類沒有強壯到能夠忍受這種自由太久。他們很快又建立一個新的體系、一套新的習俗、傳統、理想，好保護他們自己。這個新體制無可避免地將會建立在舊體制的廢墟上：「不發明武士制度或天皇崇拜，大家就活不下去。」

如果坂口安吾說的是對的、如果日本人真的是無可救藥了，那麼和平憲法與外來力量最好永遠控制住日本使用武力的資格；抑或是，如果日本人還有救，那麼應該一直維持現狀直到日本人改變自己的態度，更加誠實地面對過去，頻頻向以前的敵人道歉之類的。但是，我們在日本問題上或許本末倒置了：沒有政治責任，精確來說是針對戰爭與和平事務，日本人就無法發展出成熟的態度面對過去。政治改變得要先發生，然後心態才會隨之改變。憲政上的改變只是其中一部分，無論如何換掉政府還是很重要，因為戰後秩序的根源仍被戰時政權所污染，只有新政府能打破戰後秩序。威利・布蘭特在華沙猶太區雙膝跪下，是在西德社會已經建立了發揮作用的民主制度之後，而不是之前。然而，避開了邪惡世界的日本人，卻長成了一個「奧斯卡・馬策拉特」：投機取巧、發育不良、被惡魔纏身，想要把惡魔埋進沙裡然後視而不見，就像奧斯卡對待他的錫鼓那樣。

日本記者有次問南韓首任民選總統金泳三（Kim Young Sam），覺得日本政府該怎麼彌補那些日本帝國陸軍裡的南韓慰安婦，金泳三回答說：「我們要的不是你們的錢，我們要你們把真相說清楚講明白。唯有如此，才能解決問題。」

就在一年之後，時值一九九三年夏天，也是柏林圍牆倒塌的四年後，改變總算發生了：自民黨的壟斷政權被脫黨的年輕保守派、社會主義黨與佛教政黨公明黨聯手打敗。新任的首相是細川護熙，他是近衛文麿公爵的孫子。一九三七年南京大屠殺與一九四〇年簽訂《軸心國同盟條約》時的首相，就是近衛文麿。他在一九四五年時自殺，就在被指控為甲級戰犯之後。細川護熙作為日本新任首相，上台後第一件事，就是在公開場合聲明日本在一九三零與四零年代的軍事行動，相當於是「一場侵略戰爭與錯誤的戰爭」。這只是開始，但展現出來的跡象是好的。在這一線新希望之中，我回想最後一次看到唯我獨尊了四十八年的「正統觀念」是在何處。我想起來了，哪裡都不是，偏偏就是在迪士尼樂園裡。東京迪士尼樂園位在東京都與成田機場間的荒涼郊區，幾乎就是加州迪士尼樂園的翻版，除了其中一樣遊樂設施是東京獨有的：「認識世界」，贊助商是日本戰後最成功的企業松下電器。「認識世界」在一個大型的白色圓頂屋中，裡頭有旋轉劇院，聞起來有點塑膠味。螢幕上顯示了日本與外在世界關係的簡史。一隻友善的白鷺，用活潑的女聲講故事給兩個實際上是機器人的小朋友聽。不過，故事內容是有選擇性的：承認中國文明的影響，但只是為了要強調日本把那些影響轉變成屬於自己獨一無二的東西；更近的鄰居韓國，就直接跳過了。

不過，最有趣的部分，也是我在等待的那個部分，是從一八九五年到一九四五年的這段時間，當時日本與世界的接觸可以用接二連三的戰爭來表達。這段歷史會在培里船長的「黑船」登場之後出現。實際上，「黑船」在一八五三年時出現在日本海邊，活像是隻惡鬼。螢幕上，黑船的形象漸漸淡去，接下來出現了一座大砲，然後砰的一聲，整座劇院旋即陷入黑暗。兩個機器人小孩說：「唔，好暗喔！」活潑的白鷺說，「對啊，那麼「現在讓我們轉向未來吧！」直接進入最終章：一張張幻燈片快速呈現，內容是和善的日本人正在向滿懷感激的外國人，解釋各式各樣的高科技儀器，對象包括馬來西亞人、印度人、中國人……還有美國人。配樂中的歌曲越來越大聲，不斷重複唱著：「我們用愛認識世界、我們用愛認識世界、我們用愛認識世界，啊……」

音樂還在播放，燈光就亮了。我看了看四周，發現我女兒跟我是唯一還留在劇院裡的人。

華爾特・班雅明對保羅・克利（Paul Klee）的畫作《新天使》的形容，可說是對於歷史最美麗的隱喻。「新天使」是歷史天使，有一張人臉，卻有鳥類的翅膀與腳：「他的臉龐面朝過去。在我們認知中的一連串事件，在他眼中看到的卻是在廢墟上堆砌廢墟，猛然投擲在他跟前的單一一樁大災難。天使想要留下，喚醒死者，修復爛掉的東西。但是，一陣風暴從天堂吹來，如此激烈，卡住了他的翅膀，使得他再也無法闔上翅膀。這場風暴莫之能禦，將他推向未來，那是他本來背對的方向。堆積如山的殘骸在他面前，往天空的方向堆積上去。這股風暴就是我們所說的『進步』。」[20]

「進步」這個概念，還有英國人的炸彈，把德勒斯登變成一座充滿廢墟與龐大怪物的城市。穿梭在市中心醜陋的街道中，看到老城裡僅存的斷垣殘壁就像是漂亮的古董花瓶碎片，讓我心中產生了不理性的感受：「因有關聯而有罪」，而那正是我在奧許維茲與廣島事件中所反對的。箇中原因與個別的死亡數字沒什麼關係（德勒斯登的死亡人數約三萬人），因為不管實際數字多少，大規模殺戮總是令人心驚（就像有人指出，被謀殺的猶太人比被謀殺同性戀多，克里斯多福・伊薛伍德說：「你想說的到底是什麼？」），而且覺得格外惋惜並非什麼特別高貴的情感。德勒斯登大轟炸之所以讓人那麼震驚，是因為數世紀以來累積的美，一夕之間就煙消雲散。德勒斯登與布拉格、維也納一樣，是世界建築史上的奇蹟。它遭破壞，就像是拿斧頭砍齊本德爾式[21]的椅子、拿刀去劈米開朗基羅的作品或燒掉價值連城的圖書館，都是邪惡乖僻的舉動。而且，更有悖常理的是，轟炸德勒斯登並不是基於什麼強而有力的策略理由。不是說摧毀德勒斯登這顆「巴洛克之心」，從人的角度來看，比轟炸醜陋的貧民窟來的糟糕。只是，待在德勒斯登這個一度是「巴洛克之心」，現在卻空空如也的嶄新城市裡，會一直意識到我們失去了什麼。

戰後，原本有機會挽救老城的某些部分。有些宮殿與教堂沒有完全損毀，所以是可能被修復的，就像在紐倫堡與慕尼黑一樣。但是，東德第一任共黨領袖華特．烏伯希特決定，過去必須被連根拔起。他的口號是：「德勒斯登，前所未見的美麗」，於是這個城市再度遭逢劫難：藝術史學者被迫擬定計畫，徹底剷除德勒斯登的斷垣殘壁；忠貞黨員則負責設計出一座將是社會主義展示櫃的醜陋城市。在十八世紀茨溫格宮（Zwinger Palace）對面的索非亞教堂（Sophienkirche），是德勒斯登最精緻的哥德式教堂。它被拆毀，原址上蓋了一棟矮胖的水泥建築，用來當作工人食堂。這是烏伯希特對「進步」的見解。

不過，不是所有的瓦礫堆都被清的一乾二淨。「茨溫格宮」在一九六零年代時重建，還有其他一兩個建築也是。十八世紀的建築「聖母教堂」的遺跡則是保持原樣，因為無論是烏伯希特還是其他人，都無法決定要在這裡蓋什麼。於是，看起來可憐兮兮的石頭堆變成了一個「警告地點」、一座紀念碑，官方告示牌上寫著：「獻給成千上萬的死者，以及激勵生者，他們為了人類的和平快樂，奮力對抗帝國主義式的野蠻。」

我問市立博物館的新任館長馬提亞斯．葛西貝爾（Matthias Griebel），「帝國主義式的野蠻」究竟是什麼意思。他回答說：「意思是帝國主義的每一場戰爭，比方說以色列在西奈半島或美國在越南。所有的戰爭，只有社會主義的戰爭不是。」

葛西貝爾的光頭與茂密的落腮鬍讓他看起來像隻大型的德國之鷹。在德勒斯登，有一小群人透過舉辦講座與非正式展覽，試圖保持歷史意識，葛西貝爾是其中之一。一開始，共產黨政府反對這類活動，因為德勒斯登「封建的」過去該被丟在歷史垃圾桶裡才對。直到一九八零年代時，共產黨的教條已徹底失去大眾魅力，政府當局這才試著用歷史正統性來為自己加分：從農民反抗運動者湯瑪士・閔採爾（Thomas Münzer）到普魯士的腓特烈大帝，甚至連十九世紀的浪漫主義者卡爾・梅（Karl May）都被拿來當作自己人。卡爾・梅寫的小說以「狂野西部」的德國英雄「老沙特漢」（Old Shatterhand）為主角，無論是希特勒還是愛因斯坦都是他的忠實讀者。他的居所「老沙特漢別墅」對外開放參觀，就位在德勒斯登的西北方，沿著易北河往下走。

沿著易北河往上的幾哩處，在德勒斯登的另一頭，是個叫做皮爾納（Pirna）的小鎮。那裡有點破敗但充滿古雅的氣息，有十九世紀蓋的精緻別墅與零星的晚期哥德式建築。我去那裡，是為了找尋一個在德勒斯登區域的任何旅遊書上都沒提到的歷史地點。那裡有棟舊醫院，以前收治精神病患者。我認為那棟建築還在，因為我看過照片，而且葛西貝爾也證實了它還存在。這棟精神病院絕非微不足道，因為那裡是醫生首度拿病患做實驗，使用氰化物毒氣的地方。超過一萬人死在這間「松納史坦安樂死中心」。

我找不太到那個地方。一位老婦人興高采烈地載我上山，但接著我就迷路了。她問我：「你說那是什麼地方？」我說：「以前的安樂死中心。」她又問：「那是什麼時代的事？」我說是希特勒時代。她說：「抱歉，那我就不會知道在哪了。」

不過，我最後還是找到了。在「松恩史坦城堡」旁邊的漂亮公園裡，有幾棟蓋於十九、二十世紀之交的建築。我走進一棟有黃色牆壁的別墅，牆上有塊告示牌寫著：「供病人與老人使用的三溫暖設施」。一名年輕女性問我在找什麼，我跟她講了。她皺眉蹙額，然後說：「不是，你要找的不是這裡。在這裡我們只收需要特別診治的病患。你要找的是在那裡的另一棟建築，他們那邊以前有個渦輪工廠。」

那棟「那裡的建築」周圍有生鏽的鐵絲網，看起來夠邪惡到像是安樂死中心，而且還有一塊紀念阿爾伯特．巴特爾（Albert Barthel）的牌子，上面寫著：「我們的黨同志，一九四二年時被納粹殺害。」

不過，也不是這裡。我走進一間房間，看到幾個年輕人在吃午餐。結果，他們是照顧遲緩兒童的宗教執事。「以前的安樂死中心？不是不是，感謝老天那不在這房間裡，那在隔壁的屋子裡。」

隔壁的屋子是棟相當優雅的法式別墅，我費力地朝地下室窺探。這裡完全沒有告示牌，大門深鎖，野草茂密。我聽到沙沙作響的樹叢裡鳥聲啁啾，想起了在執事屋子的大廳裡看到的那堆泰迪熊玩偶。

葛西貝爾先生說，建築，是用石頭表現出來的時間。在德勒斯登，那些石頭則是提醒了市民他們寧願忘掉的時光。第三帝國不過是場陰魂不散的惡夢，但在每一個偷工減料的建案與用水泥蓋的工人食堂中，仍然看得到從烏伯希特到何諾克的獨裁政權。你無法責怪人們深深懷念有著宮殿與教堂尖頂的老德勒斯登，一如葛西貝爾所言：「我們住在城市的殘骸中，我們非常想要修復這個城市。」

我為了要抄下紀念牌上的文字，最後又去了一次聖母教堂的遺址，卻發現那個牌子不見了，瓦礫堆周圍反而立起了柵欄。有個身穿藍制服的男人正在指揮一些工人做事。我攀爬過柵欄，好看得更清楚些。穿制服的男人身形結實矮胖，他看到我，急忙朝我大步走來，生氣的漲紅了臉，用濃重的薩克森口音對我大吼，說我無權在此，用德語對我大喊「這是被嚴格禁止的！」我心想，好典型的德國人哪！童年時代對德國人的所有偏見，霎時如同潮水般湧上我的心頭。不過，我還是聽從命令，跨過柵欄回來，離這位依然氣急敗壞的老兄遠一點。我又看了那群工人一眼，他們正在堆砌石頭，一塊疊著一塊。不出一兩年，這裡就會再度有座聖母教堂了，它古老的榮光將完全恢復，彷彿什麼事情都沒有發生過。

戰爭結束後，奧斯卡·馬策拉特與他朋友克萊普組了一個爵士樂團。他們在西德巡演，到了杜塞朵夫，或者精確來說是杜塞朵夫與凱瑟威特（Kaiserwerth）之間的萊茵河地區。他倆在河岸邊演奏散拍音樂。時值一九四九年，也是導致了德國馬克誕生的貨幣改革後一年。一家昂貴的「高檔」俱樂部找他們演出，那地方叫做「洋蔥地窖」（Onion Cellar），裝潢是偽造的舊德式風格，有牛眼形狀的玻璃窗，外頭的舊式鍛鐵絞刑架上，掛著一塊琺瑯牌子。俱樂部一旦客滿，主要的娛樂活動就上場了。客人會拿到小砧板、削皮刀與一顆洋蔥。洋蔥是拿來幹嘛的呢？「它能達到整個世界與世界上的悲傷都無法做到的事：它能帶來一些人類的淚水，讓人哭。他們終於又能哭泣了。好好的哭，沒有壓抑，哭到像瘋了一樣。」[22]

「無力哀悼」，指的是戰後在道德上與精神上壓垮了德國人的情感麻木；對此，「洋蔥地窖」當然是個昂貴且暫時的治療方法。我認識很多認真思考的德國人，都對「無力哀悼」這個詞很有意見，他們問要哀悼什麼？哀悼誰？你會哀悼自己失去的摯愛，但是你要怎麼哀悼自己親手殺害的受害者？我的自由派德國友人如是說。反省反思，需要；道歉，一定要；賠償，當然要；但是哀悼？當然不行。所以，在自由派與認真思考的圈子裡（應該會歡迎愛管閒事的外國人加入他們的行列），向來有很多反省與道歉，現在也還是。但是，哀悼死去的德國人（士兵、死於盟軍轟炸的平民或是把波蘭人、捷克人、斯洛伐克人趕出家園，因而被他們報復殺死的人），這種哀悼相當尷尬，主要還是留給右翼民族主義者與充滿懷舊情緒的倖存者去做，他們渴望著失去的家園。

在西德的村莊廣場與教堂墓地裡，有很多紀念一次大戰陣亡者的紀念碑。但是，紀念二次大戰陣亡者的紀念碑卻很少見，除了在有酸臭地下室的鄉下啤酒屋之外，在那裡外國人也不怎麼受歡迎。事實上，在東德似乎有更多的二戰紀念碑，或許是因為罪惡感這件事，在東德從來不是什麼問題。

赫爾穆・柯爾試圖要改變這種不平衡的狀況，於是他把羅納・雷根拉去比特堡的公墓。這種做法笨拙又不得體，所以他當然被譴責了。但是，我在德國旅行時，常常覺得太多的道歉可能會變成某種形式的自我貶抑。畢竟，哀悼自有其目的；用儀式來表達哀慟與失落，能強化連續性與社群感。不過，這也正是那些深思熟慮的自由派德國人所戒慎恐懼的：民族社群與社會關係（Gemeinschaft）曾被扭曲成帶有殺意的種族歧視；在一個歷史沾滿血跡的國家中，文化連續性是得小心翼翼處理的事情。

一九九一年與一九九二年時我待在柏林，在那段期間，我也發現了德國親猶主義的世代交替，非常有趣。經歷過戰爭的德國人在牆上掛著以色列的月曆，至少還可以拿罪惡感當作部分解釋原因；但那些不是猶太人的德國年輕人，幹嘛要去在東柏林的舊猶太會堂大門附近如雨後春筍般出現的新「猶太」咖啡館？為什麼有些年輕的德國人竟然採用自己祖父或叔公的猶太姓氏？幾乎每一個中歐猶太作家都受到文學獎的青睞，這難道不會有點奇怪嗎？罪惡感或許是箇中理由，無論是遺留下來的或是從父母那輩承接而來的，但我認為還有另一件事也起了作用：對於德國所失去的文化充滿懷舊之情，努力想要與被拭去的過往產生共鳴；簡言之，這是哀悼的姿態。

瑪琳・黛德麗（Marlene Dietrich）不是猶太人，但她屬於「猶太人的柏林」那個被摧毀的世界。她寒酸的葬禮在柏林舉行，葬禮之後，列隊走過她墓前的致哀者，幾乎全都在四十歲以下。這與心胸狹隘、拒絕為她辦場正式葬禮的市府當局，形成了對比。有些德國人永遠無法原諒黛德麗在德國城市遭轟炸時，還身穿美軍制服。她，代表了另一個德國，是那些年輕致哀者希望能產生共鳴的德國。

在西德，想像中的「缺少認同」與「失去社群感」，是大多數自我反省的起因。問題是，看來已不再有什麼可供探尋的自我精神。這也是為什麼有些浪漫主義者，把東德視作德國認同的寶庫，左派右派都一樣。但是，對我而言，正是因為不信任編造出的歷史神話與民族浪漫主義，使得西德在智識層面讓人心曠神怡。我覺得「憲政愛國主義」這個概念很不錯，但或許還不夠，或許要改造這個曾經很危險的民族，需要更多力量。不過，我發現自己沒辦法跟劇作家亞瑟·米勒（Arthur Miller）一樣憂心忡忡[23]。他在兩德統一時表示，德國人「不覺得『德意志聯邦共和國』有多麼無與倫比」、「看來他們沒有充滿無比崇高的情懷，就連那些把『德意志聯邦』視作德國公民意識勝利地從戰爭廢墟中拔地而起的人，也沒有。」當然，在過去一百年間，德國人已經有夠多的崇高情懷了。米勒感到焦慮的，是德國人在民主制度陷入危機時，或許不會挺身捍衛，因為「它得來不費吹灰之力」，而且，這是外國人發明的玩意兒。

套句被淡忘的納粹思想家所說的話：總是會有德國人（還有其他地方和他們類似的人）希望能從「德國神話的廢墟中挑揀出石頭，清理拋光，然後當作建立德國新神廟的基石，並且從圍牆倒塌後的廢墟中，建立一個新的德國『世界觀』（Weltanschauung）」。[24]但我想，德國的「神廟」也夠多了。廢墟，就別動它了吧！

鈞特·葛拉斯不是唯一擔憂兩德統一的人。大多數自由派分子在這個問題上的焦慮感，恰恰與擔憂西德缺乏靈魂相對立。很多人警告，統一會讓德國的民族主義復甦：拿掉煞車，危險的德國民族就會開始擺脫身上的桎梏。不過，當前是看不出來有這種跡象。兩德統一那晚，我人在法蘭克福，除了寒冷夜空中一閃即逝的零星煙火，我沒看到民族主義者歡聲慶祝的跡象。時髦的夜店裡，喜劇演員拿神聖的德國馬克與脆弱的民主制度開玩笑，不怎麼高明。但大多數人都待在家裡的電視機前面，一如尋常。德國足球隊在前一年拿下世界盃冠軍時，大夥兒還更加熱情興奮呢！

後來，出現了「新納粹」。這群剃光頭的年輕人，吶喊著「勝利萬歲」（Sieg Heil），手上揮舞著以前的戰旗。他們充滿惡意、野蠻、帶有殺意。一九九二年時，有四千五百八十七起攻擊外國人的事件，十七人死亡。前一年，據報在英國有七千七百八十件種族歧視的攻擊，但納粹卍字、口號、「勝利萬歲」這些東西，讓人忍不住對德國做歷史上的比較。歐洲媒體帶著幸災樂禍的口吻，報導這些種族歧視的德國年輕人犯下的罪行，這次，又是「我們」跟「他們」之分了。

我在哈雷（Halle）這個破舊的東德小鎮待了一天，等著看一場新納粹的遊行活動。那天是十一月九日，正是「水晶之夜」的紀念日，也是柏林圍牆倒塌的紀念日。哈雷的居民都嚇壞了，警方封鎖了每一條主要街道，主廣場上有個老人對市長咆哮說這就像是希特勒時代再現。咖啡館主人讓我進屋後，把門鎖上，驕傲地拿他的槍給我看。終於，那些新納粹分子來了，年輕男性把後腦勺與側邊的頭髮剃光，年輕女性穿著白襪子，金色長髮打成辮子，一副「希特勒少女團」的模樣。有個操著一口維也納腔的矮胖傢伙與英國歷史學家大衛．厄文（David Irving）在跟他們說話；戰前設計的老舊電車，在生鏽的鐵軌上刮出刺耳的聲音；穿著內衣的胖男人從窗戶中探出頭來；禁歌《德意志之歌》當中的對句響徹雲霄：「從馬斯直抵梅梅爾，從艾許上達貝爾特，德意志，德意志超越一切……。」這群暴力的小孩穿著祖父母的衣服，歷史像恐怖劇[25]一樣重演，讓人覺得很不舒服，而且非常荒唐。

但這一切可不只是戲劇效果。一年之後，極端主義者接著又跑去東西德的難民營縱火、殺人，警察卻束手無策。他們的行徑證明了德國人還是有能力幹出野蠻的勾當。看到咆哮的德國年輕人用靴子猛踢無助的外國人的臉，而旁邊的人卻在喝采與嘲弄，讓人作嘔。但是，類似或更糟的事件也發生在歐洲其他地區，更別提在其他大陸上，證明了拿國籍、種族與文化來解釋野蠻行為，並不恰當。領導者一旦取得了無限的權力，而追隨者被賦予欺凌弱小的權力，那麼到處都是危險的民族。肆無忌憚的權力，導致了個人與暴徒的野蠻行徑。奧許維茲與南京大屠殺雖然在規模與形式上相異，但都是明證。不過，這不是西德或日本今天所面臨的狀況。人性沒有改變，但政治制度改變了。在這兩個國家中，可以用選票淘汰那些惡棍。選擇忽視這個事實，反而去找尋「惡魔該隱（Cain）所烙印的民族標記」的人，沒有從過去中學到教訓。

一九九三年最成功的德國電影是由約瑟夫·威爾斯邁爾（Joseph Vilsmaier）執導的《史達林格勒》（*Stalingrad*），整部片可說是長達兩個半小時德國那一邊的恐怖再現。真實戰役中，至少有十五萬名德國人陣亡，一方面是希特勒為了對抗蘇聯人而造下的孽，另一方面卻也是德國人對抗德國人自己。這部電影主要是關於德國人遭受的苦難，而不是德國人對猶太人與斯拉夫人犯下的暴行。片中，德國士兵死於飢餓、暴露在嚴寒氣候中或蘇聯砲火下。對於大多數是年輕人的德國觀眾帶著渴望的心情觀看這部電影，有幾種可能的解讀：對歷史的好奇心可能是原因之一，另一個可能原因是新的德式「魄力」：我們已經受夠奧許維茲了，現在讓我們來哀悼我們自己的事。這是有可能的，但也可能是因為德國新世代能夠不帶罪惡感去反思。或許只是少數，但我認為他們是少數當中的多數，比那些完全無法反省的光頭小混混還多一些。

一九九二年時，慕尼黑的電影博物館播放了一部讓觀眾很難不討厭的電影，是由威特·哈蘭（Veit Harlan）所執導的《猶太人蘇斯》。這部片在一九四〇年時，在戈培爾的支持下拍攝，是一部宣傳反猶思想的影片。斐迪南·馬里安（Ferdinand Marian）飾演邪惡的猶太人，用他邪惡的伎倆幾乎成功地破壞了十八世紀符騰堡的社會人際網絡（Gemeinschaft），結局是猶太人像老鼠一樣被趕出城。這部片在慕尼黑播映後，有一些公共討論。在其中某個場合，有兩名右翼的激進分子也參加了，他們試圖否認猶太人大屠殺的存在。主持會議的德國文學教授說，但我們別無選擇，「作為民主制度的一部分，無論如何我們還是得播放這部影片。」

同一年，我在柏林影藝學院的學生放映會中，看了《猶太人蘇斯》這部電影。這場放映會結束後，也有座談。這群二十初頭的學生大都來自西德，但也有一部分來自東德。他們的穿著很國際化：牛仔褲、短風衣、工作服。教授是個大約四十多歲的男性，是六八學運世代的人，名字叫做卡斯坦·維特（Karsten Witte）。他在討論一開始時就說希望大家能把重點放在這部片的美學上，而非故事情節本身。他說，描述宣傳手法就太普通無聊了，「我們都知道『那是什麼』，所以我們不如來談談『如何達到這些效果』。」我想起了我在東京影藝學院的同學，那是超過十五年前的事了。他們當中有多少人知道日本在亞洲的戰爭「是什麼」？或者更一針見血地說：他們的教授當中，有多少人會藉由放映以前的宣傳影片，來討論「如何達到效果」？

維特針對音樂上的運用，做出一些評論：電影一開始跑演員名單時，巴哈的合唱音樂，是如何漸漸淹沒在教會領唱者唱誦的希伯來禱文中。一名年約二十的男學生，舉手說他注意到視覺呈現上也用了類似的手法：符騰堡的盾形徽章漸漸淡化消失，取而代之的是希伯來文的符號；另一個學生觀察到在電影最後一幕公開處決邪惡的猶太人時，雪花紛飛，他試著解釋其中意涵：「雪，洗滌了德國，淨化了這片土地。冬天過後，就是春天了，也就是再生的季節。」還有位學生注意到符騰堡宮廷的財富總是公開展示：大房間裡精緻的畫作、雄偉的宮殿之類的，而猶太人的財富總是藏在秘密的櫃子裡，或藏在又小又臭的房間中。他說：「這是為了要表示德國人的財富是漫長光榮的傳統下，屬於歷史與文化的果實；而猶太人的財富除了錢之外，什麼都不是。」

卡斯坦．維特的皮膚蒼白，唇色鮮紅，一頭金髮剪得短短的，讓他看起來出奇地符合納粹藝術中北歐人的理想形象。學生們的發言顯然讓他很滿意。這些學生很認真地分析了這部影片，沒有漏掉其中的把戲。種族主義者的宣傳手法荒謬怪誕，引發大家一陣暗笑，但是他們的注意力很集中。他們的評論在我耳中聽來，尖銳、反省、正中要害，卻沒有陷入道德評價；很有自信，但絕不尋釁；而且最重要的是，沒有受限於罪惡感。我在波斯灣戰爭期間，到日本拜訪小田實，他是小說家，同時也是和平倡議者。我記得那時他對我說過一些話，他說：「我成長過程中受到的教育，是從侵略者的角度看事情；而你所受的教育，是從受害者的角度看待事情。」這間位在柏林的小放映室，離戈培爾放送廣播演講的大樓只有五分鐘的路程。坐在這裡，我鬆了口氣，明白我們都從一模一樣的角度，看了這部可惡透頂的電影。

章節附註

爲一九九五年版所寫的導言：敵人

1 知名英國演員亞歷·堅尼斯（Alec Guinness）曾演出多部膾炙人口的電影，包括在《星際大戰》原三部曲中飾演歐比王，是許多青少年及孩子的偶像。這裡是指他在電影《桂河大橋》中的演出。這部電影講述在日本戰俘營的英軍被強迫修建泰緬鐵路的故事，背景確有其事，但情節純屬虛構。——譯註

2 一九四一年十二月八日，日本在開始攻擊珍珠港十小時之後，緊接著進攻當時屬於美國殖民地的菲律賓。歷經四個月的激戰，節節敗退的美軍（其中大部分是菲律賓人）奉命死守位於巴丹半島的重要軍事基地。四月九日美軍投降，而麥克阿瑟將軍以及菲律賓政府高層及其眷屬早在投降前一個月便逃至澳洲雪梨（麥克阿瑟獲頒榮譽勳章）。日本皇軍接收了為數大約八至九萬疲累不堪的戰俘，強迫他們行軍至菲律賓各地的戰俘營。路上沒有供給任何食物飲水，戰俘被極其不人道地虐待、隨意處決。巴丹死亡行軍是其中最慘烈的，從巴丹往北走約一百公里的路程中，據估計有大約一萬人死亡（美國人一千，菲律賓人九千）。——譯註

3 一九四五年日本在太平洋戰場節節敗退，美軍兵臨馬尼拉城下。日本陸軍司令山下奉文下令部隊撤出馬尼拉，不加以抵抗。但海軍少將岩淵三次的部隊以及其他若干陸軍部隊抗命留在馬尼拉繼續戰鬥。從一月到二月之間，就在美日兩軍一來一往搶奪馬尼拉的同時，日軍也對馬尼拉城內的平民進行如在南京般的殘忍屠殺，燒毀破壞所有基礎設施，誓言留給美軍一座死城。保守估計在短短一個月間有超過十萬菲律賓平民遇害。——譯註

4 一九四二年二月十五日英軍於新加坡對日本投降，由於懷疑許多星馬華人支持中華民國政府，日本隨即展開對當地華人（原本計畫也包括本為英國殖民地的馬來亞）的屠殺肅清。許多華人在沒有受到審判的情況下被集體屠殺，據估計在短短兩星期內約有數萬人遭到殺害。——譯註

5 一九四五年八月日本投降後，原本在滿州、蒙古、及西伯利亞的日本皇軍被蘇聯紅軍就地解除武裝或投降，據估計約有五十至八十萬人。蘇聯在境內各處、哈薩克、波羅的海三小國等處設置戰俘營，據估計至少有將近五十處，強迫解除武裝的日軍勞動。西伯利亞大鐵路有許多路段就是以戰俘勞力建成。由於戰俘營環境惡劣，據估計有超過三十萬人死於勞改營。蘇聯在一九四六至一九五〇年間陸續釋放戰俘回到日本，但有少數人甚至要等到一九九〇年蘇聯瓦解後才回到日本。由於蘇

聯的鐵幕政策，這些相關檔案一直難以取得。——譯註

6 瑪格莉特・密雪利希（Margarethe Mitscherlich）與法蘭克福社會學派合作密切。法蘭克福學派社會學者利用佛洛伊德所發展出來的心理分析理論來解釋政治認同、文化、及意識形態。他們想了解是什麼樣的心理機制，讓群眾接受某些意識形態，做出違反常理及道德的行為，比如猶太大屠殺。——譯註

7 露絲・潘乃德（Ruth Benedict）美國文化人類學家，為二十世紀初少數的女性學者。二戰末期接受美國政府委託，運用文化人類學的方法研究在當時最令西方感到陌生而難解的敵國日本，其完成的著作《菊與刀》闡述日本傳統文化之二元性與矛盾，並提出日本獨有的「恥」感文化。——編註

8 戰事在一九三九年於當時的滿洲與外蒙古的邊界諾門罕發生。蘇聯代表蒙古人民共和國、日本代表滿洲國交戰，但蘇、日雙方並沒有向對方正式宣戰，戰事結局是日本關東軍戰敗、蘇聯勝利。——編註

9 為第二次世界大戰期間日本在緬甸對英屬印度所發動的戰役之一，從一九四四年三月開始至同年七月結束，是日本陸軍在二戰期間損傷最慘重的戰役，其中過半數的數萬餘名死者是在敗退途中因飢餓或疾病而死。英帕爾戰役在日本已成為「有勇無謀」的代名詞。——編註

第一部

第一章：對抗西方列強之戰

10 康拉德・艾德諾（Konrad Adenauer），二戰後第一任西德總理，其所屬的德國基督教民主黨為中間偏右的保守主義和基督教民主主義政黨。——譯註

11 自首相俾斯麥遞交辭呈的一八九〇年始，至第一次世界大戰爆發的一九一八年為止，史稱「威廉時期」，經過俾斯麥二十年的勵精圖治，威廉二世即位的登高一呼，德國的經濟實力、科學技術、社會保障都有長足的發展，被稱為「威廉的進步」。——譯註

12 一九三八年十一月九日、十日，納粹衝鋒隊在全德國各地發動反猶太人攻擊事件。猶太學校、醫院、商家、禮拜堂等等遭到嚴重破壞。據估計有二百六十七座猶太人禮拜堂以及七千多個商家被搗毀。——譯註

13 在一九六零年代中後期，全世界由左翼學生和民權運動分子共同發起的一個反戰、反資本主義、反官僚精英等抗議活動，在

一九六八年達到高潮，包括法國五月風暴、西德六八學運、日本則是安保鬥爭中的東大安田講堂事件。—譯註

14 盟軍對德國的戰略轟炸，主要由英美兩軍執行，其中最慘烈的當屬「德勒斯登大轟炸」。—譯註

15 納粹德國於二戰末期在歐洲西線戰場的亞爾丁地區發動攻勢，作戰目標是突破英美盟軍戰線並將其一分為二，讓希特勒可以集中全力應付東線戰事。戰役初期由於盟軍輕忽美軍的情報，遭受德軍出乎意料的襲擊，使此役成為美國在二戰中最血腥的一役，陣亡人數達一萬九千人；然而最終仍由盟軍獲勝。—譯註

16 Amos Oz, *Frankfurter Allgemeine Zeitung*, February 14, 1991.

17 Wolf Biermann, *Die Zeit*, February 1991.

18 是十七世紀晚期到十八世紀中期，發生在路德宗的一次變革所產生的思想。他們重視讀經，在「人人都是祭司」的原則下，共同分享心得；他們認為聖經必須應用於實際的生活中，重視個人與神主觀經歷的概念，並且極力推行海外講道。—譯註

19 菲利普·雅各·施本爾（Philipp Jakob Spener）施本爾一般被公認為敬虔主義之父，他是法蘭克福的聖彼得大教堂主任牧師，年輕時即公開表明對教會的敗壞不滿，並提出「敬虔願望」以改革教會，透過小組聚會帶領研究聖經，並強調馬丁路德所提倡信徒皆祭司的理想，以期重燃民眾對基督信仰的認識。—譯註

20 Gordon Craig, *The Germans* (New York: Penguin Books, 1984), p. 87.

21 恩岑斯貝格（Hans Magnus Enzensberger）是戰後德國的重要詩人，年輕時曾加入希特勒青年團，但他經常背棄原本的立場，樂於辯論。他的詩歌藝術精湛，抨擊德國在經濟復甦背後對歷史的麻木、遺忘和自我開脫。—譯註

22 H. M. Enzensberger, *Der Spiegel*, February 1991.

23 Albrecht Hurst von Urach, *Das Geheimnis Japanischer Kraft* (Berlin: Zentralverlag der NSDAP, 1944).

24 日本嘉永六年（一八五三年）美國海軍准將佩里率艦隊駛入江戶灣浦賀海面，帶著美國總統米勒德·菲爾莫爾的國書向江戶幕府致意，雙方於次年簽定《神奈川條約》（《日美和親條約》）結束了日本兩百多年的鎖國狀態，是日本進行政治與軍事現代化的重要催化劑。—譯註

25 中村哲夫，《朝日新聞》，一九九一年二月二十一日

26 神道教的神職人員從古代的日本詩歌發現，日本的執政者理應是天皇，而非幕府將軍。幕末，幕藩體制陷入危機，亦面臨外國侵略威脅，武士階層呼籲應奉還天皇實權，以對強行叩關的外國人予以征討，此種政治訴求即稱為「尊皇攘夷」。—譯註

27 林房雄，《大東亞戰爭肯定論》（東京：大和文庫，一九六四），頁二二一。

28 松本健一，《東京新聞》，一九九一年四月八日。

29 在冷戰時期，第一世界指的是美國及其實行民主制度的盟國們，第二世界指的則是以蘇聯為首的社會主義國家；第三世界通常被認為包括非洲、拉丁美洲、大洋洲與亞洲各地有著被殖民歷史的國家，這些國家通常不願加入美蘇任一陣營而更偏向支持不結盟運動，但會以區域性的新興政治運動互相聯繫，例如泛阿拉伯主義、泛非洲主義、泛美洲主義與亞細亞主義等。—譯註

30 〈脫亞論〉是於一八八五年三月十六日在日本《時事新報》發表的不署名短文，現在普遍認為是福澤諭吉所作。福澤基於優勝劣敗的思想，認定東方文明必定失敗，主張日本乃至於亞洲須全面西化，並深信要實行亞洲的現代化，最好的途徑就是戰爭。—譯註

31 Aurel Kolnai, *The War Against the West* (London : Victor Gollancz, 1938), p. 24.

第二章：廢墟中的浪漫

32 Stephen Spender, *European Witness* (New York: Reynal & Hitchcock, 1946) , p.15.

33 第三帝國語言（Lingua Tertii Imperii, LTI），這個縮寫是來自於Victor Klemperer的著作*The Language of the Third Reich: LTI - Lingua Tertii Imperii: A Philologist's Notebook* (Halle : Niemeyer Verlag, 1957)。

34 吉本隆明，《政治思想》（東京：大和書房，一九五六），頁七二。

35 語源是《螢火蟲之墓》作者野坂昭如，他自稱其為「焦土黑市派」作家。「焦土世代」泛指在二戰時期度過童年或青少年時期的日本人，他們在戰爭火災後的焦土廢墟長大，經歷過戰時與戰後，因此對於美國的立場也趨於兩極。—編註

36 Ernst von Salomon, *Der Fragebogen* (*Frankfurt: Rowohlt*, 1951) , p. 648. *The Questionnaire*, trans. Constantine Fitz Gibbon (New York: Doubleday, 1954).

37 坂口安吾，《墮落論》（東京：角川書店，一九四六），頁九五、九六。

38 Wolf Dietrich Schnurre, quoted in *Vaterland Muttersprache: Deutsche SchriftsteUer und ihr Staat von 1945 bis heute* (Berlin: Wagenbach, 1979).

39 是於一九四七年成立的德國文學團體，由年輕作家聚會發展而成，沒有正式的組織形式，沒有固定的成員，也沒發布文學綱領，卻發掘和培養了很多年輕作家，對現代德國文學的發展有深遠影響。—譯註

40 Heinrich Boll, "*Bekenntnis zur Trummerliteratur*", 1952.

41 Heinrich Boll, *Hierzulande* (1960), pp. 367, 373.

42 Alexander and Margarethe Mitscherlich, *The Inability to Mourn* (New York: Grove Press, 1975).

43 紅軍派是德國的一支左翼恐怖主義組織，他們自認為為一群共產主義者，並以南美洲的反帝國主義游擊隊為榜樣。紅軍派所主導的事件包括一九七五年的斯德哥爾摩人質挾持事件及一九七七年的「德意志之秋」。—譯註

44 納粹黨身穿卡其制服，因此原著中說這些人會露出「褐色」真面目。—譯註

45 一九五一年六月三十日，一封從Helmuth Wohltat寄給經濟部長Reinhard博士的信。

46 Nosaka Akiyuki（野坂昭如）, *American Hijiki*, trans. J. Rubin, in Contemporary Japanese Literature(New York: Alfred A. Knopf, 1977).

47 大島渚，《体験的戦後映像論》（東京：朝日新聞社，一九七五），頁七二。

第二部

第三章：奧許維茲

1 Christian Meier, *Vierzig Jahre nach Auschwitz: Deutsche Geschichtserinnerung heute* (Munich: Deutscher Kunstverlag, 1987), pp. 75, 63.

2 George Steiner, *Language and Silence: Essays 1958-1966* (London : Faber & Faber, I967; New York: Atheneum, 1967), p. 137.

3 Stephen Spender, *European Witness*, p. 7.

4 Hans-Jurgen Syberberg, *Hitler: A Film for Germany*, trans. Joachim Neugroschel (New York: Farrar, Straus and Giroux, 1982), p. 9.

5 Amos Elon在他的書 *Journey Through Darkness* (London: Andre Deutsch, 1967)中描述了同樣的訪問。

6 任職多所東歐集中營的納粹醫生Heinz Thil，以拉丁文anus mundi（世界肛門）形容奧許維茲集中營的功能。他用猶太囚犯做人體實驗，也把囚犯送進毒氣室。—譯註

7 原文freed through labor，意指納粹鑲嵌在集中營入口的口號：Arbeit macht frei（Labour makes freedom）—譯註

8 Peter Demetz, *After the Fires: Writing in the Germanies, Austria, and Switzerland* (New York: Harcourt Brace Jovanovich, 1986), P. 47, 策蘭說過：「在所有的失落中，只有一件事仍然是觸手可及、緊密而安全的，那就是語言……但語言得穿越自身的無解、穿越可怕的靜默、穿越帶有殺意的千縷黑暗。……語言帶給我的不是那當下發生了什麼事，語言就只是穿越其中，且正因為如此所以得以再度露出頭來。」

9 前揭書，頁五五。

10 引自A. Sollner, *Peter Weiss und die Deutschen* (Wiesbaden: Westdeutscher Verlag, 1988), p. 184.

11 Marcel Reich-Ranicki, *Die Zeit*, March 6, 1964.

12 Demetz, *After the Fires*, p. 29.

13 Elon, *Journey Through a Haunted Land*, p. 244.

14 見A. Goes, *Das Brandopfe* (Frankfurt: S. Fischer Verlag, 1954)，新的前言寫於一九六五年。

15 Wolfgang Koeppen, *Jacob Littners Aufzeichnungen aus einem Erdloch* (Frankfurt: Jüdischer Verlag, 1992).

16 Hans-Jurgen Syberberg, *Hitler: A Film for Germany*, trans. Joachim Neugroschel (New York: Farrar, Straus and Giroux, 1982), p. 9.

17 前揭書，頁184

18 Heiner Millier一九九〇年7月接受*Transatlantik*訪問。

19 *Holocaust-Briefe an den WDR*, ed. Heiner Lichtenstein and Michael Schmid Ospach (Wuppertal: Peter Hammer, 1982).

20 Martin Walser, *Uber Deutschland reden* (Frankfurt: Suhrkamp, 1989), p. 25.

第四章：廣島

21 宇野正美，《ドルが紙になる日》（東京：文藝春秋，一九八七年），頁二三四。

22 河內朗，《ヒロシマの空に開いた落下傘》（東京：大和書房，一九八五年）

23 *Die Tageszeitung*, January 18, 1991

24 Kyoko Hirano（平野共余子）, *Mr. Smith Goes to Tokyo: Japanese Cinema Under the American Occupation 1945 -1952* (Washington, D.C.: Smithsonian Institution Press, 1992), p. 62.

25 《日本の原爆文学》（東京：ほるぷ出版，一九八三）

26 Donald Richie and Joseph L. Anderson, *The Japanese Film* (New York: Grove Press, 1960), p. 219.

27 *From Hiroshima: Three Witnesses*, ed. and trans. Richard Minnear (Princeton : Princeton University Press. 1990).

28 小田実，*The Bomb*, trans. D.H. Whittaker（東京：講談社インターナショナル, 1990）.

29 *From Hiroshima: Three Witnesses*, p. 102.

30 《朝日新聞》，一九九二年七月二十日。

31 Alan Booth, *Asahi Evening News*, July 20, 1992.

32 Ibuse Masuji（井伏鱒二）, Black Rain, trans. John Bester（東京：講談社インターナショナル，1969）, p. 283.

第五章：南京

33 「アトロシティー」，英文為atrocity—譯註

34 錄影帶的名稱是《說不得的戰爭：侵略》；小冊子的名稱是《於是我們全部走向戰爭》。

35 Ruth Benedict, *The Chrysanthemum and the Sword: Patterns of Japanese Culture* (London: Routledge & Kegan Paul, 1 967; New York: Houghton Miffin, 1989; first published 1946).

36 《東京日日新聞》，一九三七年十一月三十日。

37 引自本多勝一，《南京への道》（東京：朝日文庫，一九八九）

38 本多勝一，《中国の旅》（東京：朝日文庫，一九八一）

39 田中正明，《南京虐殺の虚構》（東京：日本教文社，一九八四）

40 Ienaga Saburo（家永三郎）, The Pacific War, 1931 -1945 (New York: Pantheon, 1978), p. 187.

41 Heiner Muller接受*Transatlantik*的訪談（一九九〇年七月）

42 石川達三《生きている兵隊》當中的句子被引用至Donald Keene所著*Dawn to the West* (New York: Holt, Rinehart and Winston, 1984), p. 9

第三部

第六章：受審的歷史

1 Hellmut Becker, *Quantitiit und Qualitiit: Grundfragen der Bildungspolitik* (Freiburg: Rombach, 1968), p. 74.

2 Kranzbuhler, *14 DePaul L.R. 333*, 1965.

3 Eric Reger in *Vaterland Muttersprache* (Berlin: Wagenbach. 1979). p. 35.

4 *Süddeutsche Zeitung*, 引自Klaus R. Scherpe, *Erzwungener Alltag, in Nachkriegsliteratur in Westdeutschland* 1945-49, eds. J. Hermand, H. Peitsch, K. R. Scherpe (Berlin: Argument, 1982).

5 Christian Geissler in *Vaterland Muttersprache*, p. 219.

6 一九四四年六月十日，準備前往諾曼底前線的納粹軍隊進入德國佔領區的格拉訥河畔奧拉杜爾（Oradour-sur-Glane），村民們被德軍以檢查身分證的名義集合起來，然後把婦女和兒童單獨集合在一起，關入村莊裡的教堂用火焚燒。成年男子則被關入穀倉、作坊和車庫，用機關槍屠殺。這場屠殺共有六百四十二人遇害，其中有二百零五名為兒童，幾乎是總人數的三分之一。歷史學家認為，納粹軍隊從情報得知村民參與法國地下反抗活動，因此針對整個村莊進行報復式屠殺；法國政府完整地保留了大火燒毀後的村莊殘骸，並在一九四六年指定這裡為國家紀念館。利迪策村（Lidice）則是因為被懷疑策劃刺殺萊茵哈特・黑得利希的行動並窩藏刺客，於一九四二年六月十日遭德軍報復性摧毀。村中成年人全部被屠殺，約三百四十人遇難（包括八十八名兒童），納粹甚至以影片紀錄了此一滅村行動，並將「利迪策」的地名自地圖上抹除。世界上許多地方為了表示支持，紛紛改名為「利迪策」，這個慘案也激發了捷克的反德抵抗運動，並成為後來國際兒童節（六月一日）的來源。這兩個慘案，均是由納粹策劃的報復性屠殺。—編註

7 *European Witness*, p. 221.

8 Karl Jaspers, *Die Schuldfrage: Für Völkermord gibt es keine Verjährung*. 我的翻譯並不是在批判E. B. Ashton在*The Question of German Guilt* (New York: Dial, 1947) 的翻譯。

9 Peter Weiss, *Die Ermittlung* (Frankfurt: Suhrkamp Verlag, 1965). *The Investigation*, trans. Jon Swan and Ulm Grosbard (New York: Atheneum, 1966).

10 Martin Walser, *Unser Auschwitz* (Berlin: Kursbuch, 1965).

11 Joachim Gauck, *Die Stasi-Akten* (Hamburg: Rowohlt, 1992).

12 長谷川三千子，《中央公論》一九八三年四月號，被引用於*Japan Echo*雜誌，一九八四年卷六。

13 《日本史》（東京：山川，一九八五年）

14 Grundkurs Deutsche Geschichte (Frankfurt: Cornelsen, 1988)

15 《ある傷痕～魔の731部隊》吉永春子製作，TBS，一九七六年。

16 森村誠一，《〈悪魔の飽食〉ノート》（東京：晩聲社，一九八二年），原英語註釋為《惡魔的飽食》。

17 秦郁彥，《諸君！》一九八七年八月號。

18 Kinoshita Junji（木下順二）, *Between God and Man: A Judgement on War Crimes*（神と人とのあいだ）, trans. Eric J. Gangloff (Tokyo: University of Tokyo Press, 1979).

19 原書名為《落日燃ゆ》，後由John Bester翻譯，由講談社國際公司發行為《戰犯：廣田弘毅的生與死》（東京：講談社國際公司，一九七七年）

20 吉本隆明，〈文学者と戦争責任について〉，收錄於《政治思想全集三》（東京，大和書房，一九八六年）

21 Mignone, 引自Arnold C. Brackman, *The Other Nuremberg: The Untold Story of the Tokyo War Crime Trials* (London: Collins, 1989), p. 231.

22 石田雄，《平和・人権・福祉の政治学》（東京：明石書店，一九九〇年）

23 Brackman, *The Other Nuremberg*, p. 441.

24 一九五三年一月八日，一封外交官寫給司法部中央法律辦公室的信，II 16338/52.

25 *Yamashita's trial: Meiron and Susan Harries, Soldiers of the Sun* (New York: Random House, 1991), p. 464. Becker, *Quantität und Qualität*, p. 68.

26 Maruyama Masao（丸山真男）, *Thought and Behavior in Modern Japanese Politics*, ed. Ivan Morris (Oxford: Oxford University Press, 1963).

27 Ienaga Saburo（家永三郎）, *The Pacific War 1931-1945*, p. 107.

28 *The Other Nuremberg*, p. 276.

29 Margarethe and Alexander Mitscherlich, *The Inability to Mourn*, p. 23.

30 Aristides Lazarus, letter to *The Far Eastern Economic Review*, July 6, 1989.

31 *The Other Nuremberg*, p. 395.

32 Kyoko Hirano（平野共余子）, Mr. Smith Goes to Tokyo, p. 143.

第七章：教科書抗爭

33 Nosaka Akiyuki（野坂昭如）, American Hijiki, in Contemporary Japanese Literature. 見p. 370.

34 *Geschichte: Lehrbuch for Klasse 9* (Berlin: Volk und Wissen Volkseigener Verlag, 1989).

35 *Grundkurs Deutsche Geschichte 2: 1918 bis zur Gegenwart* (Hirschgraben: Cornelsen, 1987)；作者Rudolf Berg及Rolf Selbmann是慕尼黑的高中Wilhelm Gymnasium的教員。

36 Jürgen Habermas,"Apologetische Tendenun",轉載於*Eine Art Schadensabwicklung* (Frankfurt: Suhrkamp, 1987).
37 日文書名《国の歩み》—譯註
38 山住正己引用一九八一年的*Japan Quarterly*當中,山縣有朋的話。
39 *Japan Quarterly*, 1981.
40 *Truth in Textbooks: Freedom in Education and Peace for Children*, the National League for Support of the School Textbook Screening Suit.
41 Ienaga Saburo(家永三郎), The Pacific War 1931-1945, p. 96
42 《日本史》,高中生用社會研究教科書,1984年由山川出版社發行。
43 入江隆則,〈アメリカがつくった戦後神話〉,中央公論,一九八二年八月。
44 《日本史》,前揭書。
45 森川金寿,《教科書と裁判》(東京:岩波書店,一九九〇年),p. 13.
46 《論法的精神》(*De l'esprit des loisj*)是啟蒙思想家孟德斯鳩(Montesquieu,1689-1755)的政治學著作,認為法律是因應文化與自然因素觀察與調整後的表現。—編註

第八章:紀念館、博物館與紀念碑

47 Jurgen Habermas, "Kein Normalisierung",轉載於*Eine Art Schadensabwicklung*.
48 指的是平克·弗洛伊德的歌曲〈Waiting for the Worms〉當中的歌詞:"Sitting in a bunker here behind my wall. Waiting for the worms to come."—譯註
49 即東德—譯註
50 江藤淳,《靖国論集—日本の鎮魂の伝統のために》(東京:日本教文社,1986年)
51 Michael Stürmer, *Frankfurter Allgemeine Zeitung*, April 25, 1986.
52 即西德—譯註
53 Helmut Kohl於一九八五年二月二十七日在德國聯邦議院的演說。
54 Freimut Duve 引自*Deutsches Historisches Museum : Ideen-Ko ntroversen-Perspektiven*, ed . Christoph Stölzl (Frankfurt, Berlin: Propyläen Verlag, 1988).

第四部

第九章：正常的國家

1 Primo Levi在 *If This Is a Man and The Truce* (London: Penguin, 1979) 之編後記所言，頁三九五。

2 Theo Sommer, *Die Zeit*, November 18, 1988.

3 本島市長的槍擊事件，參見Norma Field所著 *In the Realm of a Dying Emperor: A Portrait of Japan at Century's End* (New York: Pantheon, 1991), p. 270.

4 LDP Disciplinary Committee, *Asahi Evening News*, December 16, 1988.

5 Ruth Benedict, *The Chrysanthemum and the Sword*, p. 156.

6 神官，《長崎市長への七三〇〇通の手紙—天皇の戦争責任をめぐって》（東京，径書房，一九八九年）

7 Endo Shusaku（遠藤周作）, *The Sea and Poison*, trans. Michael Gallagher (Rutland, Vt.: Tuttle, 1973), p. 157.

8 原文為「当たり前だのこと」。

9 江藤淳與石原慎太郎，《文藝春秋》，一九八九年三月號。

10 加瀨英明，《プレイボーイ》月刊，一九八九年一月號。

11 〈我控訴！〉是法國作家左拉於一八九八年一月十三日發表在《震旦報》上的一封給法國總統的公開信，在信中左拉痛陳政府的反猶太主義使得無辜的法國陸軍軍官阿爾弗雷德·德雷福斯被認定為間諜，並判處終身監禁。此公開信引來法國軍方以「毀謗罪」起訴左拉，聲援德雷福斯與軍方的兩大陣營衝突升高，甚至演變為嚴峻的國家分裂危機。事件最終以德雷福斯的特赦作結；然而對於左拉來說，當事人沒有贏回清白，幕後指使者也沒有接受公開的審判。—編註

12 《朝日新聞》，一九八九年二月二十八日。

13 引自大島渚，《体験的戦後映像論》（東京：朝日新聞社，一九七五），頁二七五。

第十章：兩個平凡小鎮

14 *Tausend ganz normale Jahre: Ein Photoalbum des gewohnlichen Faschismus van Otto Weber* (Nordlingen: Die Andere Bibliothek, 1987).

15 指的是納粹衝鋒隊的制服顏色。—譯註

16 野添憲治，《花岡事件の人たち》（東京：評論社，一九七五年）。野添憲治另著有兩本與「花岡事件」有關的書：《聞き書き花岡事件》（無明舍出版，一九八三）與《証言・花岡事件》（無明舍出版，一九八六）；一九九〇年出版《聞き書き花岡事件》修訂版。編按：〈花岡事件の人たち〉在《思想の科学》（東京：思想の科学社），一九七四年分次連載。

17 野添憲治，山脈の会編，《私たちの昭和史：《山脈の会》記錄文集》（東京：思想の科学社，一九八九年），頁六六。

第十一章：清理廢墟

18 Gunter Grass, *The Tin Drum*, trans. Ralph Manheim (New York: Penguin, 1961), p. 580.

19 坂口安吾，《墮落論》（東京：角川書店，一九五七年），頁九十、頁九十八。編按：原註標示一九四六出版，應是指〈墮落論〉開始在《新潮》雜誌的連載，作者引用的是文庫版。

20 Walter Benjamin, *Illuminatians*, ed. Hannah Arendt, trans. H. Zohn (New York: Schocken, 1969), p. 70.

21 湯瑪斯・齊本德爾（Thomas Chippendale）是著名的英國家具工匠，於一七五四年出版《家具指南》，使得他的設計在歐美有廣泛影響，被譽為「歐洲家具之父」。齊本德爾式家具的特色為彎曲式家具腿、球狀腿腳和華麗椅背，在當時的貴族階級中非常盛行。—編註

22 Grass, *The Tin Drum*, p. 517.

23 Arthur Miller, *The Guardian*, May 29, 1990.

24 Kurt Niedlich, *Das Mythenbuch: Die Germanische Mythen- und Miirchenwelt als Quelle deutscher Weltanschauung* (Leipzig, 1936), 引自 Klaus Antoni, *Der himmlische Herrscher und sein Staat* (Munich: Iudicium Verlag, 1991), p. 111.

25 原文Grand Guignol為一八九七年於巴黎成立的大吉尼奧爾戲院，以演出恐怖劇聞名，之後引申為一種血腥、恐怖的戲劇次類型，強調折磨人且看起來「活生生」的效果，例如挖眼、吊死等等。—編註

國家圖書館出版品預行編目(CIP)資料

罪惡感的代價：德國與日本對二戰的記憶 /
伊恩.布魯瑪(Ian Buruma)作；鄭明宜, 周如怡譯.
-- 初版. -- 臺北市：紅桌文化, 左守創作有限公司, 2021.10
352面；14.5*21公分
譯自：The wages of guilt : memories of war in Germany and Japan
ISBN 978-986-06804-1-6(平裝)

1.第二次世界大戰 2.戰爭心理學 3.罪惡感
4.心理人類學 5.德國 6.日本

712.84 110012651